CERS
中国能源研究会

中国能源研究会 编著

CHINA ENERGY OUTLOOK 2030
中国能源展望
2030

经济管理出版社
ECONOMY & MANAGEMENT PUBLISHING HOUSE

图书在版编目（CIP）数据

中国能源展望2030/中国能源研究会编著 . —北京：经济管理出版社，2016.4
ISBN 978 - 7 - 5096 - 4329 - 7

Ⅰ. ①中…　Ⅱ. ①中…　Ⅲ. ①能源经济—经济展望—中国　Ⅳ. ①F426.2

中国版本图书馆 CIP 数据核字（2016）第 063302 号

组稿编辑：陆雅丽
责任编辑：陆雅丽　张丽生
责任印制：黄章平
责任校对：雨　千

出版发行：经济管理出版社
　　　　　（北京市海淀区北蜂窝 8 号中雅大厦 A 座 11 层　100038）
网　　址：www. E - mp. com. cn
电　　话：（010）51915602
印　　刷：北京易丰印捷科技股份有限公司
经　　销：新华书店
开　　本：787mm×1092mm/16
印　　张：17.25
字　　数：273 千字
版　　次：2016 年 4 月第 1 版　2016 年 4 月第 1 次印刷
书　　号：ISBN 978 - 7 - 5096 - 4329 - 7
定　　价：200.00 元

编辑委员会

陆启洲　中国能源研究会副理事长
　　　　原中国电力投资集团公司总经理

陈进行　中国能源研究会副理事长
　　　　中国大唐集团公司董事长

周大地　中国能源研究会常务副理事长
　　　　国家发展改革委能源研究所原所长

郑玉平　中国能源研究会秘书长
　　　　华北能源监管局原巡视员

祖　斌　中国能源研究会副理事长
　　　　中国核工业建设集团公司副总经理

贺锡强　中国能源研究会副理事长
　　　　中国南方电网有限责任公司副总经理

曹培玺　中国能源研究会副理事长
　　　　中国华能集团公司总经理

曹耀峰　中国能源研究会副理事长
　　　　中国工程院院士、中国石油化工集团公司原副总经理

翟永平　亚洲开发银行能源领域技术顾问

谭建生　中国能源研究会副理事长
　　　　中国广核集团有限公司副总经理

编写组

组　长　林卫斌

成　员（按姓氏笔画排序）

马新如　王海博　朱　博　苏　剑　杜　婷
张　婧　李光亚　杨杞煌　陈丽娜　陈昌明
施发启　郝向斌　柯晓明　郭雁珩　梁茜茜
程　帅　程宝龙　谢丽娜　樊　慧

感谢亚洲开发银行对本研究的支持

Preface
前 言

2012 年 11 月，中共十八大从生态文明建设的战略高度提出要"推动能源生产和消费革命"。2014 年 6 月，在中央财经领导小组第六次会议上，习近平总书记要求加快推动能源消费革命、能源供给革命、能源技术革命和能源体制革命，全方位加强国际合作。2015 年 10 月，十八届五中全会"十三五"规划建议再次明确要"推进能源革命，加快能源技术创新，建设清洁低碳、安全高效的现代能源体系"。

能源革命意味着能源体系的重塑。在亚洲开发银行的资助下，中国能源研究会组织来自国家统计局、国家可再生能源信息管理中心、中国煤炭工业协会、中石油经济技术研究院、中石化经济技术研究院和北京大学等单位的专家开展"能源预测模型构建及中国能源展望 2030"项目研究，形成《中国能源展望 2030》。全书分为综合篇、煤炭篇、石油篇、天然气篇、电力篇、新能源及可再生能源篇，共二十一章。本书对能源革命背景下 2016－2030 年中国能源生产、消费、贸易、基础设施建设和市场供需形势等进行综合展望。

本书在编纂过程中，得到了政府有关部门、能源企业和专家学者的关注和支持，在此表示衷心感谢。本报告涉及的全国数据均未包括中国香港、澳门特别行政区和台湾地区。另外，书中出现的所有地图仅作为研究示意，不涉及任何国家的领土主权、疆域边界或地区名称等问题。由于种种原因，本书难免有不足和疏漏之处，敬请指正。

《中国能源展望 2030》编写组
2016 年 1 月

CONTENTS
目 录

综合篇

煤炭篇

石油篇

天然气篇

电力篇

新能源及可再生能源篇

综合篇

第一章　　经济社会发展展望

　　本展望期内，预计中国人口总量将于2021年前后达到峰值，变为世界第二人口大国；同时，老龄化问题日趋严峻，劳动人口数量持续下降，占人口总数的比重跌破70%，人口红利逐步丧失；新型城镇化建设不断推进，政府将重点培育中西部地区城市群，2030年常住人口城镇化率达到70%左右，城镇化快速发展阶段基本完成；大气污染防治行动力度逐渐加码，应对气候变化更加积极，环境规制越发严格，这均将深度影响中国未来经济发展方式。中国经济将步入中高速增长新常态，2016－2030年GDP每五年年均增速分别为6.8%、5.5%和4.5%，2030年GDP总量达到135万亿元，累计增长126%。2030年人均GDP超过1.8万美元，但仍仅为美国当前水平的1/3。产业结构将持续升级，2020年后进入后工业化发展阶段，2030年三次产业结构为4.5：30.5：65.0，重工业总产值占工业总产值的比重降至65.5%，技术创新、模式创新引领未来产业发展，中国将由工业大国向服务业大国蜕变。

一、人口总量2021年前后达到峰值，中国将变为世界第二人口大国

　　2006年以来，中国每年的人口增量逐步降至700万人左右，老年抚养比开始呈现出上升趋势，长期的计划生育政策对中国人口总量和结构的影响开始显现。2013年11月，中国正式宣布实施"单独二孩"政策，官方预计每年将新增新生人口200万左右，但2014年实际新增不足100万人，政策效果远低于官方预期。2015年10月，中共十八届五中全会正式提出中国将全面实施一对夫妇可生育两个孩子的人口政策。然而，根据新加坡、韩国、中国台湾地区、

伊朗等地的经验，从"允许二胎"到"停止计划生育"并不会出现"额外"的补偿性出生高峰。由于怀孕周期，中国的主要出生高峰将出现在 2015 年及其后：2015 年、2016 年、2017 年、2018 年、2019 年的总和生育率预计分别为 1.93、1.88、1.87、1.82、1.8，2020 年后总和生育率将一路下滑至本展望期末。表 1 - 1 预测了 2015 - 2030 年中国的人口总和生育率、出生性别比和预期寿命。

表 1 - 1　2015 - 2030 年中国总和生育率、出生性别比和预期寿命

年份	总和生育率	出生性别比	预期寿命（岁）	
			男	女
2015	1.93	110	72.5	76.0
2016	1.88	109	72.6	76.3
2017	1.87	109	72.8	76.5
2018	1.82	109	73.0	76.7
2019	1.8	109	73.2	76.9
2020	1.59	109	73.4	77.1
2021	1.47	108	73.5	77.2
2022	1.43	108	73.6	77.4
2023	1.425	108	73.8	77.6
2024	1.29	108	74.0	77.8
2025	1.245	108	74.1	78.0
2026	1.16	108	74.3	78.1
2027	1.15	108	74.4	78.2
2028	1.185	108	74.6	78.4
2029	1.155	108	74.8	78.6
2030	1.125	108	74.9	78.7

资料来源：项目组预测数据。

根据上面所预测的总和生育率测算，中国人口总量将在 2021 年前后达到峰值，为 14.06 亿人左右，随后将缓慢下降，至 2030 年降至约 13.68 亿人，回到 2014 年左右的人口总量水平（如图 1 - 1 所示）。

（亿人）

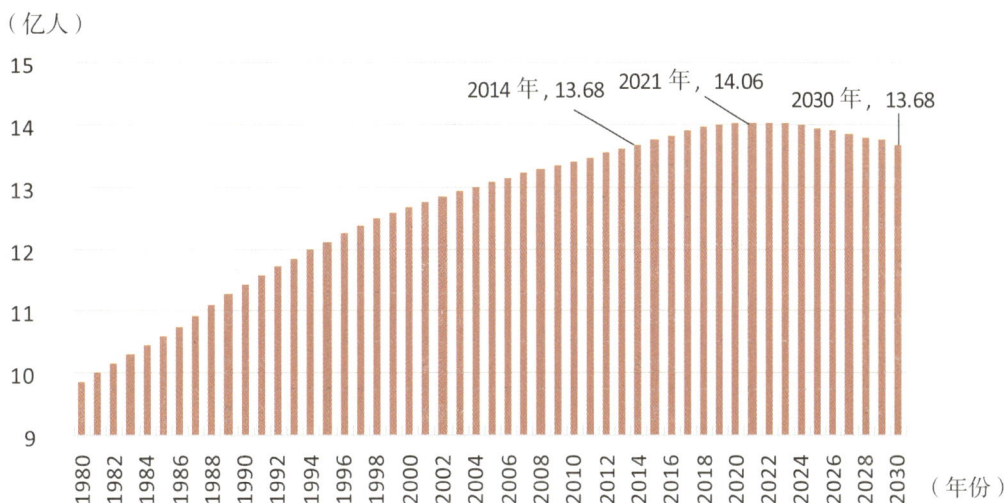

图1-1 1980-2030年中国人口总量

资料来源：1980年至2015年数据来自国家统计局，2016年及以后数据为项目组预测数据。

从世界范围看，根据2015年7月联合国发布的《世界人口展望报告》（2015年修订版）[①]中的数据，世界人口总量在未来15年内的增长将超过10亿人，2030年达到85亿人。届时，中国人口占世界总人口的比重将由2015年的18.7%降至16.7%。中国与美国、巴西、俄罗斯、日本和越南一道被列为全球范围内最大的几个低生育率国家。此外，根据联合国的预测，中国和印度两个世界上人口最多的国家，2022年的人口总量都将达到约14亿人，随后印度人口将继续增长（至2030年达到15亿人），超越中国成为世界第一人口大国（如图1-2所示）。

二、人口老龄化问题日趋严峻，劳动人口占比跌破70%

根据国家统计局数据，中国的劳动人口数（15-64岁人口）占人口总数的比重自2011年开始下降，而劳动人口的绝对量在2014年出现下降，较上年减少了160万人，老龄人口（65岁及以上人口）占比加速上升，近十年间老龄人口占比提高了2.5个百分点，中国的人口结构已经迎来拐点。

[①] United Nation Department of Economic and Social Affairs/Population Division：World Population Prospects, the 2015 Revision. 该报告给出了三种情景下的人口预测结果，本书均引用该报告中的中情景（Medium Variant）预测结果。

（亿人）

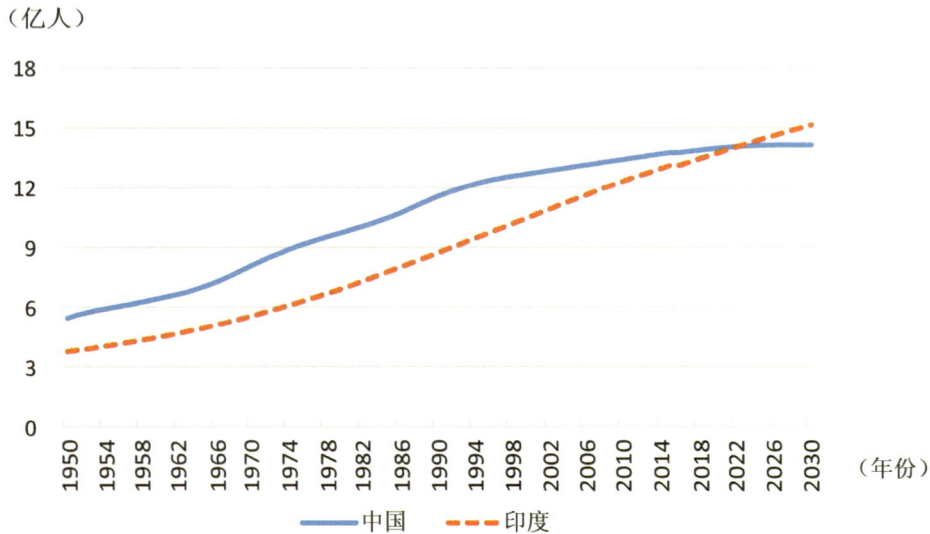

图 1 - 2　1950 - 2030 年中国和印度人口总量

资料来源：联合国，《世界人口展望报告》（2015 年修订版）（United Nation：World Population Prospects，the 2015 Revision）。

在本展望期内，随着中国总和生育率的持续下降及预期寿命的不断上升，人口结构将随着时间推移逐渐呈现"顶部膨胀"状态，65 岁及以上人口增长明显。据联合国预计，中国 2015 年、2020 年和 2030 年 65 岁以上人口占总人口的比重分别为 9.6%、12.1% 和 17.2%，2016 - 2030 年老龄人口比重将累计上升 7.6 个百分点，人口老龄化程度不断加深。此外，中国劳动人口的绝对量也将持续下降。根据联合国预测数据，中国 2015 年的劳动人口数为 10.08 亿人，占总人口的 73.2%；2020 年降至 9.93 亿人，占比降至 70.8%；2030 年中国的劳动人口绝对量将降至 9.63 亿人，占比也将降至 68.0%（如图 1 - 3 所示）。

人口老龄化现象也将在全球范围内发生。联合国数据显示，2015 年世界 60 岁及以上人口总数已超过 9 亿人，占全球总人口的 12%，且还在以每年 3.26% 的速度持续增长。"潜在支持比"① 是反映人口老龄化程度的重要指标，欧洲、北美洲和大洋洲国家老龄化现象显著，2015 年的潜在支持比分别为 3.5、4.0 和 4.8，而非洲的潜在支持比高达 12.9，世界平均水平为 7.0。未来

---

① 潜在支持比为一个国家或地区 20 - 64 岁人口数与 65 岁及以上人口数的比值。

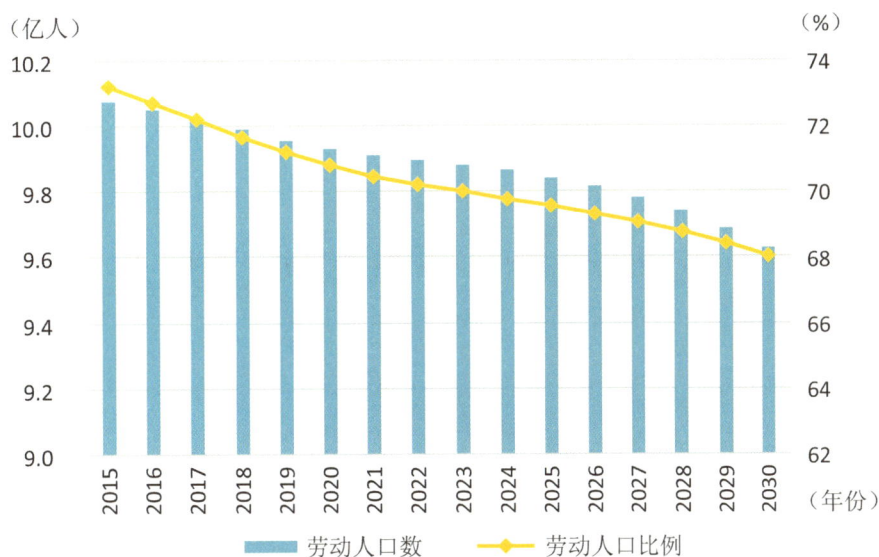

图 1 - 3　2015 - 2030 年中国劳动人口数及比例

注：中国劳动人口数（15 - 64 岁人口）绘制于主纵坐标轴，劳动人口数占总人口比例绘制于次纵坐标轴。

资料来源：联合国，《世界人口展望报告》（2015 年修订版）（United Nation：World Population Prospects，the 2015 Revision）。

15 年内，全球各大洲的潜在支持比都将持续下降，但非洲、亚洲（尤其是中亚、南亚地区）、拉丁美洲及加勒比地区的潜在支持比高于世界平均水平，它们也是全球人口增长的主要来源地区；中国的潜在支持比将快速降至世界平均水平以下，至 2030 年 3.6 的潜在支持比接近大洋洲平均水平；欧洲及北美洲将面临严峻的人口老龄化问题，2030 年潜在支持比均下降至 2.5 左右（如图 1 -4所示）。

在本展望期内，中国人口总量将达到峰值并开始逐渐下降，老龄人口占比的提升和劳动人口总量的下降使得中国人口结构开始发生深刻变化，这意味着中国自改革开放以来倚赖多年的人口红利逐步丧失。同时，劳动力成本持续上升，使得中国逐渐丧失在劳动力成本上的比较优势，而未来非洲、南亚地区人口的快速增长，使得世界工厂逐渐向这些地区的国家转移，这些都将在一定程度上影响未来 15 年中国的经济增长状况。此外，人口总量下降及老龄化还可能在储蓄率、房地产发展等方面给未来中国经济发展带来不利的影响。总之，中国改革开放多年的发展成果将被劳动力减少、老龄化加剧等人口问题所消解和拖累。

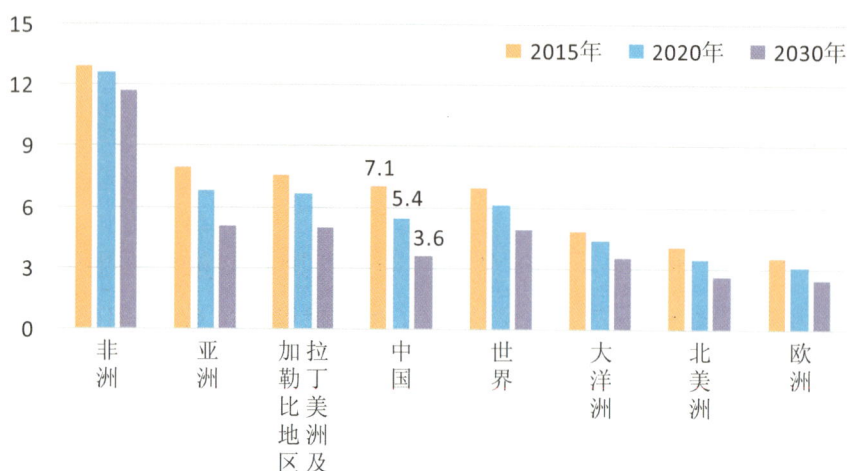

图 1-4　2015 年、2020 年、2030 年世界各大洲及中国人口潜在支持比

资料来源：联合国，《世界人口展望报告》（2015 年修订版）（United Nation：World Population Prospects，the 2015 Revision）。

三、新型城镇化不断推进，2030 年城镇化率达到 70% 左右

自 1995 年开始，中国的城镇化进程进入快速发展阶段。近 20 年时间里，中国的常住人口城镇化率由 29.0% 上升至 56.1%（2015 年），提高了 27.1 个百分点。从东、中、西部地区的城镇化进程看，东部地区城镇化水平较高，目前全国的城镇化率约为东部地区 2006 年的城镇化水平，中部和西部地区城镇化进程发展较为滞后，城市发育明显不足，2014 年中部和西部的城镇化率分别约为全国 2010 年和 2008 年的水平（如图 1-5 所示）。

从全球范围看，世界主要发达国家的城镇化水平在过去近半个世纪都达到并保持在 70%-80%，日本的城镇化率在 2010 年已超过 90%，中国的城镇化进程远远滞后于世界主要发达国家。根据联合国对于城市化发展规律的理论和实证研究，城市化水平曲线表现为一条由 0 到 1 向右上倾斜的"S"形曲线，30%-70% 的城市化率是城市化的快速发展区间，达到 70% 后进入城市化稳定发展期（如图 1-6 所示）。目前中国仍处于这一区间，城镇化进程还有较大发展空间。

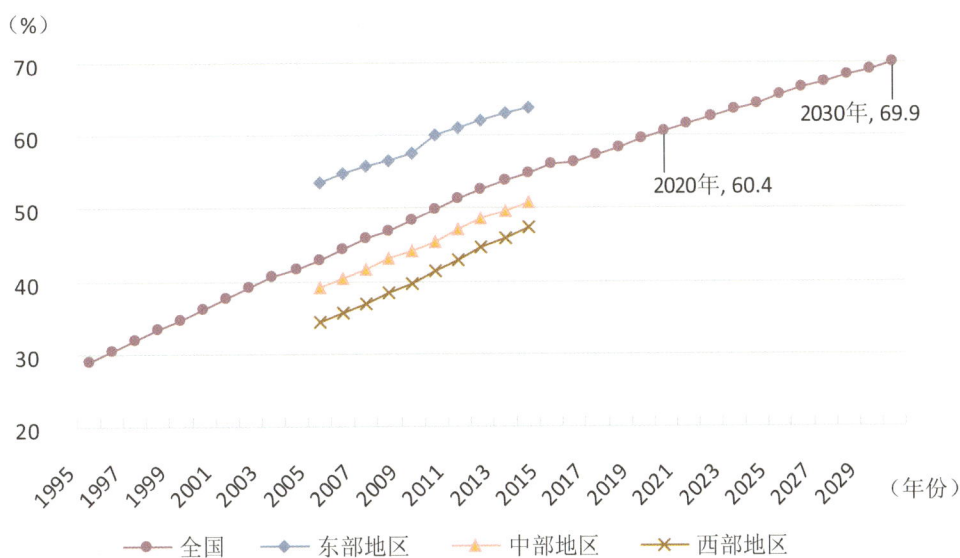

图1-5 1995-2030年全国及东、中、西部地区城镇化水平

资料来源：1995年至2014年数据及2015年全国数据来自国家统计局，其他数据为项目组预测数据。

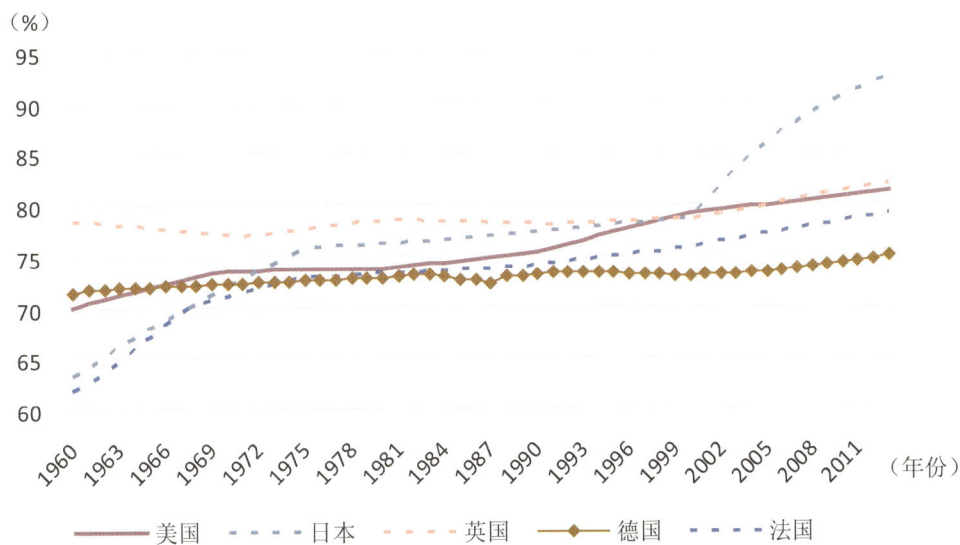

图1-6 世界主要发达国家城镇化水平

资料来源：国家统计局。

根据目前所处的经济和城镇化发展阶段，中国在本展望期内将基本完成城镇化的快速发展阶段，2020年常住人口城镇化率提升至60.4%，这与国务院印发的《国家新型城镇化规划（2014－2020年）》中的目标基本一致，而到2030年中国的常住人口城镇化率将接近70%（如图1－5所示）。

从地区布局看，在《国家新型城镇化规划（2014－2020年）》中，根据土地、水资源、大气环流特征和生态环境承载能力，国家提出了以陆桥通道、沿长江通道为两条横轴，以沿海、京哈京广、包昆通道为三条纵轴的"两横三纵"城镇化战略格局。而规划的21个主体功能区除长三角、珠三角和环渤海地区外，主要集中于中西部地区。这意味着在本展望期内，对于东部地区的城镇化，将以优化提升一体化水平和国际竞争力为主；重点培育中西部地区城市群，如成渝、中原、长江中游、哈长城市群等，推动国土空间均衡开发，形成区域经济发展新增长极，引导经济增长和市场空间由东向西、由南向北逐步拓展，促进经济、人口更加合理的布局。

四、大气污染防治及应对气候变化力度加大，深刻影响经济发展方式

过去，中国的能源资源和生态环境空间相对较大，经济增长模式粗放，这消耗了大量能源，带来了高污染，也直接破坏了土地、水、空气等人类生存的基本条件。尤其是大气污染形势十分严峻，近年来以PM10、PM2.5为特征污染物的区域性大气污染问题日益突出。根据国家环境保护部的监测数据，2014年在全国开展空气质量新标准监测的161个地级及以上城市中，仅有16个城市空气质量年均值达标，京津冀区域、长三角区域和珠三角区域PM2.5年均浓度达标的城市分别仅有1个、1个和3个（如图1－7所示）。严重的大气污染给经济生产活动和居民生活带来了较大影响，进而制约了经济社会健康发展。在中共中央经济工作会议对于经济发展"新常态"的特征描述中也特别强调，现在中国的环境承载能力已经达到或接近上限，经济的发展更应该顺应人民群众对良好生态环境的期待，寻求绿色低碳循环发展的新方式。

面临巨大的环境压力，中央政府近年来在政策层面和法律法规方面不断加码。2013年9月，国务院印发了《大气污染防治行动计划》（即"大气十条"）；2014年审议确定了首批落实"大气十条"的22项配套措施；发布《大

（个）

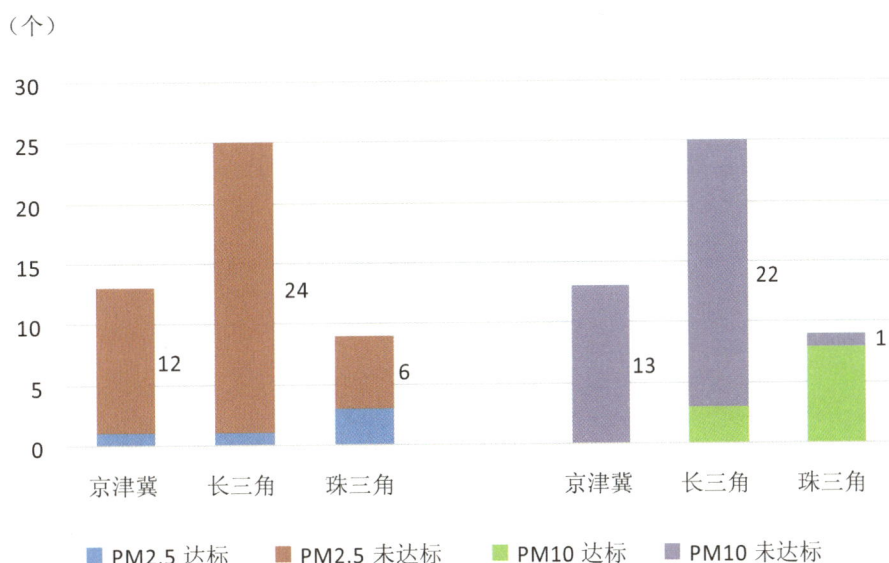

图 1 - 7　2014 年中国重点地区城市 PM2.5、PM10 年均浓度达标情况

资料来源：环境保护部，《2014 中国环境状况公报》。

气污染防治行动计划实施情况考核办法（试行）》，强化对"大气十条"的考核；国务院常务会议讨论通过《中华人民共和国大气污染防治法（修订草案）》。全面的污染防治行动计划、严苛的考核标准以及逐步健全的法律法规，都是未来中国越来越严格的环境规制政策的体现。在"大气十条"中，除了加大治理力度、优化产业结构、调整能源结构、加强技术创新等传统直接手段外，严格节能环保准入、强化环境监管，发挥市场机制作用、推行激励与约束并举的节能减排新机制等防控方式将更深入地影响未来经济发展方式。

在应对气候变化方面，各国政府已就将全球平均气温上升控制在相对于工业化以前的 2 摄氏度以内达成共识，并竭力实现这一气候目标。中国作为全球最大的二氧化碳排放国，其应对气候变化的碳减排行动将对加快向气候目标靠近产生重要影响，因此中国的碳减排承诺也备受国际社会的关注和压力。2015年 12 月，第二十一届联合国气候变化大会（COP21）在法国巴黎召开，绝大多数国家都向大会提交了自身对于实现 2 摄氏度目标的碳减排路线图（或称"国家自主决定的预期贡献"）（如表 1 - 2 所示）。中国也作出庄严承诺，到2030 年中国的二氧化碳排放要达到峰值，并努力在 2030 年之前完成这一目标。

表 1－2　世界主要二氧化碳排放国提交的自主贡献

国家/地区	自主贡献
美国	到 2025 年温室气体净排放减少 26%－28%（相对于 2005 年排放水平）
欧盟	到 2030 年温室气体排放减少至少 40%（相对于 1990 年排放水平）
俄罗斯	能源相关排放从 2013 年到 2030 年略微下降
中国	2030 年二氧化碳排放达到峰值并努力早日达峰

资料来源：第二十一届联合国气候变化大会。

根据中国目前的碳排放现状，2030 年二氧化碳排放达到峰值，其排放轨迹需要发生重大变化。为实现这一碳减排目标，中国政府制定了一系列能源和气候政策，并提出相应的细分目标。例如，2020 年单位国内生产总值二氧化碳排放比 2005 年下降 40%－45%；2020 年非化石能源占一次能源消费的比重上升至 15% 左右；建立更为严格的车辆碳排放标准；2020 年单位工业增加值二氧化碳排放比 2005 年下降 50% 左右等[①]。

从全球范围看，2014 年世界经济增长约 3%，能源相关的二氧化碳排放持续保持平稳，这一状况意味着经济增长与能源相关的排放可能已经开始脱钩，但这主要得益于一些经济体的能效提高和结构调整。因此，中国未来碳排放轨迹的变化仍将深度影响其经济发展方式。例如，经济增长可能从快速的投资拉动型增长转向更加平稳的消费拉动型增长；产业结构将发生深刻变化，高碳行业增长被抑制，战略新兴产业、服务业等能耗更低的产业快速发展。

五、2030 年 GDP 总量达 135 万亿元，2016－2030 年累计增长 126%

近年来，中国经济增长开始呈现出与过去不同的新特征，最为明显的就是经济增长从过去的高速增长阶段转入中高速增长阶段的"新常态"。"十二五"以来，国内生产总值（GDP）增长率逐年分别为 9.5%、7.7%、7.7%、7.3% 和 6.9%，已明显反映出新常态下经济增速的变化。从需求角度看，模仿

---

① 资料来源：《国家应对气候变化规划（2014－2020 年）》，2014 年 9 月。

型排浪式消费阶段基本结束，基础设施和房地产等投资建设趋于减缓，低成本比较优势发生转化影响外需；从供给角度看，传统产业供给能力大幅超出需求，人口老龄化日趋明显，农业富余人口减少，要素规模驱动力减弱；从资源环境看，环境承载能力已达到或接近上限，对经济发展的约束日趋明显。这些都意味着中国经济增速必然会放缓。

在宏观政策选择方面，政府将不再依赖通过宽松的需求端管理政策抬高经济增速，而是一再强调要"保持战略上的平常心态"，着力促改革调结构，推进经济转型升级，宁可主动将增长速度降下来一些，也要从根本上解决经济长远发展问题。同时，资源环境约束日趋明显，尤其是在全国发生大规模持续雾霾天气的背景下，政府在经济增长速度和环境保护力度方面更需要权衡取舍。我们判断在本展望期内，2016－2020 年、2021－2025 年、2026－2030 年中国经济年均增速分别为 6.8%、5.5%、4.5%，年均增速持续走低，中国经济从高速增长期进入中高速增长期（如图 1－8 所示）。

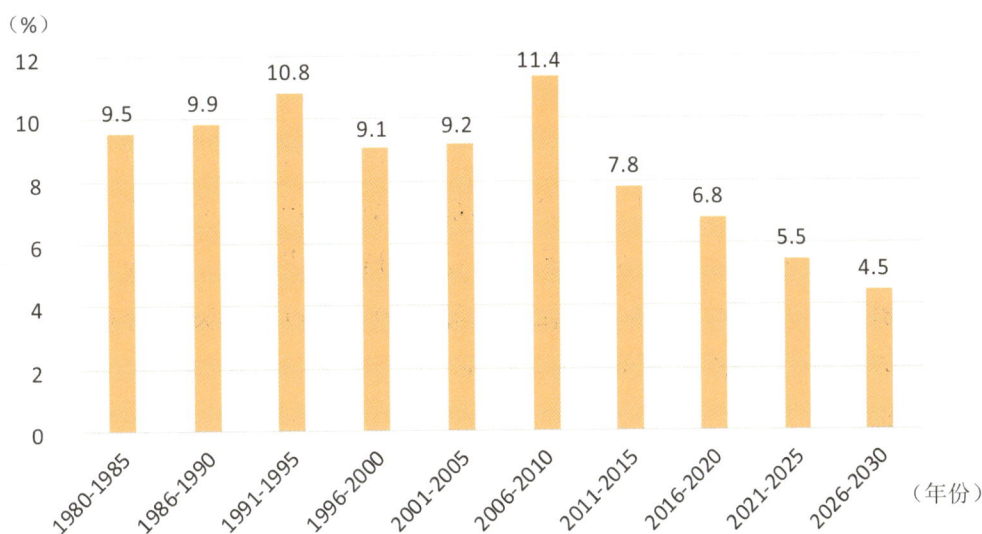

（%）

年份	增速
1980-1985	9.5
1986-1990	9.9
1991-1995	10.8
1996-2000	9.1
2001-2005	9.2
2006-2010	11.4
2011-2015	7.8
2016-2020	6.8
2021-2025	5.5
2026-2030	4.5

（年份）

图 1－8　中国国内生产总值五年年均增速

资料来源：1980 年至 2015 年每五年年均增速根据国家统计局相关数据计算得到，2016 年之后的每五年年均增速为项目组预测数据。

"十三五"期间（2016－2020 年）中国经济保持 6.8% 的年均增速，完全足够使 2020 年国内生产总值和城乡居民人均年收入比 2010 年翻一番。按照这一增速，2020 年中国 GDP（2010 年不变价）将达到 83 万亿元，较 2010 年增长 1.02 倍。根据 2021－2025 年和 2026－2030 年 5.5% 和 4.5% 的年均增速，2030 年中国 GDP（2010 年不变价）将达到 135 万亿元，较 2020 年增长 63%，2016－2030 年 GDP 总量累计增长 126%（如图 1－9 所示）。

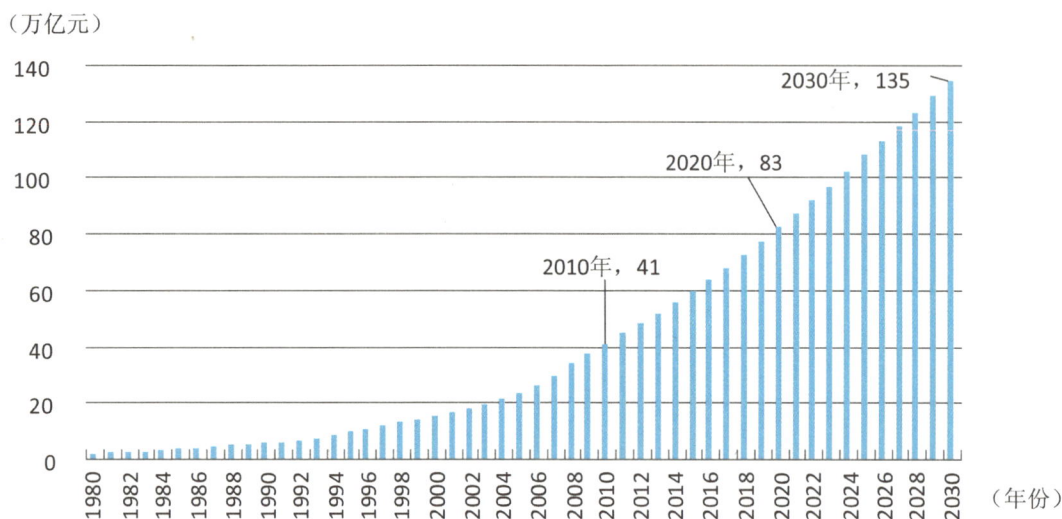

图 1－9　1980－2030 年中国国内生产总值（2010 年不变价）

资料来源：1980 年至 2015 年数据来自国家统计局，2016 年及以后数据为项目组预测数据。

从全球范围看，根据国际货币基金组织（IMF）2015 年 4 月的预测，至 2020 年，整个世界经济增速将保持在 3.2% 左右的水平。新兴市场国家尤其是亚洲新兴市场国家是未来全球经济增长的主力地区，亚洲新兴市场国家未来 5 年的经济增速保持在 6.4% 左右，且可能小幅上升；撒哈拉以南非洲、中东及北非地区的经济增速也高于世界经济增速，未来 5 年分别保持在 5.2% 和 3.9% 左右；拉丁美洲及加勒比地区经济增速逐步回升，至 2020 年保持在 2.9% 左右；发达经济体经济增长缓慢，经济增速小幅走低，维持在 2% 左右（如图 1－10 所示）。

在 IMF 给出数据的 189 个国家中，包括中国在内有 34 个国家 2016－2020 年的年均 GDP 增速达到 6% 以上，除巴拿马（中美洲国家）外，其余均为非洲国家和亚洲国家，其中 17 个国家 2016－2020 年的年均 GDP 增速超过 7%。由此可见，尽管中国经济开始从高速增长阶段转入中高速增长阶段的新常态，

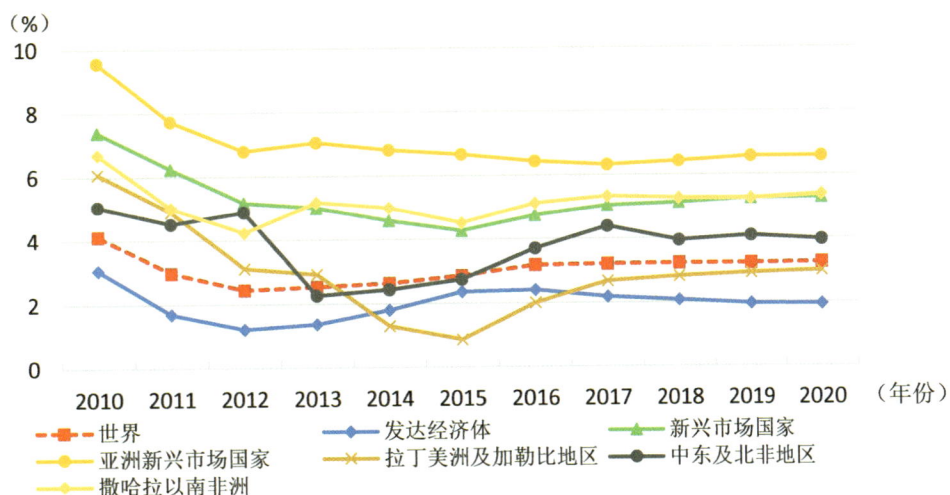

图 1 - 10 2010 - 2020 年世界及主要地区经济增速

资料来源：国际货币基金组织，世界经济展望数据库 2015 年 4 月（IMF, World Economic Outlook Database, April 2015）。

但年均约 7% 的增速仍然位居世界前列。另外，南亚、撒哈拉以南非洲和中东及北非地区保持较高的经济增速也体现了世界工厂由中国向这些地区的国家逐渐转移的发展趋势。

六、2030 年人均 GDP 超过 1.8 万美元，仍仅为美国当前水平的 1/3

本展望期内，随着人口增长放缓并达到峰值，中国人均 GDP 增长将在 2021 年后快于 GDP 增长。以 2010 年不变价计算，至 2020 年中国人均 GDP 达到 5.9 万元/人，是 2010 年人均 GDP 水平的 1.9 倍；而到本展望期末，中国人均 GDP 将接近 10 万元/人，是 2010 年人均 GDP 水平的 3.2 倍（如图 1 - 11 所示）。

尽管中国 GDP 及经济增速都位居世界前列，但巨大的人口基数使得中国人均 GDP 水平与发达国家存在较大差距。根据 IMF 的统计数据，2014 年中国人均 GDP 为 7589 美元/人（2014 年现价美元），在所有统计的 187 个国家中排名第 80 位；仅为人均 GDP 排名第 1 的卢森堡的 6.8%，美国的 13.9%，德国

（万元/人）

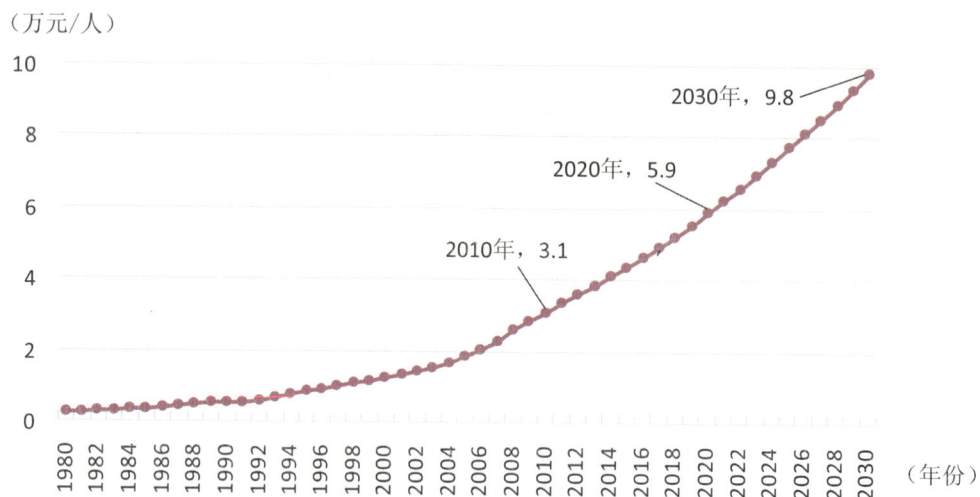

图 1 - 11　1980 - 2030 年中国人均 GDP（2010 年不变价）

资料来源：1980 年至 2015 年数据根据国家统计局相关数据计算得到，2016 年及以后数据为项目组预测数据。

的 16.0%，日本的 21.9%；在"金砖五国"中也落后于俄罗斯（第 58 位）和巴西（第 61 位）。

以 IMF 提供的以 2014 年现价美元计算的中国人均 GDP 为基数，可得到展望期内以美元计价的中国人均 GDP。结果显示，中国人均 GDP 将在 2019 年超过 10000 美元/人，2020 年达到 10953 美元/人，到本展望期末，中国人均 GDP 将达到 18233 美元/人。与世界主要发达国家相比，2020 年中国人均 GDP 将达到 2014 年美国的 20%、德国的 23%、日本的 30%；2030 年将达到 2014 年美国的 33%、德国的 38%、日本的 50%（如图 1 - 12 所示）。

此外，IMF 也给出了 2015 - 2020 年各国人均 GDP（现价美元）的预测数据。根据 IMF 的预测，到 2020 年中国人均 GDP 为美国的 16.9%、德国的 22.8%、日本的 28.9%，与这些国家的差距逐步缩小；排名上升至 189 个国家中的第 73 位；在"金砖五国"中超过了巴西，仅次于俄罗斯的人均 GDP 水平，这些都体现了中国经济发展水平与世界发达国家不断接近的趋势。

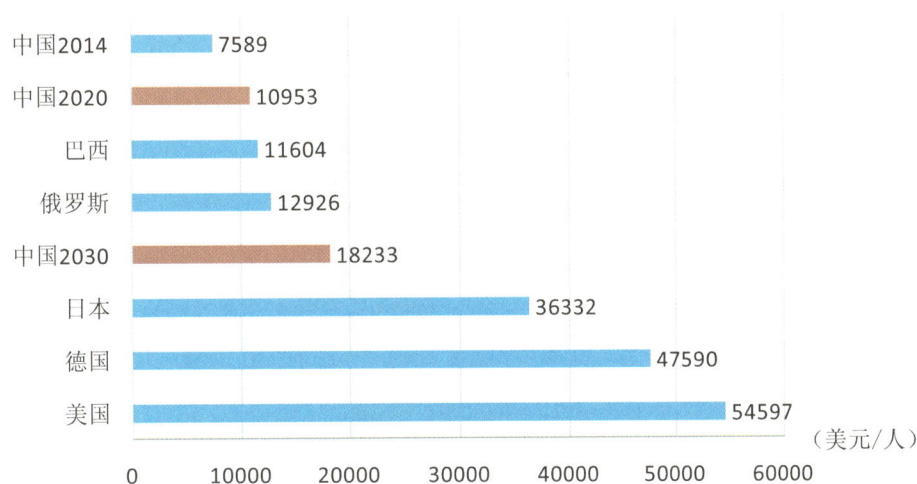

图 1-12　2014 年世界主要国家人均 GDP 水平

注：图中数据均以 2014 年美元不变价计算。

资料来源：中国 2014、巴西、俄罗斯、日本、德国、美国为 2014 年数据，来自国际货币基金组织，世界经济展望数据库 2015 年 4 月（IMF, World Economic Outlook Database, April 2015），中国 2020、中国 2030 为项目组预测数据。

七、2020 年后进入后工业化发展阶段，2030 年第三产业比重达到 65%

近年来，中国产业结构的主要矛盾已经由过去的供给不足转变为工业产能过剩与服务业部门供给不足并存的矛盾。改革开放后，中国在投资拉动型的经济增长模式助力下快速成长为一个工业大国，解决了过去长期困扰我们的供给不足问题，但长期以来中国消费率较低内需不足，且在 2008 年国际金融危机后外需大幅萎缩，加之国内"四万亿"投资政策的实施，更加剧了中国的工业产能过剩形势。严重的产能过剩一方面占用了大量的投资资源，挤占了其他行业发展的融资空间；另一方面以加工制造业为主的产能过剩产业多为高耗能、高污染行业，耗费大量的能源资源，无助于中国经济的绿色低碳循环发展。而服务业部门的供给不足则影响了民生福利的改善，随着居民人均收入水平的不断提升，居民对于服务业的需求增长且更加多元化，例如教育、医疗、养老资源等服务业产品的短缺问题则更加凸显。因而，加快推进经济结构战略性调整是大势所趋，刻不容缓，中央政府亦提出"以伤筋动骨的决心和代价坚定化解产能过剩"，中国新常态下的产业结构将持续转型升级。

第三产业比重的持续上升和第一、第二产业比重的持续下降成为中国经济新常态在产业结构方面的主要特征。第三产业比重不断上升，并从2012年开始超过第二产业比重已反映出这一新的变化趋势。在本展望期内，我们总体判断中国工业化进程已经进入后期，第二产业比重将由2015年的40.5%下降到2020年的37.6%，并进一步下降到2030年的30.5%；第三产业比重将由2015年的50.5%上升到2020年的54.7%，进一步上升到2030年的65.0%；第一产业比重将由2015年的9.0%下降到2020年的7.7%，并进一步下降到2030年的4.5%（如图1-13所示）。在经济新常态下，中国的增长模式从投资拉动型向消费拉动型转变，而随着消费水平的不断提升，消费者偏好从制造业商品转向服务，技术创新、模式创新也将引导经济结构的升级调整，新兴产业、服务业、小微企业作用更加凸显，生产小型化、智能化、专业化将成为产业组织形式新特征。

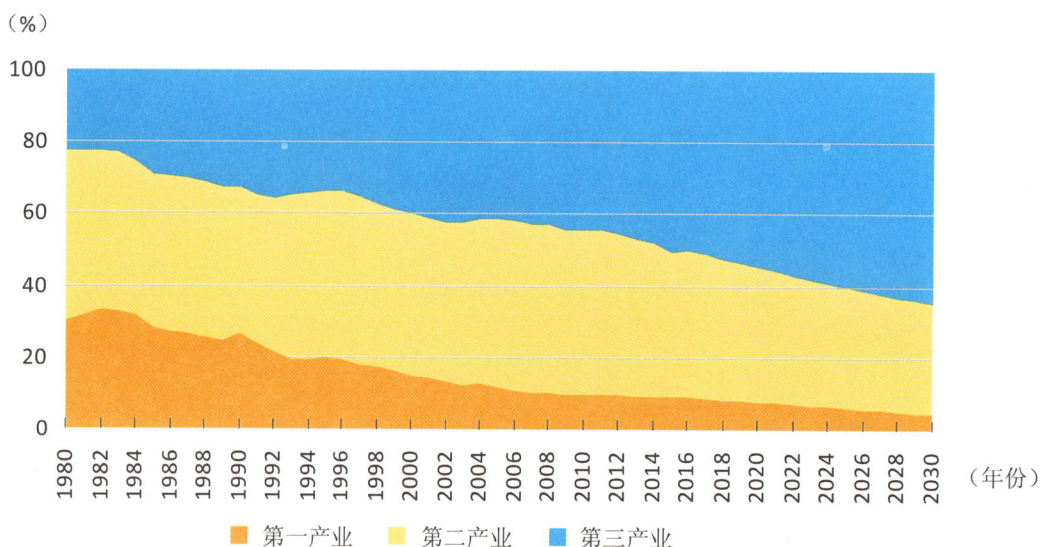

图1-13　1980-2030年中国三次产业结构变迁

资料来源：1980年至2015年数据来自国家统计局，2016年及以后数据为项目组预测数据。

在工业内部，中国自2002年以来的重化工业大规模扩张阶段已经结束，钢铁、水泥等重化工业产品需求已经达到或者接近峰值，重工业总产值占工业总产值的比重难以大幅提高。从国际经验看，工业化进入后期后，重工业比重将逐渐达到峰值，并在后工业化阶段有所回落。英国、美国和日本重工业化率的峰值分别为 69%、66% 和 75%。据此，我们判断在本展望期内，中国重工业总产值占工业总产值的比重缓慢走低，到 2020 年为 70.4%，2020 年后下降速度有所加快，到 2030 年下降至 65.5%（如图 1-14 所示）。

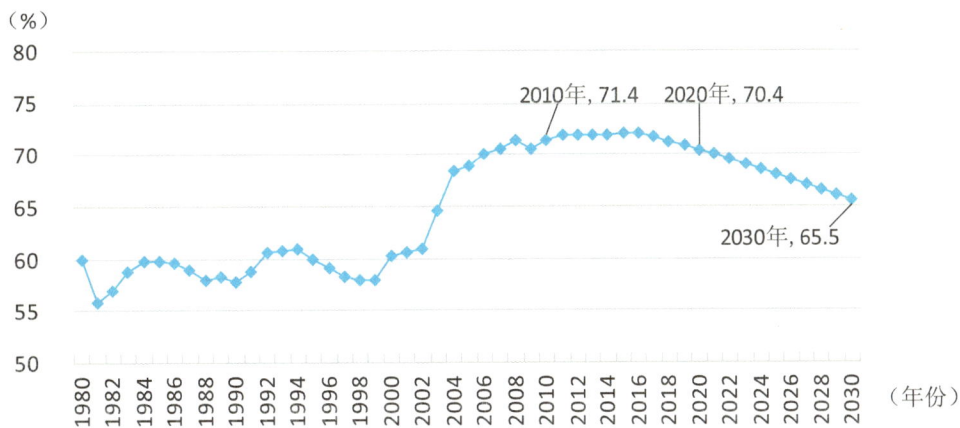

图 1-14 1980-2030 年中国重工业总产值占工业总产值比重

资料来源：1980-2012 年数据来自国家统计局，《中国工业经济统计年鉴》，2013 年及以后数据为项目组预测数据。

从全球范围看，主要已完成工业化进程国家的工业增加值占 GDP 的比重均已降至 20%-30% 的区间，美国、法国和英国的工业占比近年来维持在 20% 这一较为稳定的水平。韩国的工业占比在 20 世纪 60-80 年代快速上升，此后保持在 40% 左右的水平持续波动（如图 1-15 所示）。与此相对应，美国、法国和英国的服务业占比近 80%，位居服务业强国之列。韩国的服务业占比近年来升至 60% 左右，也高于目前中国的服务业发展水平（如图 1-16 所示）。本展望期内，随着中国工业化进程步入后期，中国将追赶世界主要发达国家，逐步由工业大国向服务业大国蜕变。

（%）

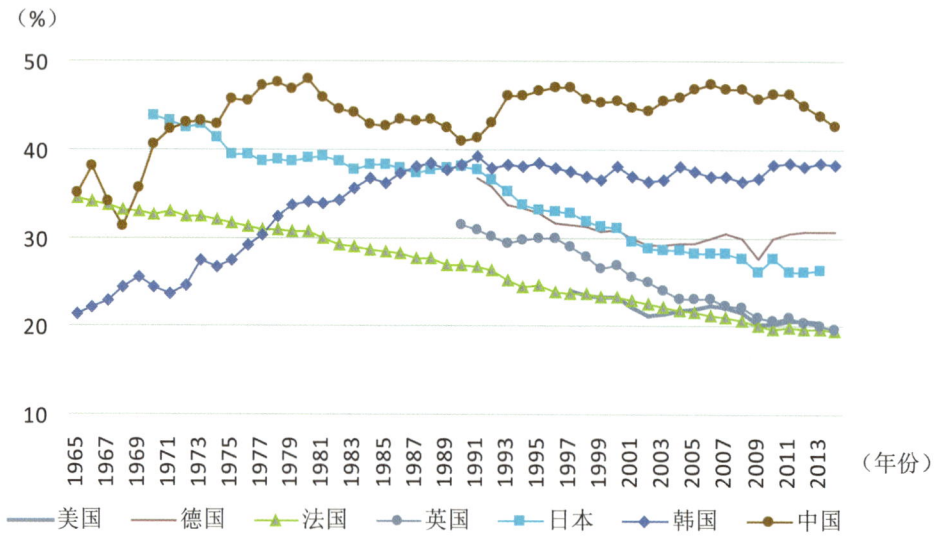

图 1-15　世界部分国家工业增加值占 GDP 比重

资料来源：世界银行数据库。

（%）

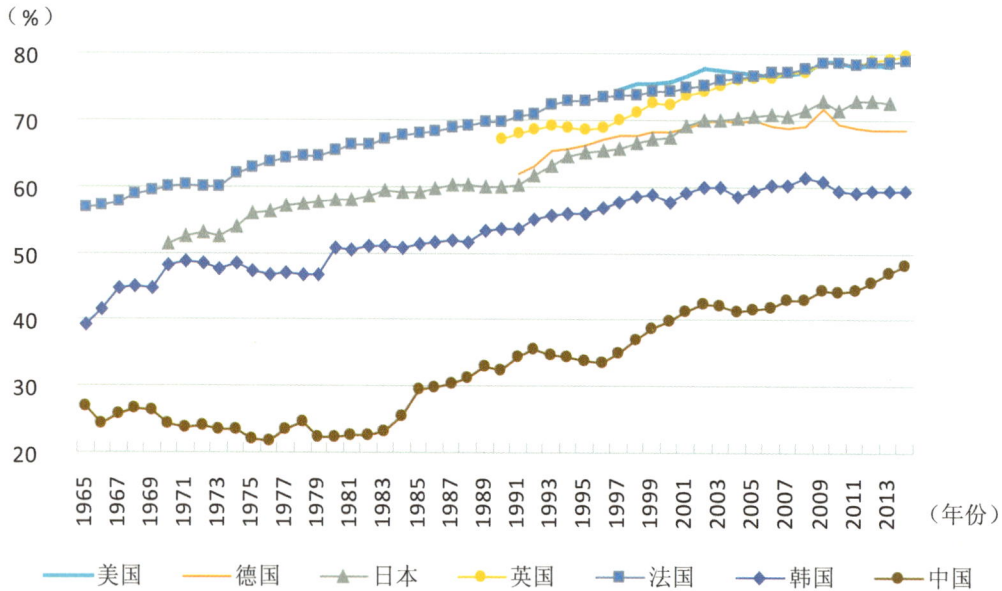

图 1-16　世界部分国家服务业增加值占 GDP 比重

资料来源：世界银行数据库。

第二章　　能源需求展望

2016－2030 年，中国经济步入"新常态"，经济增速放缓、结构优化升级，增长动力从要素驱动、投资驱动转向创新驱动，环境承载能力已达到或接近上限等因素，都将深度改变中国能源需求的总量及结构。能源需求总量增长放缓，2020 年、2030 年总量分别达到 48 亿吨标准煤、53 亿吨标准煤，2016－2030 年均增长 1.4%。2030 年人均能源消费量达到 3.9 吨标准煤，接近 2014 年英国水平。在较大的资源环境约束和碳减排压力下，一次能源消费结构持续优化，煤炭消费比重将有较大幅度下降，2020 年、2030 年煤炭占比分别为60%、49%，清洁能源快速发展，非化石能源 2020 年、2030 年的占比将达到15%、22%，中国的碳排放路径将发生重大变化，碳排放峰值可能提前至 2025年，2016－2030 年碳排放强度累计下降 54%。伴随着产业结构的深度调整和新型城镇化进程的稳步推进，工业用能需求增长放缓并出现峰值，2030 年回落至 27.5 亿吨左右；第三产业用能增加近 10 亿吨标准煤，年均增长 5%，生活用能 2030 年超过 8 亿吨标准煤，人均生活用能接近 600 千克，农业和建筑业用能水平保持稳定。能耗强度持续下降，2016－2030 年累计下降近 50%，2030 年能耗强度接近美国当前水平。

一、2030 年能源消费总量约 53 亿吨标准煤，2016－2030 年年均增长 1.4%

2012 年以来，中国经济增长进入增速换挡和结构调整的新常态，中国能源消费增速持续放缓。2012 年、2013 年、2014 年和 2015 年的能源消费增速分别为 3.9%、3.7%、2.2% 和 0.9%，与 2002 年以来中国经济高速增长期和重化工业加速发展期以及2008年国际金融危机后"四万亿"投资刺激下的能源消费呈现出截然不同的态势，2002－2007年以及2009－2011年期间中国的年均能源消费增速分别高达12.3％和6.5％。这都反映出当前经济增长放缓和结构调整背景下中国能源需求的变化趋势。

经济活动和能耗强度直接影响着中国能源需求。在本展望期内，中国经济增长从高速增长阶段转入中高速增长阶段，每五年年均增速降至6.8％、5.5％和4.5％，直接影响中国能源需求的增长；随着产业结构的深度调整和持续升级，能耗较高的第二产业以及重工业在经济总量中所占的比重将持续下降，这意味着经济整体能耗降低；而技术进步和管理水平提高等因素也将从另一个方面降低能耗强度进而减少能源需求。因此，经济增速放缓、产业结构深度调整及能源利用效率水平提高三种力量的综合影响决定了中国能源需求增速将加速放缓，进入低速增长的"新常态"。2015年中国能源消费总量为43.0亿吨标准煤，到2020年增长至48亿吨标准煤，"十三五"期间年均增长2.1％，大幅低于2000年以来"十五"（12.2％）、"十一五"（6.7％）、"十二五"（3.8％）的年均增速；到2025年能源需求总量增长至51.5亿吨，2021－2025年年均增长1.3％；到本展望期末，中国能源需求总量将达到53亿吨，较2015年累计增长23.3％，2026－2030年年均增速将进一步放缓，降至0.7％，2016－2030年均增长1.4％（如图2－1、图2－2所示）。

从全球范围看，根据英国石油公司（BP）的统计数据，中国已经在2010年超过美国成为全球第一大能源消费国，2014年的能源消费总量占世界能源消费总量的23％。因此，中国能源需求增速放缓对全球能源消费走势具有重要影响。根据BP对全球能源走势的展望[①]，2013－2035年，世界一次能源消费年均增长1.4％，其中96％的增长来自非经合组织国家。非经合组织国家的能源消费年均增长2.2％，而经合组织国家在这一期间的能源消费年均增长仅为0.1％。BP也指出世界一次能源消费增长趋缓反映了以中国为主的亚洲发展中国家在工业化和电气化驱动下的能源需求迅猛增长阶段的终结。

---

① 资料来源：BP 2035世界能源展望（2015年2月版）（British Petrol：World Energy Outlook 2035，February，2015）。

（亿吨标准煤）

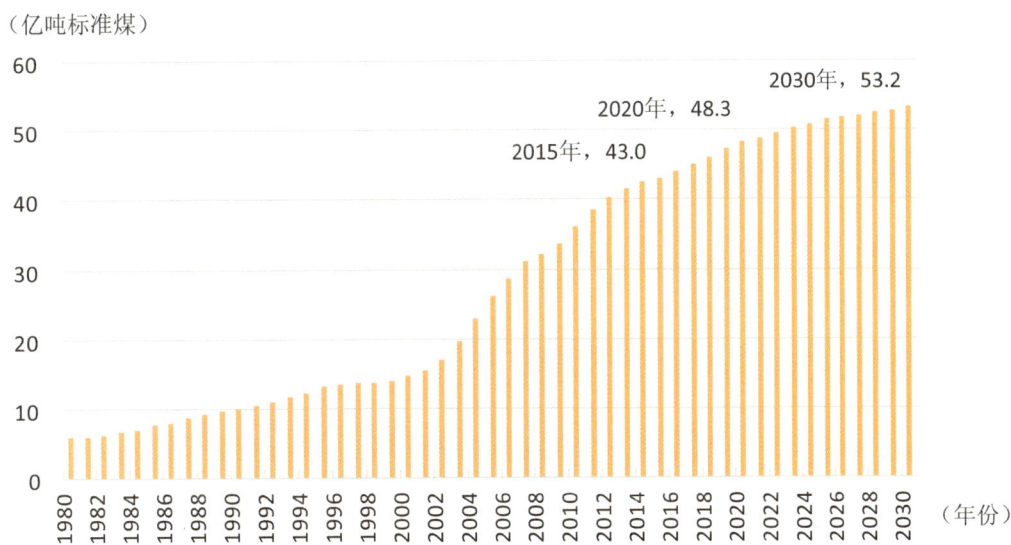

图 2－1　1980－2030 年中国能源需求总量

资料来源：1980－2015 年数据来自国家统计局，2016 年及以后数据为项目组预测数据。

（%）

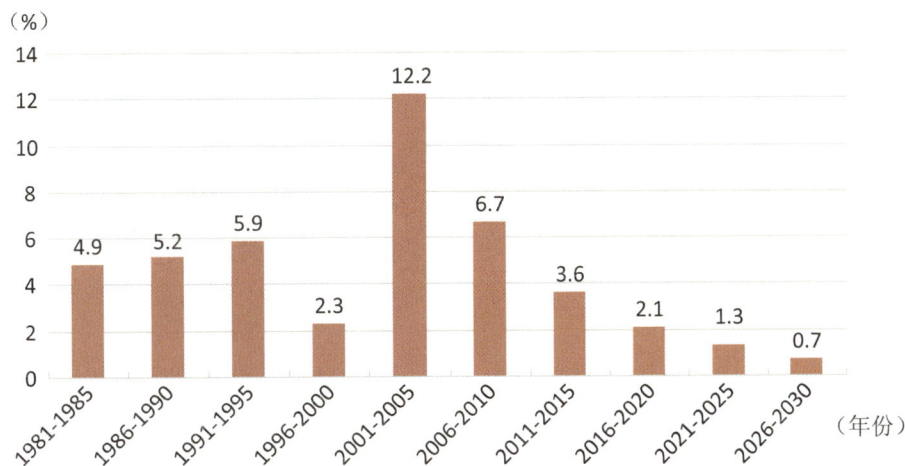

图 2－2　中国能源需求总量每五年年均增速

资料来源：1981－2015 年每五年年均增速根据国家统计局相关数据计算得到，2016 年之后的每五年年均增速为项目组预测数据。

二、2030 年人均能源消费量 3.9 吨标准煤，接近 2014 年英国水平

随着能源需求总量步入低速增长阶段，人均能源消费增速也将放缓，但考

虑到中国人口在 2021 年左右达到峰值，2021 年后中国人均能源消费增长将快于能源需求总量增长。2015 年中国人均能源消费量为 3.1 吨标准煤/人，到 2020 年增长至 3.4 吨标准煤/人，较 2015 年提高 9.6% 。到本展望期结束，中国人均能源消费量将达到 3.9 吨标准煤/人，较 2015 年增长 23.6% （如图2－3 所示）。

（吨标准煤/人）

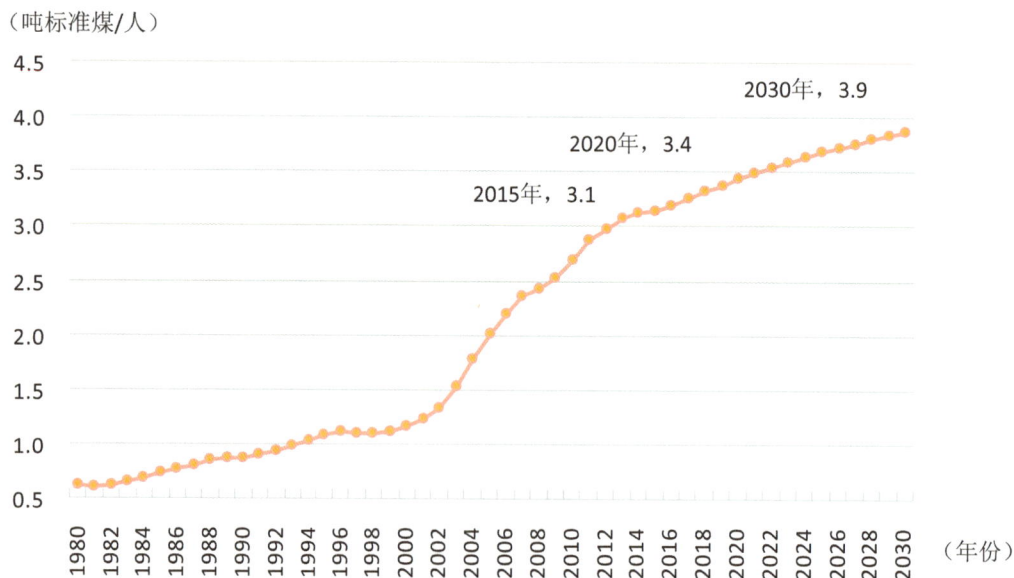

图 2－3　1980－2030 年中国人均能源消费量

资料来源：1980－2015 年数据来自国家统计局，2016 年及以后数据为项目组预测数据。

尽管中国是世界最大能源消费国，但人均能源消费量与世界主要发达国家相比仍存在较大差距。2014 年中国人均能源消费量 3.1 吨标准煤，比世界平均水平 2.6 吨标准煤高 0.5 吨标准煤，但远低于北美能源消费模式下的加拿大和美国的人均能源消费量，也低于欧洲能源消费模式下的德国、法国、英国等国的人均能源消费量。在本展望期内，中国人均能源消费量虽然仍保持增长态势，但由于人口基数大，到 2030 年仍达不到主要发达国家 2014 年的人均能源消费水平（如图 2－4 所示）。此外，国内各地区人均能源消费量差异较大，2013 年天津、上海、江苏和北京的人均能源消费量分别为 5.5 吨标准煤、4.7 吨标准煤、3.7 吨标准煤和 3.2 吨标准煤，2030 年中国人均能源消费量为 3.9 吨标准煤，低于上海 2013 年的人均能源消费水平 0.8 吨标准煤。

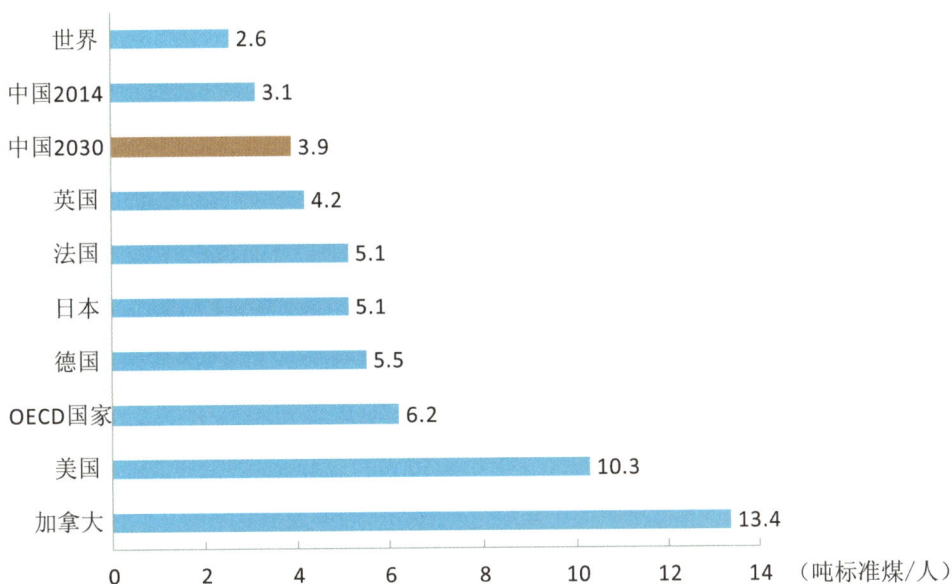

图 2 - 4　2014 年世界及主要国家人均能源消费量

注：中国 2030 为项目组预测数据。

资料来源：能源消费总量数据来于《BP 世界能源统计 2015》（BP Statistical Review of World Energy 2015），人口数据来于世界银行（World Bank）。

三、2030 年非化石能源比重有望达到 22%，碳排放峰值可能提前至 2025 年

长期以来，中国"富煤、贫油、少气"的能源资源特征决定了煤炭在一次能源消费结构中的主导地位。2015 年煤炭、石油、天然气和非化石能源的占比分别为 64.0%、18.1%、5.9% 和 12.0%。传统的以煤为主的能源扩张型发展方式付出了较高的环境代价，中国的生态环境已经整体超过合理的负载能力，空气、水、土地和生态圈均遭到破坏，尤其是以 PM10 和 PM2.5 为特征污染物的区域性大气污染问题十分突出，影响到中国 6 亿以上的人口，治理大气污染刻不容缓。本展望期内，中国能源需求总量仍将持续缓慢增长，但能源消费却面临着生态环境和气候变化的硬约束，其出路就在于节能减排和低碳发展，这将深度影响中国一次能源消费结构调整方向。

（亿吨标准煤）

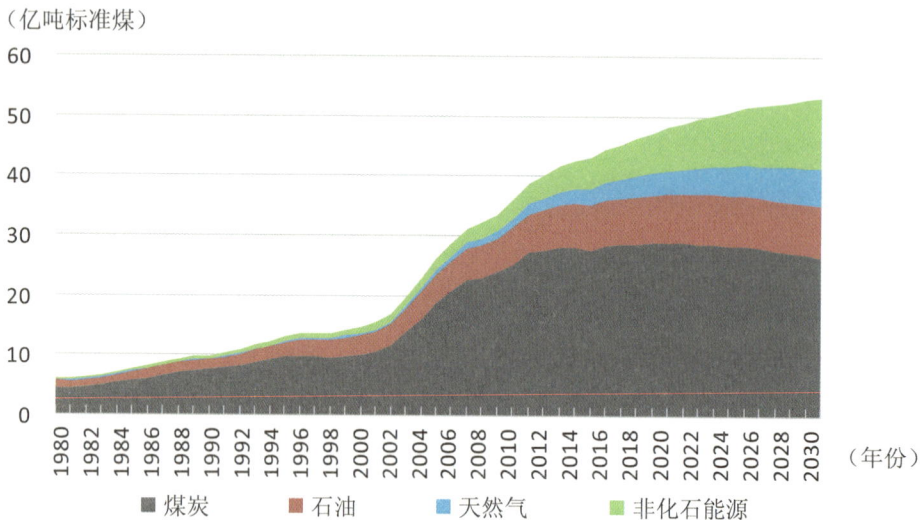

图 2-5　1980-2030 年中国一次能源消费总量与结构

资料来源：1980-2015 年数据来自国家统计局，2016 年及以后数据为项目组预测数据。

近年来，随着"节能减排"上升为国家行动，中国一次能源消费结构正在不断调整优化，总体呈现出煤炭消费比重下降，而清洁能源天然气和非化石能源的消费比重趋于上升的态势。2007 年以来，煤炭占比已累计下降 6.5 个百分点，天然气和非化石能源累计上升 2.7 和 3.7 个百分点。本展望期内，中国的一次能源消费结构将持续快速优化，未来煤炭和石油的消费比重将加快下降，特别是煤炭消费比重将有较大幅度下降，而清洁能源天然气和非化石能源的消费比重将趋于上升。至 2020 年，煤炭消费总量得到一定控制，占比降至60%，较 2015 年下降 4 个百分点；石油消费占比 17%，基本保持稳定；天然气与非化石能源占比升至 8% 和 15%。到本展望期结束，煤炭消费占比大幅下降至 49%，石油消费占比下降至 17%，清洁能源占比合计达到 34%，较 2015年提高 16 个百分点，其中非化石能源占比快速提升到 22%，天然气占比 12%（如图 2-6 所示）。

从世界范围看，当前最主要的一次能源是石油，其次是煤炭，再次是天然气，最后是非化石能源，不管是与世界平均水平还是与发达国家相比较，中国煤炭消费比重畸高的特征十分明显，而天然气和非化石能源等清洁能源的比重偏低。在本展望期内，全球一次能源消费结构也将向更清洁、低碳的燃料倾斜。根据 BP 展望，到 2035 年，石油、煤炭和天然气占能源消费总量的比重都

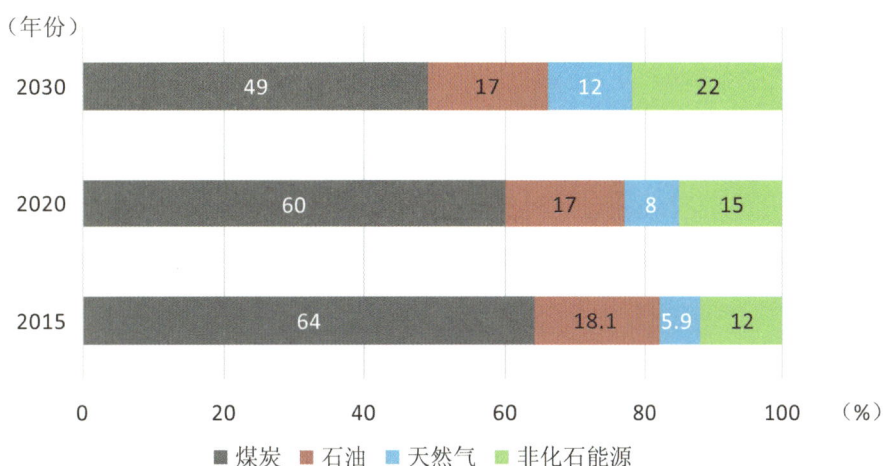

图 2 - 6 2015 年、2020 年、2030 年中国一次能源消费结构

资料来源：2015 年数据来自国家统计局，2020 年、2030 年数据为项目组预测数据。

将集中在 26% - 28% 的区间，不会出现任何一种主导性化石燃料，非化石能源占比约为 19%，较 2013 年上升约 5.7 个百分点。与此相比，本展望期内中国一次能源消费结构的优化与世界能源消费结构的变化趋势是一致的，但油气发展落后于世界平均水平，而非化石能源的占比将提升至高于世界平均水平。

根据对中国能源需求总量和结构的展望，参考 IPCC 的碳排放系数[①]可窥探中国 2031 年前的碳排放路径（如图 2 - 7 所示）；可以看出中国在 2010 - 2020 年间的碳排放增长速度大幅放缓，与 2000 - 2010 年间快速增长的碳排放反差强烈。2000 - 2010 年中国的二氧化碳排放累计增长了 140%，而 2010 - 2020 年仅累计增长 23%。随着中国能源需求增速放缓和一次能源消费结构快速调整，本展望期内中国碳排放路径出现重大变化，"十三五"期间二氧化碳排放仍有小幅增长，2020 年后碳排放增长缓慢，能源利用碳排放峰值在 2025 年前后出现，随后中国的碳排放将逐年下降。

按照这一碳排放路径和对中国经济增长的展望，中国 2020 年单位国内生产总值（2010 年不变价）二氧化碳排放较 2005 年将下降 53%，远超既定目标。本展望期内，2016 - 2020 年、2021 - 2025 年、2026 - 2030 年的碳排放强

---

① 本文选用的碳排放系数如下：1kg 标准煤的煤炭二氧化碳排放强度为 2.77kgCO$_2$，1kg 标准煤的石油二氧化碳排放强度为 2.15kgCO$_2$，1kg 标准煤的天然气二氧化碳排放强度为 1.65kgCO$_2$。据此计算，2014 年中国的二氧化碳排放量为 97.5 亿吨。

（亿吨）

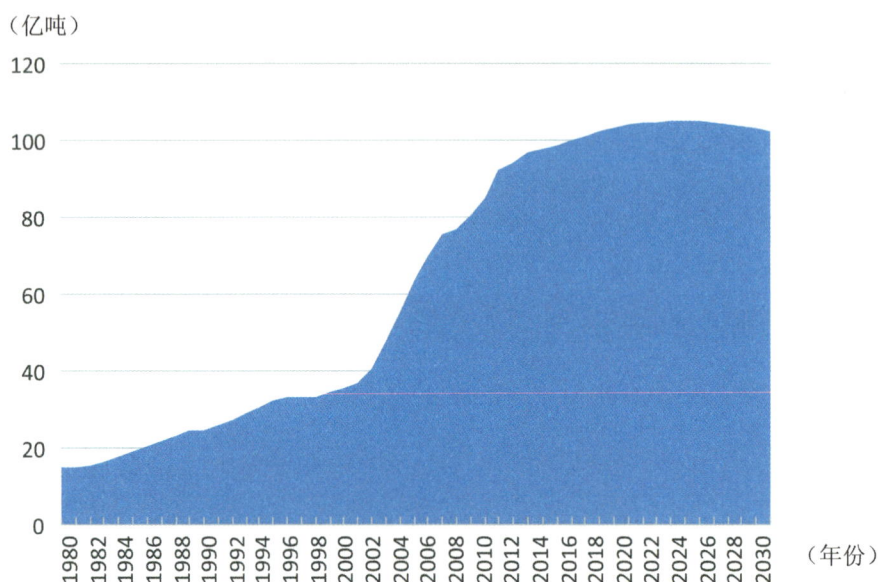

图 2 – 7　中国能源消费二氧化碳排放量

资料来源：根据国家统计局、IPCC 和项目预测的相关数据计算得到。

度年均分别下降 5.3%、5.0%、4.8%，2016 – 2030 年碳排放强度累计降幅达到 54%（如图 2 – 8 所示）。

（%）

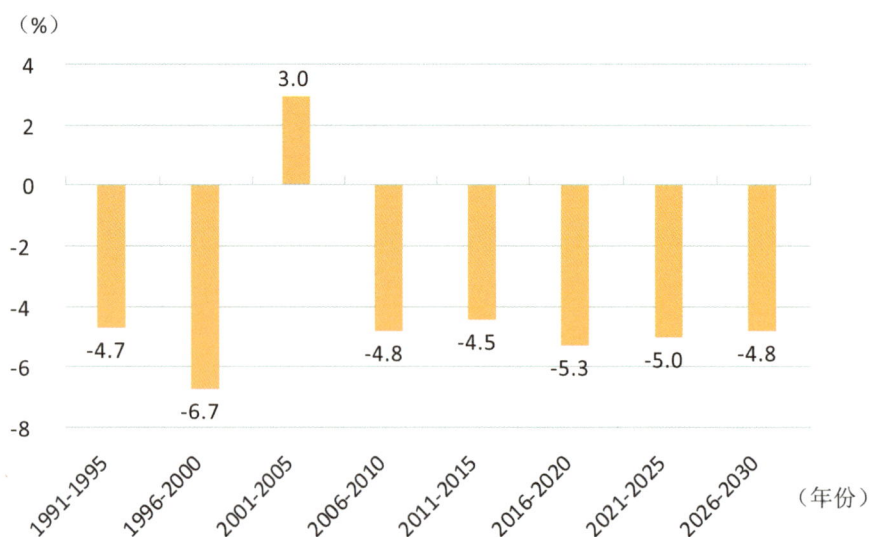

图 2 – 8　中国每五年单位国内生产总值二氧化碳排放的年均降幅

资料来源：根据国家统计局、IPCC 和项目预测的相关数据计算得到。

四、分行业能源消费结构深度调整，工业用能占比由 69% 降至 52%

各能源品种在终端被国民经济的各生产行业和城乡居民生活所消费，而把中间损耗计入工业和交通运输、仓储和邮政业（以下简称"交通运输业"）的能源消费中，可形成分行业能源消费结构，按中国能源统计体系分为七大行业。其中，工业为第一大用能行业，按发电煤耗法计算，2014 年工业用能占比 69.4%；第二大用能部门为居民生活消费，占比 11.1%；交通运输业用能占比 8.5%，排名第三；其他行业，批发、零售业和住宿、餐饮业，农、林、牧、渔、水利业（以下简称"农业"）和建筑业用能占比分列四到七位（如图 2－9 所示）。

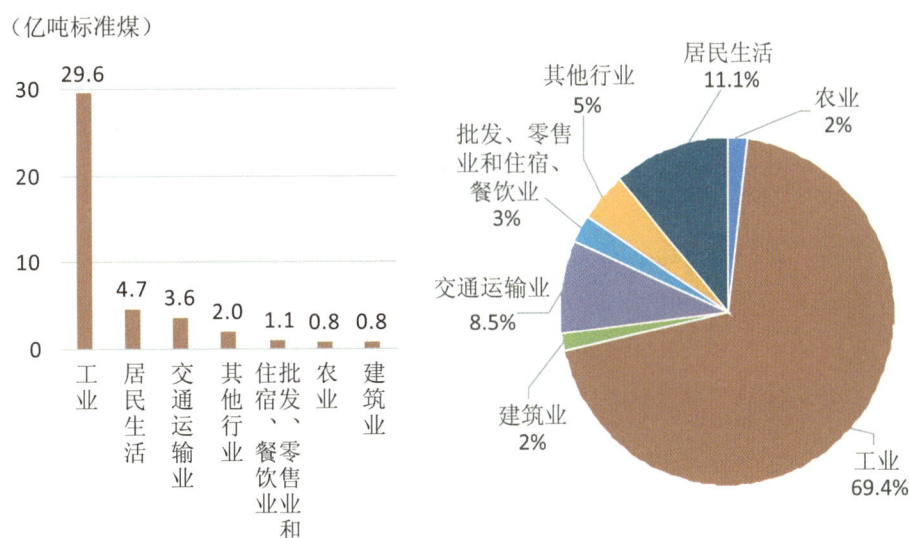

图 2－9　2014 年中国分行业能源消费量和消费结构

资料来源：国家统计局，《中国能源统计年鉴 2015》。

随着中国工业化进程步入后期，产业结构持续升级，工业占比将大幅下降，工业用能占比也将随之下降，而展望期内城镇化进程的快速推进将带动相关生产部门和居民生活能源消费的增长，分行业能源消费结构将深度调整①。工业用能需求增长放缓并出现峰值，占比明显下滑；第三产业用能快速增长，成为能源需求总量增长的主要来源；居民生活用能稳步增长，但人均生活用能与发达国家水平仍存较大差距；农业和建筑业用能保持稳定。到 2020 年，工业用能占比将由 2014 年的 69.4% 降至 61.9%，交通运输业、其他服务业以及居民生活用能占比由 2014 年的 8.5%、7.3% 和 11.1% 升至 12.2%、9.9% 和 12.6%。到 2030 年，工业占比进一步下降至 51.6%，第三产业和居民生活用能占比合计达到 45.4%（如图 2-10 所示）。

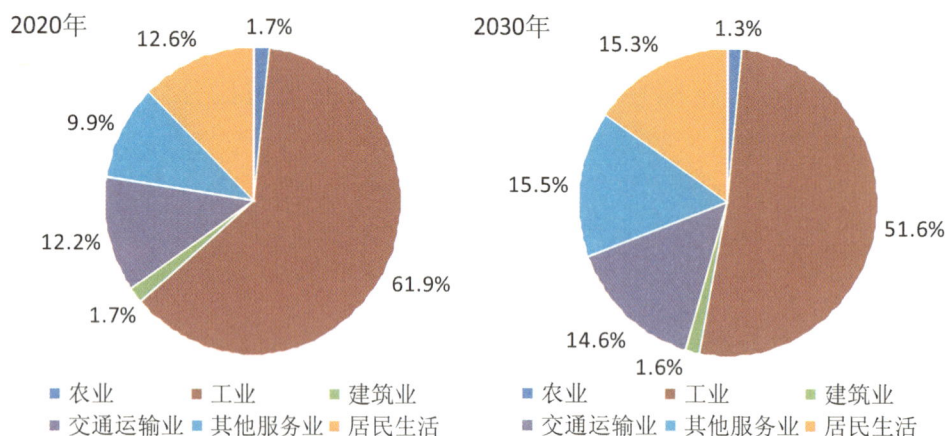

图 2-10　2020 年、2030 年中国分行业能源消费结构

资料来源：项目组预测数据。

五、工业用能峰值约 30 亿吨标准煤，2030 年回落至 27.5 亿吨左右

工业是中国第一大用能部门，也是能源消费增长最主要来源。"十五"、"十一五"期间，工业用能贡献了 70% 以上的能源消费增长，占能源消费总量的比重长期以来也保持在 70% 以上，这体现了 2000 年以来中国快速工业化的

---

① 分行业能源消费结构按中国能源统计体系分为七大行业，其中交通运输业，批发、零售业和住宿、餐饮业以及其他行业三项合称为第三产业，本报告在预测过程中将批发、零售业和住宿、餐饮业以及其他行业合并为其他服务业处理，因此报告中分行业能源消费结构仅包括六个行业。

进程和规模。随着工业化进程进入后期，工业占比及重工业占比都将趋于下降，传统的高耗能、高污染的过剩产能将被逐步淘汰，高新技术企业与新型制造业快速发展，使得工业用能增长乏力；同时行业技术水平不断提高，节能降耗持续推进，绿色低碳循环发展政策不断加码，也都将抑制工业用能需求的增长空间。"十二五"期间，工业用能对总能源消费增长的贡献下降至43.8%，已呈现出工业用能增长减缓的态势（如图2-11所示）。

在本展望期内，工业用能增长将放缓，2020年后达到峰值并逐渐下降。"十三五"期间中国工业用能需求年均增长0.3%，2020年为29.9亿吨标准煤，占能源需求总量的61.9%；2020年后工业用能出现峰值（30亿吨标准煤左右）后持续下降，2021-2030年期间年均下降0.8%，到2030年降至27.5亿吨标准煤，较峰值回落2.5亿吨标准煤，回到2011年水平。本展望期内，工业用能对能源消费总量增长的贡献明显减弱，2016-2020年间仅贡献了10.5%的能源消费增长，远低于第三产业和居民生活用能的贡献，2020年后工业用能对能源消费总量增长的贡献由正转负，至本展望期结束，工业能源需求占比将降至近50%（如图2-10、图2-11所示）。

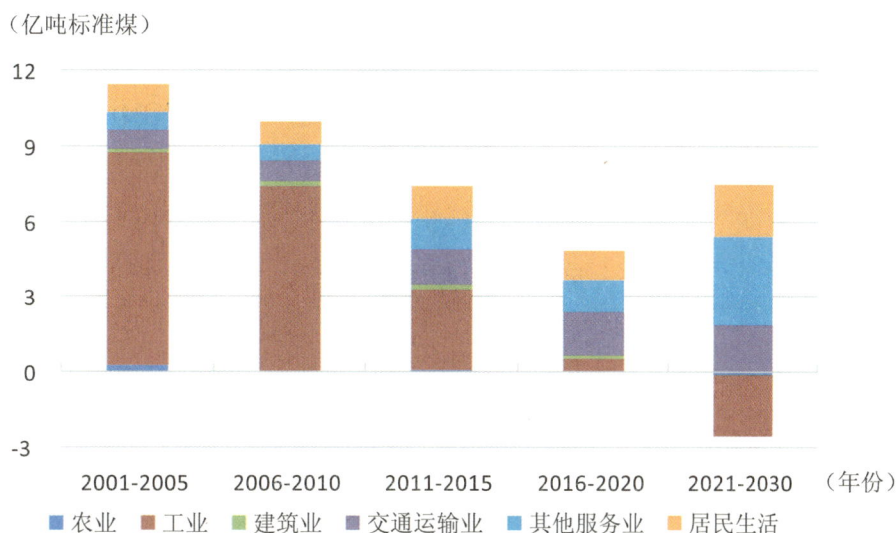

（亿吨标准煤）

■农业　■工业　■建筑业　■交通运输业　■其他服务业　■居民生活

图2-11　中国各行业能源需求增量累计

资料来源：2001-2005年、2006-2010年数据根据国家统计局相关数据计算得到，2011-2015年及以后数据为项目组预测数据。

从世界范围看，根据 BP 的展望，世界分行业一次能源消费状况也体现出工业化影响正在全球范围内减弱。2000－2013 年全球工业用能是能源消费增长最快领域，年均增速达到 2.7%，而在 2013－2035 年工业用能增速将降至年均 1.4%。同一时期内，由于工业化进程已经进入后期，中国工业化对能源消费增长的贡献与世界平均水平相较将更快衰减。

六、第三产业用能增加近 10 亿吨标准煤，2016－2030 年年均增长 5%

第三产业的能耗强度与工业相比更低，长期以来占能源消费总量的比重仅保持在 13%－14% 这一区间（2000－2010 年）。进入"十二五"以来，随着产业结构的持续优化，第三产业在国民经济中的占比不断提高，其用能需求也在快速增长，2011 年、2012 年、2013 年和 2014 年第三产业用能占能源消费总量的比重分别提升了 0.5、0.8、0.5 和 0.2 个百分点，2014 年达到 15.8%，相较于前期稳定的占比呈现出明显的提升态势。

在本展望期内，第三产业用能需求持续快速增长，2016－2020 年、2021－2030 年两个阶段的年均增速分别达到 7.0% 和 4.1%，是能源消费增长的主要力量，2020 年为 10.7 亿吨标准煤，占比 22.1%，2030 年达到 16.0 亿吨标准煤，占比 30.1%，2016－2030 年均增长 5%。细分行业来看，"十三五"期间，交通运输业用能将年均增长 7.4%，可贡献 36.5% 的能源消费增量，2020 年达到 5.9 亿吨标准煤，而其他服务业在这一阶段年均增长 6.6%，只可贡献 27.0% 的能源消费增量。2020 年后，交通运输业用能增长放缓，年均增速下降至 2.8%，2030 年达到 7.8 亿吨标准煤，可贡献 38.3% 的能源消费增量；其他服务业依然保持 5.6% 的高速增长态势，2030 年达到 8.2 亿吨标准煤，成为对能源消费增长贡献最大的行业（如图 2－10、图 2－11 和图 2－12 所示）。

（亿吨标准煤）

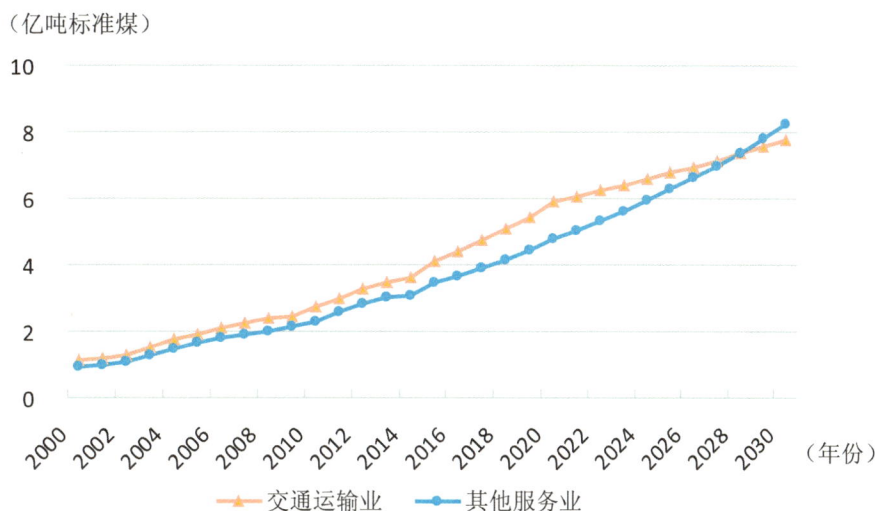

图 2 – 12　2000 – 2030 年交通运输业和其他服务业能源需求量

资料来源：2000 – 2014 年数据来自国家统计局，2015 年及以后数据为项目组预测数据。

七、生活用能超过 8 亿吨标准煤，人均生活用能近 600 千克标准煤

与生产部门能源消费受经济总量和结构的直接影响不同，影响居民生活用能的因素更多来自城镇化水平、居民消费水平以及能源价格等方面的变化。根据项目组前期研究，城镇化发展对居民生活用能的影响还存在 4 年左右的滞后期。本展望期内，随着城镇化进程的不断推进以及居民消费水平的不断提高，居民生活用能将稳步增长，占能源消费总量比重逐步提升。2020年，居民生活用能达到 6 亿吨标准煤，"十三五"期间将贡献 23.4% 的能源消费增长，占比升至 12.6%，较 2014 年提升 1.5 个百分点。2020 年后，随着城镇化的快速推进对居民生活能源消费影响效应的逐步显现，居民生活能源消费将持续增长，2021 – 2030 年年均增长 3%，到本展望期结束，居民生活能源消费量达到 8.1 亿吨标准煤，占比达到 15.3%，较 2014 年提升 4.2 个百分点（如图 2 – 10、图 2 – 11 所示）。

从人均量看，2020 年中国人均生活用能达到 431 千克标准煤，2011 – 2020年年均增速为 4.7%，累计增长 58.2%；到 2030 年中国人均生活能源需求量达到 590 千克标准煤，2021 – 2030 年年均增速降为 3.2%，累计增长 36.7%

（如图 2 – 13 所示）。

（千克标准煤/人）

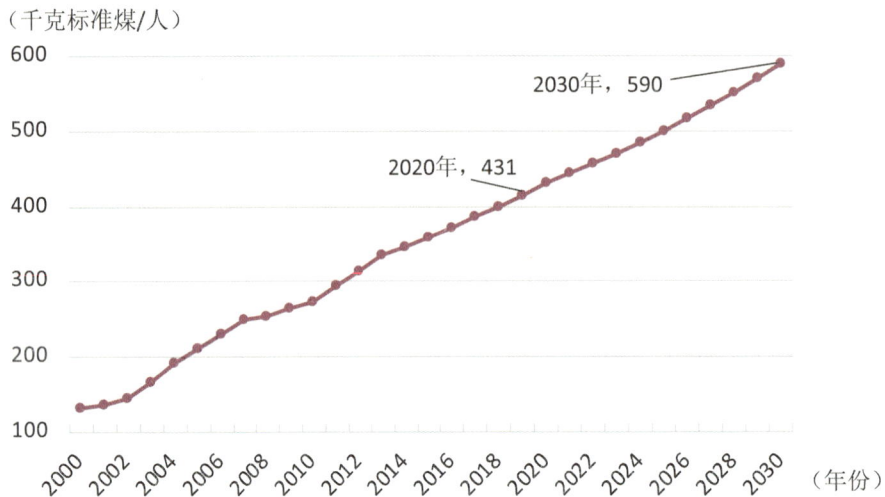

图 2 – 13 2000 – 2030 年中国人均生活能源消费量

资料来源：2000 – 2014 年数据根据国家统计局相关数据计算得到，2015 年及以后数据为项目组预测数据。

从世界范围看，中国人均能源消费量与世界主要发达国家相比仍存在较大差距。根据 IEA 数据，2013 年世界人均生活能源消费量为 423.6 千克标准煤，OECD 国家人均生活能源消费量达到 812.1 千克标准煤，美国、加拿大和德国 2013 年的人均生活用能已超过 1000 千克标准煤。中国 2030 年的人均生活用能水平 592.0 千克标准煤比 2013 年世界平均水平高近 180 千克标准煤，超过日本当前水平，但仍仅为目前美国的 49%、加拿大的 43% 和德国的 57%，也低于英国和法国当前的人均生活用能量。与北京目前水平相比，2014 年北京人均生活能源消费量为 705.3 千克标准煤，2030 年中国人均生活用能比 2014 年的北京仍低 115 千克标准煤左右。

表 2 – 1 部分发达国家及北京与中国人均生活能源消费量比较

国家/地区	年份	生活能源消费量 （万吨标准煤）	年中人口数 （万人）	人均生活能源消费量 （千克标准煤/人）
世界	2013	304031	717765	423.6

续表

国家/地区	年份	生活能源消费量 （万吨标准煤）	年中人口数 （万人）	人均生活能源消费量 （千克标准煤/人）
OECD 国家	2013	102399	126097	812.1
非 OECD 国家	2013	201632	585668	344.3
美国	2013	37997	31647	1200.7
加拿大	2013	4839	3515	1376.8
德国	2013	8516	8210	1037.3
日本	2013	6555	12733	514.8
英国	2013	5738	6411	895.1
法国	2013	6234	6590	946.0
北京	2014	1505	2134	705.3
中国	2030	80859	137125*	589.7*

资料来源：美国、德国、日本、英国的数据均来自 IEA；北京生活能源消费总量数据来自《北京统计年鉴 2015》，人口数据来自国家统计局；中国 2030 年数据加 * 号，为预测值。

八、单位 GDP 能耗累计下降近 50%，2030 年能耗强度接近美国当前水平

能耗强度反映的是经济增长对能源的依赖程度，能耗强度的持续下降体现了整体经济能源利用效率的提升。改革开放后中国的能耗强度总体呈下降趋势，但在 2002 - 2005 年间出现了明显反弹，这是该期间中国重化工业加速发展对能耗强度影响的体现。能耗强度降低一方面是受产业结构调整影响，另一方面是由于技术进步所引起的能源利用率提高。在本展望期内，产业结构的优化升级和技术进步都将带来中国能耗强度的持续下降。根据对能源消费总量和经济总量的展望，GDP 按 2010 年不变价计算，2020 年中国单位 GDP 能耗降至 0.58 吨标准煤/万元，2015 - 2020 年累计下降 19.2%，年均降幅为 4.2%；2030 年单位 GDP 能耗降至 0.39 吨标准煤/万元；2021 - 2025 年、2026 - 2030 年累计降幅分别为 18.4%、17.1%，年均降幅分别为 4.0%、3.7%；至 2030 年，中国单位 GDP 能耗较 2015 年下降近一半，累计降幅达到 45%（如图 2 - 14、图 2 - 15 所示）。

（吨标准煤/万元）

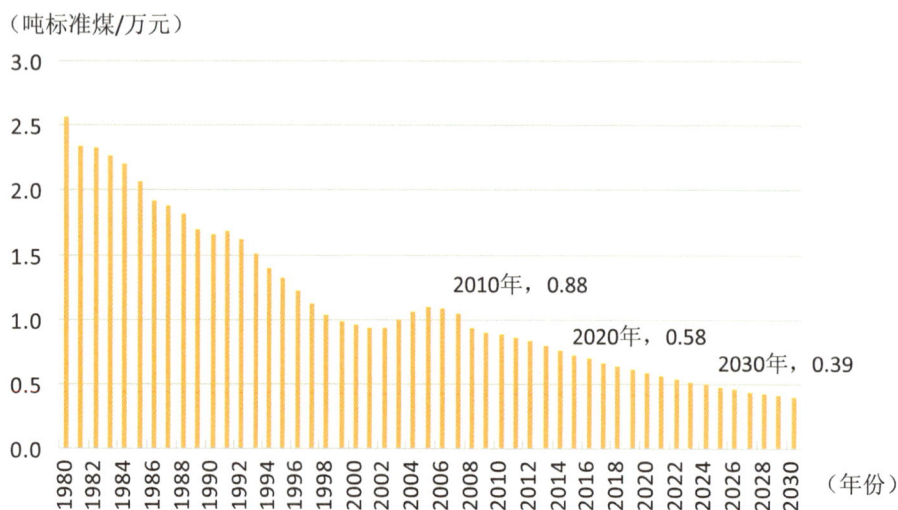

图 2 – 14　1980 – 2030 年中国能耗强度

注：GDP 以 2010 年不变价计算。

资料来源：1980 – 2015 年数据根据国家统计局相关数据计算得到，2016 年及以后数据为项目组预测数据。

（%）

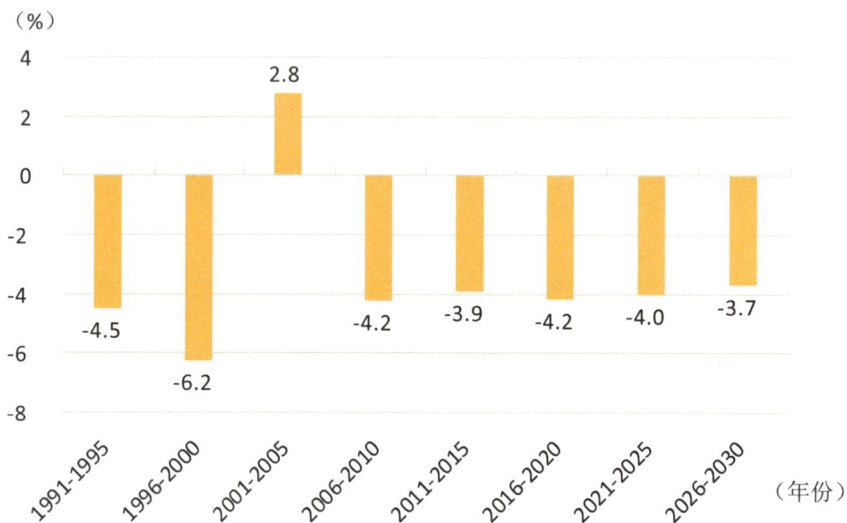

图 2 – 15　中国每五年单位 GDP 能耗年均降幅

资料来源：1991 – 1995 年到 2011 – 2015 年数据根据国家统计局相关数据计算得到，2016 – 2020 年及以后数据为项目组预测数据。

从世界范围看，中国能耗水平相对较高。根据 BP 和 IMF 相关数据，GDP 按 2014 年现价美元计算，2014 年世界平均能耗强度为 2.4 吨标准煤/万美元，美国为 1.9 吨标准煤/万美元，日本为 1.4 吨标准煤/万美元，欧洲国家如德国、法国、英国、意大利和西班牙的能耗强度都在 1 – 1.5 吨标准煤/万美元，而同期中国的能耗强度高达 4.1 吨标准煤/万美元，是世界平均水平的 1.7 倍、美国的 2.2 倍、日本的 2.9 倍（如表 2 – 2 所示）。根据上文，中国能耗强度在 2015 年至 2030 年间累计下降近 50%，据此推算，2030 年中国的能耗强度将接近美国当前的能耗强度水平，而与低能耗的欧洲国家相比仍存较大差距。

表 2 – 2　能耗强度的国际比较（2014 年）

国家/地区	能源消费总量 （万吨标准煤）	国内生产总值 （亿美元）	能耗强度 （吨标准煤/万美元）
世界	1846914	773020	2.4
中国	424580	103804	4.1
美国	328390	174189	1.9
俄罗斯	97420	18575	5.2
印度	91109	20495	4.4
日本	65154	46163	1.4
加拿大	47524	17887	2.7
德国	44433	38596	1.2
巴西	42287	23530	1.8
韩国	39026	14170	2.8
伊朗	36003	4041	8.9
沙特	34218	7525	4.5
法国	33930	28469	1.2
墨西哥	27336	12827	2.1
英国	26842	29452	0.9
印尼	24974	8886	2.8
意大利	21272	21480	1.0
西班牙	19003	14069	1.4

注：国内生产总值为 2014 年现价美元。

资料来源：能源消费总量数据来自《BP 世界能源统计 2015》（BP Statistical Review of World Energy 2015），国内生产总值数据来自国际货币基金组织，世界经济展望数据库 2015 年 4 月（IMF, World Economic Outlook Database, April 2015）。

| 第三章 | 能源供应展望 |

本展望期内，中国能源基础设施建设稳步推进，各能源品种的产能、加工转换及储运能力都得到提升，非化石能源得到快速发展。一次能源生产总量增速随能源需求增速的放缓而走低，2020 年、2030 年一次能源生产总量分别达到 41 亿吨标准煤、43 亿吨标准煤，2016－2030 年均增长 1.1%。清洁能源得到大力发展，一次能源生产结构向非化石能源快速倾斜，煤炭占比大幅下降，2020 年、2030 年原煤产量占比分别降至 68.8%、58.7%，非化石能源占比则分别扩大到 17.7%、26.9%。2030 年能源对外依存度接近 20%。

一、化石能源资源储量丰富，非化石能源开发潜力巨大

传统观点认为，中国化石能源资源以"富煤、贫油、少气"为典型特征，煤炭、石油和天然气的储采比分别为 62、12 和 29。而根据国土资源部 2015 年公布的最新一轮全国油气资源动态评价成果，中国的常规石油探明程度为 33%，处于勘探中期，常规天然气探明程度 18%，处于勘探早期，资源基础稳定，仍有较大的勘探开采潜力。煤层气、页岩气等非常规天然气的地质资源量也较为丰富（如表 3－1 所示）。非化石能源方面，中国具有丰富的水电、风电和太阳能等资源（如表 3－2 所示），具有巨大开发潜力，随着能源供应革命的展开，本展望期内中国将着力开发非化石能源，相应的一次电力等产能将大幅提升。

表 3 – 1　中国化石能源资源量

项目	单位	数值
煤炭		
煤炭基础储量	亿吨	2340
煤炭储采比	—	62
石油		
常规石油地质资源量	亿吨	1085
常规石油可采资源量	亿吨	268
常规石油累计探明量	亿吨	360
常规石油剩余可采资源量	亿吨	206
石油剩余经济可采储量	亿吨	25.5
石油剩余经济储采比	—	12
天然气		
常规天然气地质资源量	万亿立方米	68
常规天然气可采资源量	万亿立方米	40
常规天然气累计探明量	万亿立方米	12
常规天然气剩余可采资源量	万亿立方米	38.5
天然气剩余经济可采储量	万亿立方米	3.4
天然气剩余经济储采比	—	29
煤层气地质资源量	万亿立方米	36.8
煤层气探明地质储量	亿立方米	602
页岩气地质资源量	万亿立方米	134
页岩气可采资源量	万亿立方米	25

注：煤炭基础储量为满足现行采矿和生产所需的指标要求，控制的、探明的，通过可行性研究认为属于经济的、边际经济的部分。煤炭储采比＝年末煤炭基础储量/年原煤产量。

资料来源：煤炭数据来自国家统计局；石油和天然气数据来自国土资源部。

表 3 – 2　中国非化石能源资源量

项目	单位	数值
水电		
100 千瓦以上水电站技术可开发量	亿千瓦	6.6
100 千瓦以上水电站技术可开发年发电量	万亿千瓦时	3

续表

项目		单位	数值
风电			
	50 米高度层风能资源理论储量	亿千瓦	73
	50 米高度层风能资源技术可开发量	亿千瓦	20.5
	70 米高度层风能资源技术可开发量	亿千瓦	25.7
	100 米高度层风能资源技术可开发量	亿千瓦	33.7
核电			
	铀资源量	万吨	200
	已探明铀储量	万吨	16.6
	铀资源和厂址储备可支撑装机	亿千瓦	3.6
太阳能			
	光伏发电可开发总规模	亿千瓦	270
	太阳能热发电可装机潜力	亿千瓦	160－180
生物质能			
	农业废弃物可利用资源量	万吨标准煤	20000
	林业剩余物可利用资源量	万吨标准煤	20000
	畜禽粪便可利用资源量	万吨标准煤	2800
	城市垃圾可利用资源量	万吨标准煤	3200

资料来源：国家发展改革委、水利部、国家气象局、财政部、国家能源局等。

二、能源基础设施建设稳步推进，供应保障能力持续增强

　　能源基础设施包括能源生产设施、加工转换设施和储运设施等，是保障能源资源从勘探开采、加工转换一直到被终端消费的能力建设。如表 3 - 3 所示，本展望期内中国的能源生产、加工转换和储存运输等能力建设都将稳步提升。预计 2020 年中国煤炭产能将达到 50 亿吨/年，到 2030 年回落至 40 亿吨/年，产能利用率长期维持低位；原油生产水平保持稳定，峰值产量可能超过 2.3 亿吨/年；天然气产能逐步提高，2030 年中国常规天然气、煤层气、页岩气和煤制气产能分别可达到 1850 亿立方米、200 亿立方米、300 亿立方米和 100 亿立方米；一次电力装机快速增长，预计 2030 年中国水电、核电、风电以及太阳能发电装机合计可达到 13.9 亿千瓦。加工转换方面，预计 2030 年中国的炼油综

合加工能力可达到 8.5 亿吨/年，火电装机为 10.2 亿千瓦左右。储运设施建设方面，展望期内中国铁路运煤能力将持续增长，到 2020 年提升至 30 亿吨/年以上；中国目前建成及在建原油管道 2.03 万公里，已建成成品油管道 2.01 万公里，到 2030 年成品油一次输送能力新增约 5000 万吨/年；石油储备方面，预计到 2020 年中国石油储备能力将提升至 8500 万吨，相当于 90 天净石油进口量；2030 年中国天然气管道气和 LNG 进口能力分别达到 1650 亿立方米和 1000 亿立方米。

表 3-3 中国能源基础设施建设概况

	生产能力	加工转换能力	运输能力	存储能力
煤炭	2020 年中国煤炭产能达到 50 亿吨/年，2030 年回落至 40 亿吨/年	—	2020 年中国铁路运煤能力可达到 30 亿吨/年以上	—
石油	2030 年前原油产量保持平稳，峰值产量可超过 2.3 亿吨/年	2020 年炼油综合加工能力 7.9 亿吨/年，2025－2030 年达到 8.5 亿吨/年	已建及在建原油管道 2.03 万公里，已建成成品油管道 2.01 万公里，2030 年成品油一次输送能力增加约 5000 万吨/年	2020 年完成国家石油储备发展目标，储备能力提升至约 8500 万吨，约 90 天石油净进口量
天然气	2030 年中国常规天然气、煤层气、页岩气和煤制气产能分别可达到 1850 亿立方米、200 亿立方米、300 亿立方米和 100 亿立方米	—	2030 年管道气和 LNG 进口能力分别可达到 1650 亿立方米和 1000 亿立方米	—
电力	2030 年水电、风电、核电和太阳能发电装机合计可达到 13.9 亿千瓦左右	2030 年火电装机达到 10.2 亿千瓦左右	—	—

资料来源：项目组。

三、2030 年一次能源生产总量约 43 亿吨标准煤，2016－2030 年年均增长 1.2%

一次能源生产总量是原煤、原油、天然气等化石能源生产量和水电、风电、核电、太阳能以及生物质能等非化石能源生产量的总和。将水电、风电、核电等一次能源按发电煤耗法折算，2015 年中国一次能源生产总量为 36.2 亿吨标准煤，是 1980 年（6.37 亿吨标准煤）的 5.7 倍，35 年间年均增长 5.1%。进入"十二五"后期，随着能源消费增速的持续放缓，2012 年、2013 年、2014 年、2015 年的一次能源生产增速相应也降至 3.2%、2.2%、0.86%、0.04%，与"十五"和"十一五"期间年均 10.6% 和 6.4% 的增速有较大差距。

本展望期内，尽管化石能源产能稳步发展，非化石能源得到大力开发，但能源需求总量已进入低速增长阶段，中国一次能源生产也将保持相应的低速增长态势，2020 年增长至约 41 亿吨标准煤，可满足中国 85% 的能源需求，"十三五"期间年均增长 2.4%；2030 年达到 43 亿吨，2021－2030 年年均增长 0.6%，可满足中国 80% 以上的能源需求（如图 3－1、图 3－2 所示）。

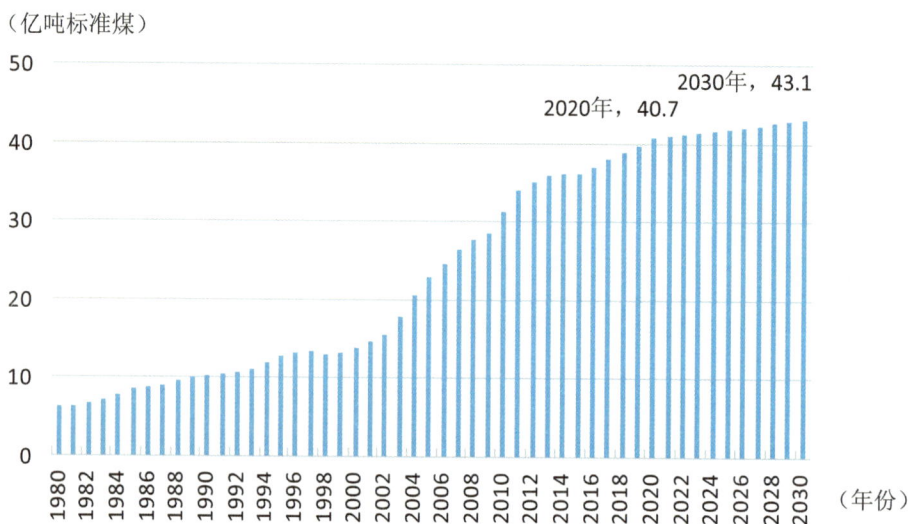

图 3－1　1980－2030 年中国一次能源生产总量

资料来源：1980－2015 年数据来自国家统计局，2016 年及以后数据为项目组预测数据。

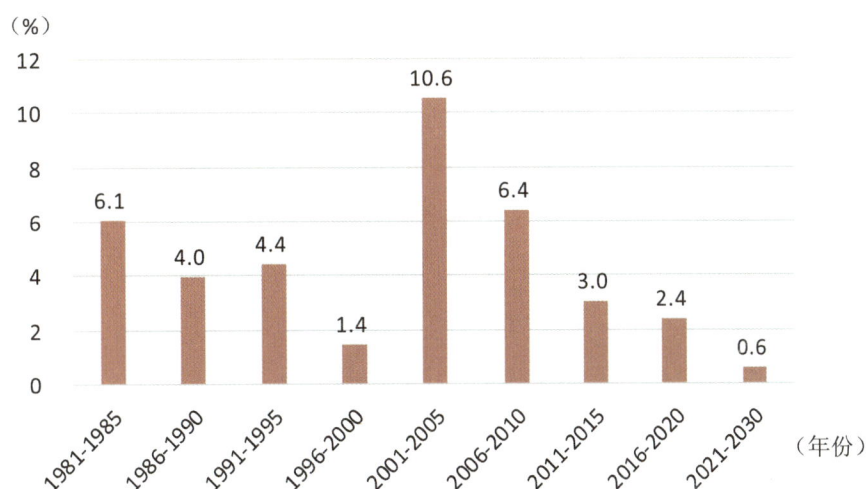

图 3 - 2　中国一次能源生产总量年均增速

资料来源：1981 年至 2015 年每五年年均增速根据国家统计局相关数据计算得到，2016 年之后的年均增速为项目组预测数据。

四、一次能源生产结构持续优化，煤炭占比累计下降 14 个百分点

中国的能源资源禀赋决定了其以煤为主的一次能源生产结构，长期以来原煤产量占一次能源生产总量的比重都保持在 70% 以上，在 2002 年以来的重化工业加速发展期，原煤生产占比还曾上升至 77% 左右。近年来，随着"节能减排"上升为国家战略目标，清洁能源得到大力发展，原煤产量占比也由峰值时期的 77.8% 下降至 72.1%（2015 年）。在中央财经领导小组第六次会议上习近平主席提出要推动能源供给革命，建立多元供应体系。立足国内多元供应保安全，大力推进煤炭清洁高效利用，着力发展非煤能源，形成煤、油、气、核、新能源、可再生能源多轮驱动的能源供应体系。

在中国力推能源供给革命、一次能源消费结构持续优化和能源需求进入低速增长阶段的大背景下，考虑各能源品种的产能建设情况，预计到 2020 年原煤产量比重降至 68.8%，较 2015 年下降 3.3 个百分点；原油产量占比小幅下降 0.6 个百分点，为 7.9%；天然气产量占比小幅上升 0.7 个百分点，达到 5.6%；非化石能源发展迅速，2020 年占比升至 17.7%，较 2015 年提升 3.2

（亿吨标准煤）

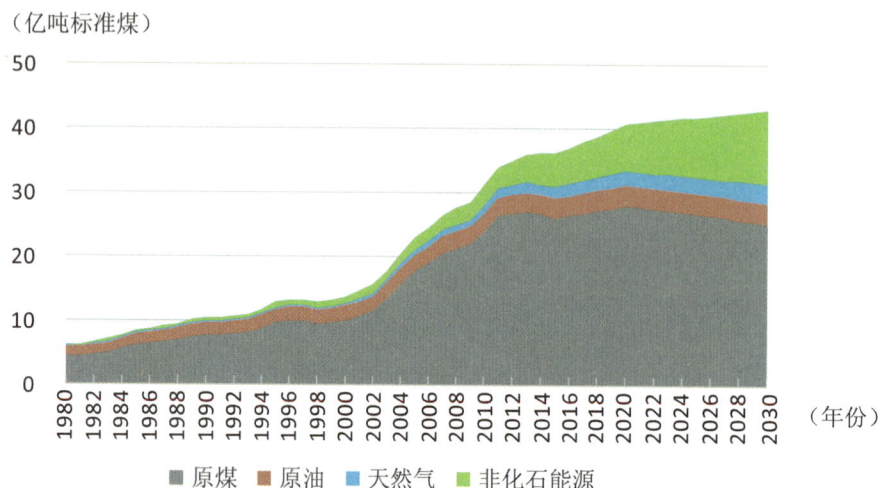

图 3-3　1980-2030 年中国一次能源生产总量和结构

资料来源：1980-2015 年数据来自国家统计局，2016 年及以后数据为项目组预测数据。

个百分点。到本展望期末，原煤产量占比大幅下降至 60% 以下；原油产量保持稳定，占比下降至 7.6%；天然气产量占比持续提升，2030 年为 6.8%；非化石能源则保持快速增长态势，2030 年占比升至 26.9%，较 2015 年提升了 12.4 个百分点（如图 3-3、图 3-4 所示）。本展望期内，中国一次能源生产结构将快速向清洁能源尤其是非化石能源倾斜。

（年份）

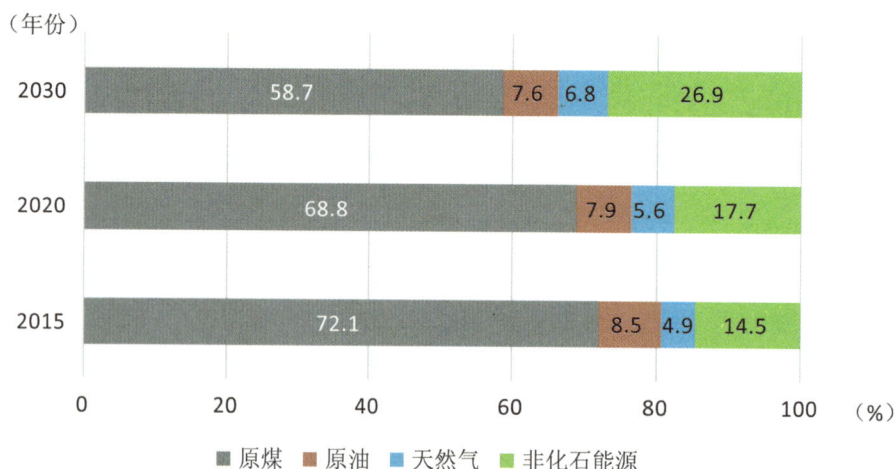

图 3-4　2015 年、2020 年、2030 年中国一次能源生产结构

资料来源：2015 年数据来自国家统计局，2020 年、2030 年数据为项目组预测数据。

五、2030 年能源对外依存度接近 20％，煤炭进出口趋于平衡

中国自 1997 年由能源净出口国家转变为能源净进口国家，能源净进口量快速增长；2002 年后，煤炭净出口量下降，油气净进口持续攀升，中国能源对外依存度快速上升；而 2008 年金融危机后，中国由煤炭净出口国家转变为煤炭净进口国家，且净进口量快速增长，中国的能源对外依存度进入新一轮提升阶段，2014 年中国能源净进口量达到 6.9 亿吨标准煤，能源对外依存度（16.0％）较 2008 年（9.0％）提高了 7.1 个百分点。2015 年中国能源净进口量为 6.7 亿吨标准煤，能源对外依存度（15.6％）较 2014 年下滑 0.4 个百分点（如图 3 - 5 所示）。

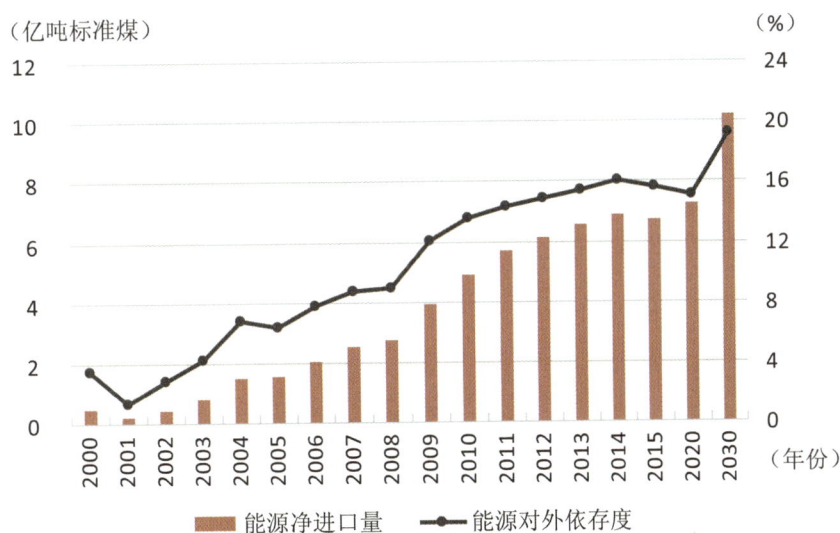

图 3 - 5　2000 - 2015 年、2020 年、2030 年中国能源净进口量及对外依存度

注：能源净进口量绘制于主纵坐标轴，能源对外依存度绘制于次坐标轴。对外依存度 = 能源净进口量/（能源净进口量 + 能源生产量）。

资料来源：2000 - 2015 年数据来自国家统计局，2020 年、2030 年数据为项目组预测数据。

本展望期内，中国油气进口仍将持续增长，预计 2020 年、2030 年中国原油进口量达到约 4 亿吨、4.8 亿吨，石油对外依存度将由当前的 60％ 上升到 64％ 和 68％ 左右；天然气进口能力大幅提升，2020 年管道气和 LNG 进口能力

将达到 1000 亿立方米和 550 亿立方米左右，如果市场需求旺盛，2030 年还可能分别提升至 1650 亿立方米和 1000 亿立方米以上。煤炭进口目前则已达到峰值并将大幅下降，预计到 2030 年进出口量基本保持平衡。综合来看，随着石油和天然气进口的持续增长，以及煤炭逐步走向进出口平衡，中国能源的净进口量仍将继续增长，能源对外依存度走高。2001 – 2010 年、2011 – 2020 年、2021 – 2030 年中国能源净进口量年均增速分别为 25.6%、4.0%、3.5%。到 2030 年中国能源对外依存度达到 19.2%，较目前提升约 3.6 个百分点。

煤炭篇

<table>
<tr><td>第四章</td><td>煤炭需求展望</td></tr>
</table>

本展望期内，拉动中国煤炭需求的投资建设规模将依次进入高稳期和收缩期，同时在大气污染防治和应对气候变化的双重压力下，"减煤"将会成为中国的长期趋势。中国煤炭消费峰值可能已经过去，预计到 2030 年消费量回落至 36 亿吨左右，占能源需求总量的比重降至 50% 以下。分行业看，钢铁、建材行业及其他终端消费需求将大幅度下降，到 2030 年将降至不足峰值的一半；电力行业煤炭需求也已进入峰值区，未来仍将在峰值区小幅波动；煤化工尤其是新型煤化工行业将是未来煤炭消费的主要增长点，展望期内将保持较快增长，但也不足以弥补钢铁、建材及其他终端煤炭需求的减量，中国煤炭需求总量将会明显回落。

一、煤炭需求峰值可能已经过去，2030 年消费量减至 36 亿吨左右

（一）展望期内中国建设规模依次进入高稳期和收缩期

从拉动能源需求尤其是煤炭需求的终端动力看，投资建设是最具决定性的因素。中国煤炭消费约一半用于发电，其余大部分用于钢铁、建材、化工等重工业行业。而钢铁、建材和有色金属等重工业产品主要用于投资建设，用于终端消费的比例极低。生产这些重工业产品，除直接消耗大量煤炭外，还要消耗大量电力，2003 - 2011 年间累计，重工业用电量占全部用电量的 60.5%，其用电量增量占到全部用电量增量的 64%，而发电量的 80% 以上为燃煤发电。可见，投资建设是整个重工业及煤炭需求的主要终端动力。

2002 - 2012 年，中国处于投资建设规模的扩张期。受益于改革开放、经

济社会稳定发展等优势，加上人口红利、城镇化和工业化进程加快，中国在21世纪初住房需求十分旺盛，房地产开发规模迅猛扩张，进而带动重工业、基础设施等建设集群化并先后达到建设高潮。在此期间，中国房地产、重工业、能源和大宗物流等产业（以下称为"建设产业链"）经历了持续十多年的高速增长。建设产业链持续较快发展还带动了其他制造业的快速发展，形成了建设规模的扩张期。

2013年以后，中国进入建设规模的高稳期。随着人口老龄化加剧以及刚性住房需求的趋稳、回落，投机性、预支性住房需求退潮，导致近两年房屋新开工面积出现台阶式回落，预计"十三五"期间房地产开发规模会趋稳乃至平缓收缩。这将使建设产业链市场需求出现拐点，但其生产能力多是在建设扩张期基于盲目乐观的市场预期而规划建设的，近几年乃至"十三五"前半期，建设产业链生产能力仍将有所增长，产能过剩不断加剧，市场竞争渐趋激化，经营形势愈加严峻。在产能过剩压力下，"十三五"期间原材料重工业、大宗物流业和燃煤发电等行业将先后停止新项目开工建设。中国建设产业链由国有产权主导，其建设资金主要来自于国有银行贷款，杠杆率较高，如果经营形势持续恶化，有可能诱发金融危机。对此，中国正在大力推进供给侧改革，试图通过制度变革来全面增强建设产业链企业的竞争机能，促使在企业"强身健体"的基础上去布局全球、输出产能，从而实现去产能、降成本。但供给侧改革很难一蹴而就，为了给供给侧改革争取足够时间，需要需求侧阶段性地适度发力。目前中国基础设施建设还有一定发展空间，为了严防系统性金融风险，"十三五"期间中国将通过大力推进四大板块（东、中、西和东北）和三大战略经济带（一带一路、沿长江经济带和京津冀一体化）的发展，来加快基础设施建设。一年多以来，中国政府为基础设施建设营造适宜金融环境和融资条件的政策力度不断加码，预计"十三五"前半期会逐步显现政策效应，2017年、2018年间或将掀起基础设施建设的阶段性小高潮，之后受房地产开发规模萎缩的影响，建设规模会再度趋于萎缩。可以预见，建设扩张期之后至2020年期间中国建设总规模有望维持在较高水平。

2020年以后，随着人口结构老龄化愈加明显，住房需求较快下降，房地产开发规模明显萎缩，基础设施建设的扩张空间也已十分有限，中国建设总规模将进入"收缩期"。在此期间，建设产业链的国内产需量将出现明显的向下拐点，产能过剩状况将因需求萎缩而难以明显缓解。

（二）大气污染防治及应对气候变化决定了"减煤"是中国长期趋势

大气污染防治及应对气候变化不仅对中国能源需求总量和结构形成硬约束，更将深度影响未来经济发展方式。以往制订的能源发展规划，对生态环境破坏的严重程度和环境问题集中爆发的不利后果，普遍估计不足和重视不够，使得长期以来以煤为主的能源消费结构，给中国的生态环境造成了巨大破坏。因此，需要大幅度减少资源利用对环境资源的人为占用和负荷，要大幅度减少污染物排放总量。在展望期内中国能源需求仍将持续增长的情况下，在大气污染防治和应对气候变化的硬约束下，则需要做到严格限制化石能源消费总量的增加，尤其是减少煤炭消费量。

能源消费结构是影响大气质量的关键因素。要实现 2017 年大气环境明显好转、主要大气污染物排放总量削减 50% 的目标，仅依靠终端治理很难达到要求，必须从源头上减少煤炭消费量。在应对气候变化方面，中国已经向国际社会做出二氧化碳排放在 2030 年达到峰值并努力早日达峰的承诺，煤炭作为单位能源二氧化碳排放强度最高的能源品种，亟须大力减少消费。因此，大气污染防治和应对气候变化的形势决定了"减煤"将是中国的长期趋势。

（三）预计到 2030 年中国煤炭消费量将回落到 36 亿吨左右

根据对煤炭需求拉动因素以及能源消费结构变动的预测分析，中国煤炭需求峰值可能已经过去，"十三五"期间煤炭需求将总体回落，2020 年中国煤炭需求为 40.8 亿吨左右，占能源需求总量的比重由 2015 年的 64% 降至 60%；2020 年后煤炭需求将持续下降，到 2030 年中国煤炭需求将回落到 36 亿吨左右，占能源需求总量的比重降至 50% 以下（如图 4 - 1 所示）。

分行业来看，随着展望期内，中国建设规模依次进入高稳期和收缩期，钢铁、建材及其他终端消费所拉动的煤炭需求将波动下行，在"十四五"以后降幅加大；在用电量平稳增长过程中，发电耗煤量平缓下降；氮肥制造业耗煤量总体保持平稳，不会大幅增加；而超低排放的高效环保热电厂耗煤量以及新型煤化工的用煤量都将较快增长，该部分增量可在一定程度上弥补终端消费的煤炭需求减量，使得煤炭总需求在"十三五"期间小幅波动，随后逐渐回落

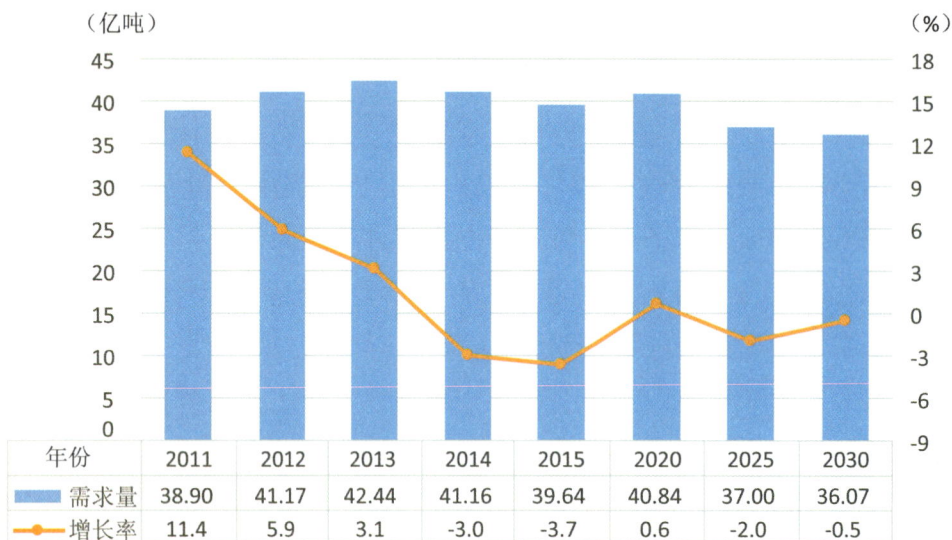

图 4 - 1　2011 - 2030 年中国煤炭需求总量及增速

年份	2011	2012	2013	2014	2015	2020	2025	2030
需求量	38.90	41.17	42.44	41.16	39.64	40.84	37.00	36.07
增长率	11.4	5.9	3.1	-3.0	-3.7	0.6	-2.0	-0.5

资料来源：项目组。

至 36 亿吨左右（如图 4 - 1 所示）。

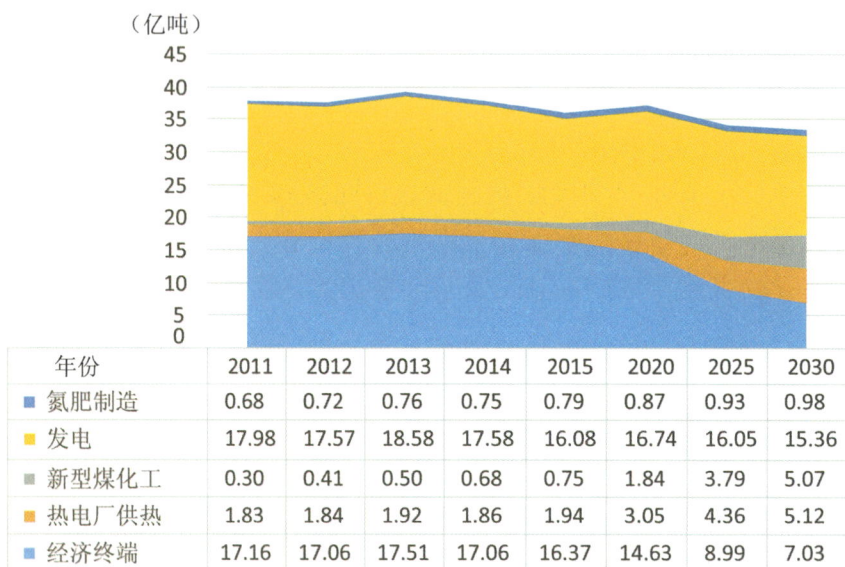

年份	2011	2012	2013	2014	2015	2020	2025	2030
氮肥制造	0.68	0.72	0.76	0.75	0.79	0.87	0.93	0.98
发电	17.98	17.57	18.58	17.58	16.08	16.74	16.05	15.36
新型煤化工	0.30	0.41	0.50	0.68	0.75	1.84	3.79	5.07
热电厂供热	1.83	1.84	1.92	1.86	1.94	3.05	4.36	5.12
经济终端	17.16	17.06	17.51	17.06	16.37	14.63	8.99	7.03

图 4 - 2　2011 - 2030 年分行业商品煤需求量

资料来源：项目组。

二、发电及热电联产用煤需求小幅增长，2016－2030 年年均增长 0.5%

（一）火电煤炭需求平缓下降

用电量平稳增长。在建设规模扩张期，重工业用电量占到全部用电量的 60%，重工业用电量的增量占全部用电量增量的 2/3；在建设规模高稳期和收缩期，重工业用电量将趋稳乃至下降，尤其是在建设规模收缩期，降幅会很可观。用电量增量主要来源以下两方面：一是供给侧改革成功将使轻工业和服务业保持快速发展，形成一部分终端消费需求增量；二是终端消费的能源利用工艺将在更大规模上推进以电代煤、以电代油，电窑炉、电锅炉增多，生产、生活的电气化进程加快，形成一部分结构性增量。项目组预计中国全社会用电量在"十三五"期间年均增长约 4.0%，之后十年年均增长 2.3%。

非化石能源发电持续快速增长。发展非化石能源发电，主要是为了减少污染物排放，截至目前，非化石能源发电的经济性尚未充分显现，其生存和发展需要国家给予补贴。未来若干年，如果光伏发电成本大幅下降，非化石能源发电储能技术取得突破性进展，使其利用小时数大幅上升，则在国家取消补贴后仍可持续发展。项目组对此做出乐观预期，预测水电、风电、光伏发电和核电合计发电量在"十三五"、"十四五"和"十五五"期间年均增幅分别为 8.6%、6.7% 和 11.7%。

燃煤发电量总体平稳。根据前述对用电量和非化石能源发电量的预测结果，可以得出火力发电量，扣除天然气发电的替代量，即可得出燃煤发电量。预测结果显示，"十三五"、"十四五"和"十五五"期间燃煤发电量年均增幅分别为 1.5%、-0.5% 和 -0.8%，2018 年前后在峰值上下小幅波动，总体基本平稳（如图 4-3 所示）。

发电用煤平缓下降。"十三五"期间仍有部分先进的燃煤发电工艺陆续投产，工艺结构仍将进一步优化，单位煤耗指标仍有下降空间；目前发电用煤热值已经接近合理水平，未来由燃煤热值升高所致实物煤耗指标下降的空间不大；"十四五"以后燃煤发电工艺结构优化主要通过淘汰落后产能来实现，且

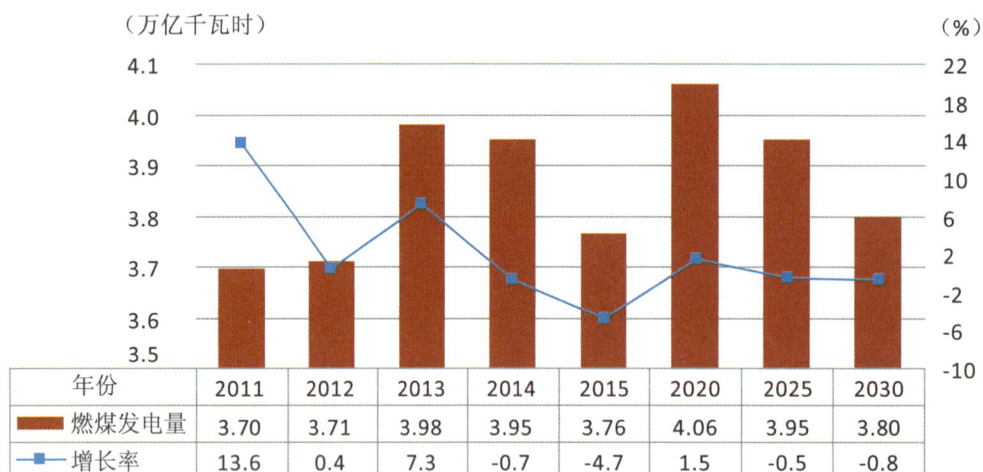

年份	2011	2012	2013	2014	2015	2020	2025	2030
燃煤发电量	3.70	3.71	3.98	3.95	3.76	4.06	3.95	3.80
增长率	13.6	0.4	7.3	-0.7	-4.7	1.5	-0.5	-0.8

图 4 – 3　2011 – 2030 年中国燃煤发电量及增长率

资料来源：项目组。

装机总量下降空间有限，煤耗指标下降的幅度将逐步减小。综上，预测燃煤发电实物煤耗在"十三五"、"十四五"和"十五五"期间年均降幅分别为 0.7%、0.3% 和 0.1%；燃煤发电耗煤量年均增幅分别为 0.8%、– 0.8% 和 – 0.9%，燃煤发电用煤量峰值出现在 2013 年（18.58 亿吨），2030 年降至 15.4 亿吨，比峰值减少 3.2 亿吨，下降 17.2%（如图 4 – 4 所示）。

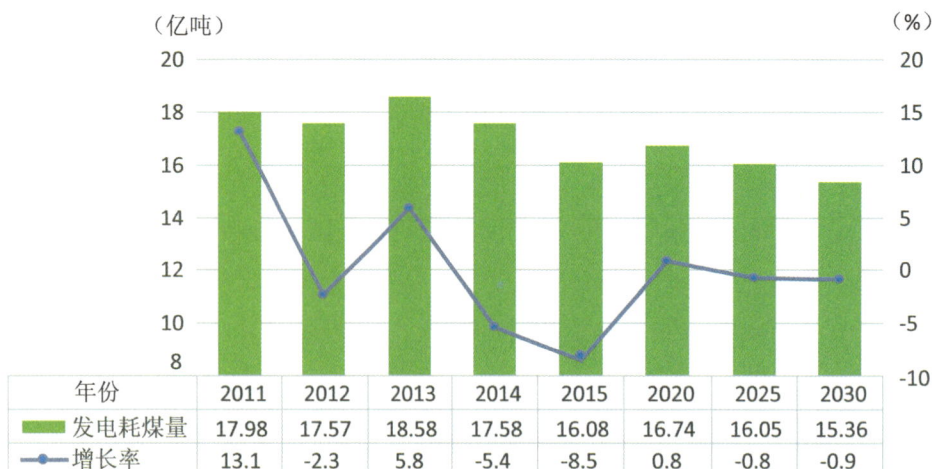

年份	2011	2012	2013	2014	2015	2020	2025	2030
发电耗煤量	17.98	17.57	18.58	17.58	16.08	16.74	16.05	15.36
增长率	13.1	-2.3	5.8	-5.4	-8.5	0.8	-0.8	-0.9

图 4 – 4　2011 – 2030 年中国发电耗煤量及增长率

资料来源：项目组。

(二) 热电厂供热煤炭需求较快增长

中国经济供给侧结构性改革的成功，将促使新兴制造业的热力需求较快增长；城市化进程不断取得新进展，城市建筑物供热需求将持续增长；如前所述，除钢铁、建材行业以外的终端消费的煤炭需求将大幅下降，用来替代高污低效煤炭利用工艺的清洁能源工艺，首选是超低排放热电厂供热，对热电厂供热量会形成巨大的结构性需求。上述三部分热力增量叠加，将使燃煤热电厂供热量较快增长。鉴于热电厂正在迎来黄金发展期，超低排放的大型高效环保热电机组大幅增加，工艺结构优化的进程快于燃煤发电，供热耗煤指标的降幅相对较大。预测"十三五"、"十四五"和"十五五"期间中国热电厂供热量年均增幅分别为11%、9%和4%，供热耗煤量年均增幅分别为9.4%、7.4%和3.3%（如图4-5、图4-6所示）。

年份	2011	2012	2013	2014	2015	2020	2025	2030
热电厂供热量	29.79	30.77	32.41	31.84	33.87	57.08	87.82	106.85
增长率	6.1	3.3	5.3	-1.8	6.4	11.0	9.0	4.0

图4-5 2011-2030年中国热电厂供热量及增长率

资料来源：项目组。

(三) 电力行业煤炭需求量小幅增长

中国电煤需求在"十三五"、"十四五"和"十五五"期间年均增幅分别为1.9%、0.6%和0.1%，2030年需求量达到20.5亿吨，比2015年增加2.5亿吨，增长13.6%，与前期阶段性峰值（2013年）持平（如图4-7所示）。

年份	2011	2012	2013	2014	2015	2020	2025	2030
供热耗煤量	1.83	1.84	1.92	1.86	1.94	3.05	4.36	5.12
增长率	8.9	1.0	3.9	-2.8	4.4	9.4	7.4	3.3

图 4 - 6   2011 - 2030 年中国热电厂供热耗煤量及增长率

资料来源：项目组。

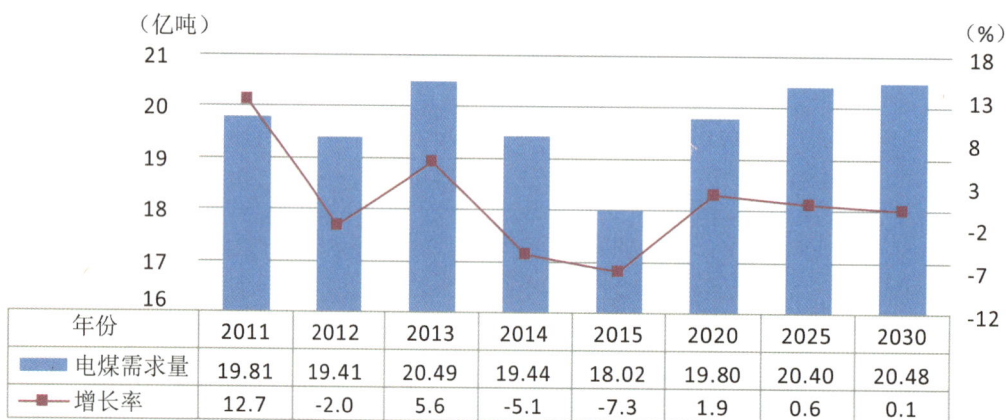

年份	2011	2012	2013	2014	2015	2020	2025	2030
电煤需求量	19.81	19.41	20.49	19.44	18.02	19.80	20.40	20.48
增长率	12.7	-2.0	5.6	-5.1	-7.3	1.9	0.6	0.1

图 4 - 7   2011 - 2030 年中国电力行业煤炭需求量及增长率

资料来源：项目组。

三、钢铁、建材等行业煤炭需求大幅度下降，2030 年减少一半左右

（一）钢铁行业煤炭需求已越过峰值，2015 年后依次进入高稳期和下降期

在建设规模扩张期，投资建设是主导钢铁需求的主要动力。未来十几年，随着中国建设规模进入高稳期和收缩期，投资建设所带动的钢铁需求量将大幅下降。目前钢铁、建材等重工业的产能利用率大体在 70% 左右，行业经营愈

加困难。为防止出现群体性债务违约，企业也会积极在世界市场探寻产能释放空间，钢铁产制品出口可能增长。同时，随着城市化深入推进，终端消费所带动的钢铁用量也将有所增加（如图4-8所示）。

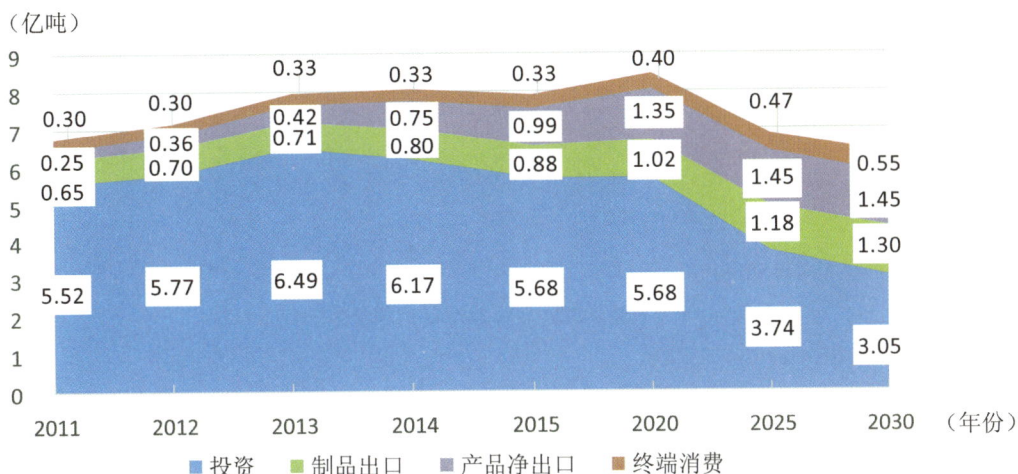

图4-8　2011-2030年中国钢铁需求结构

资料来源：中国煤炭运销协会。

从总体看，"十三五"期间投资建设所带动的钢铁用量略有下降，但由于钢材出口增加，粗钢产量将保持总体平稳；"十四五"以后进入建设规模收缩期，部分低附加值的钢铁生产线将转移到世界其他建设热点地区，中国粗钢产量将明显下降，"十五五"期间降幅收窄（如图4-9所示）。因此，展望期内煤炭消费将随着钢铁产能波动。

废钢利用量较快增长，生铁产量降幅大于粗钢产量降幅。十多年来，中国粗钢生产一直以转炉钢为主，转炉钢以生铁为主要原料，而钢铁行业耗煤主要在铁前工序；以废钢为主要原料的电炉钢产量较为平稳。电炉炼钢具有投资小、能耗低、启停灵活、环境污染小等优势，加快发展电炉钢可降低生产成本、改善钢铁企业经营状况。因此，如果废钢资源充足，电炉钢在粗钢生产工艺结构中排于优先位序。废钢回收量取决于钢积蓄量，据中国废钢铁应用协会数据，截至2014年底中国钢积蓄量已达88亿吨。根据相关政策，自2015年7月1日起，报废汽车、报废摩托车、报废船舶、废旧电器电子产品、废旧农机具、报废机器设备、废旧生活用品、工业边角余料、建筑拆解物等产生或拆解

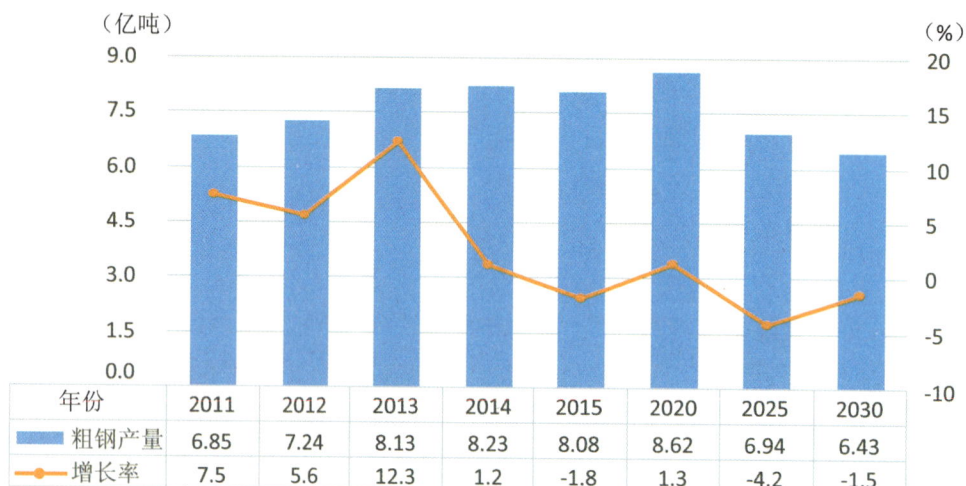

年份	2011	2012	2013	2014	2015	2020	2025	2030
粗钢产量	6.85	7.24	8.13	8.23	8.08	8.62	6.94	6.43
增长率	7.5	5.6	12.3	1.2	-1.8	1.3	-4.2	-1.5

图 4 - 9　2011 - 2030 年中国粗钢产量及增长率

资料来源：中国煤炭运销协会。

出来的废钢铁作为炼钢炉料，可以享受 30% 的退税。近几年来废钢利用量较快增加，平均每年增加 1000 万吨左右，2020 年废钢铁资源量将超过 2 亿吨，废钢在粗钢原料中的占比将达到 23% 左右。中国铁钢比已经从十年前的 0.97 左右降至目前的 0.87 左右，随着废钢资源回收利用及电炉钢发展将进入快车道，铁钢比还将继续走低，预计 2020 年和 2030 年分别降至 0.81 和 0.59 左右，进而预计未来十几年生铁产量将相对较快下降（如图 4 - 10、图 4 - 11 所示）。

钢铁生产工艺不断优化，耗煤指标相应走低。钢铁行业消耗煤炭可分为两部分，一部分是通过消耗焦炭而间接消耗的炼焦煤，另一部分是直接消耗的煤炭，亦称为终端耗煤量，包括喷吹煤、烧结煤、少量的普通工业锅炉消耗的动力煤等。钢铁行业耗煤主要在铁前工序，耗煤量是生铁产量与吨铁耗煤量的乘积，其中吨铁耗煤量包括吨铁消耗炼焦煤量（取决于铁焦比）和吨铁终端耗煤量，耗煤指标主要取决于工艺结构。过去十多年，中国钢铁产能快速扩张，新投产工艺技术比较先进、高效，工艺结构通过增加高效工艺与淘汰落后工艺并行的方式得以快速优化，能耗指标不断走低，加之喷吹煤用量较快上升，促使铁焦比不断下降，自 21 世纪初以来年均下降 1.7% 左右。21 世纪初钢铁行业工业终端耗煤以普通工业锅炉消耗动力煤为主，后来喷吹煤和烧结煤占比较快提升，受钢铁行业自备电厂增多、喷吹煤消耗量增加较快等多重因素影响，

图 4-10　2011-2030 年中国粗钢原料结构

资料来源：项目组。

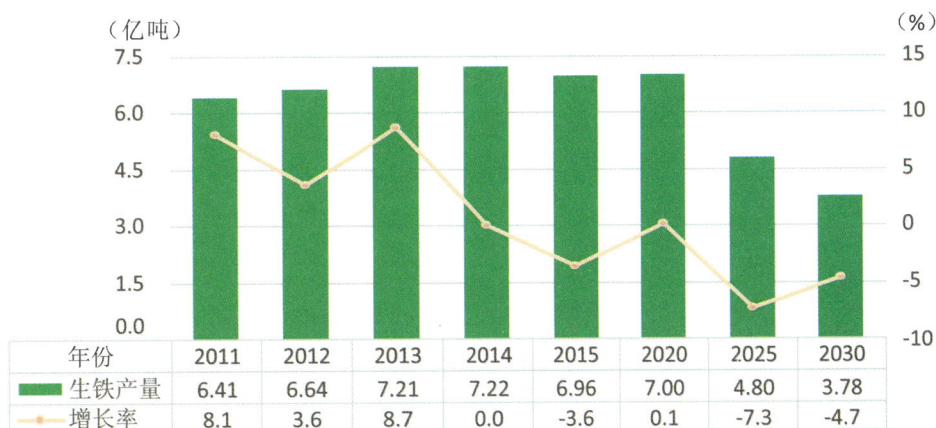

图 4-11　2011-2030 年中国生铁产量及增长率

资料来源：项目组。

吨铁终端耗煤量在 2007 年以前快速下降，年均降幅达 11.4%，2008 年以来稳步回升，年均升高 1.7%。未来十几年，中国钢铁行业工艺优化将主要通过淘汰落后产能、增加电炉钢产量等来实现，吨钢能耗还将明显下降，但铁焦比的下降幅度将低于过去十几年，预计铁焦比 2030 年比 2013 年累计下降 5%，年均下降 0.3%；未来吨铁消耗烧结煤仍会微幅下降，但吨铁消耗喷吹煤仍有小幅增长空间，二者抵消后吨铁终端耗煤量基本平稳。

　　钢铁行业煤炭需求已达峰值，2015 年后依次进入高稳期和下降期。根据上述对钢铁产量和煤耗指标的判断，可得出中国钢铁行业的煤炭需求在"十三五"期间进入高稳期，"十四五"期间明显下降，"十五五"期间降幅略有收窄，2030 年中国钢铁行业煤炭需求量 3.08 亿吨，是 2013 年峰值 6.13 亿吨的50.2%（如图 4 – 12 所示）。

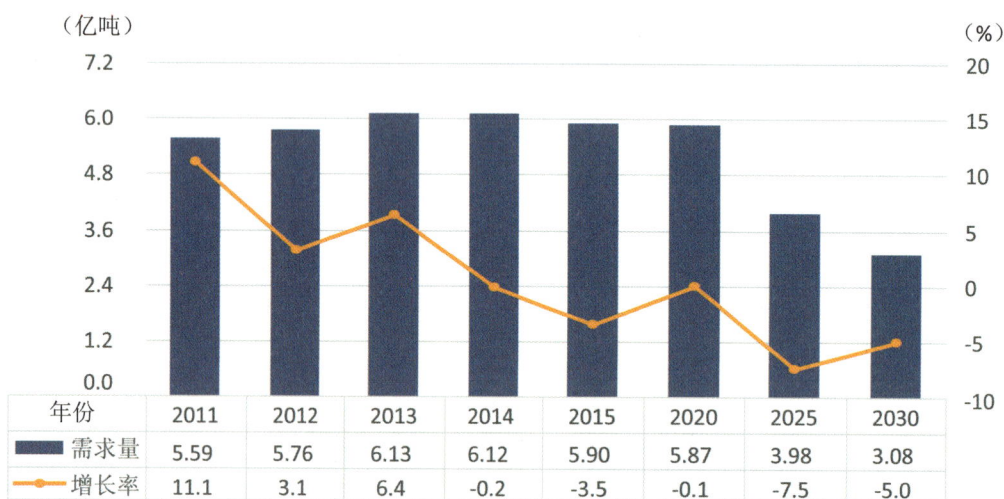

年份	2011	2012	2013	2014	2015	2020	2025	2030
需求量	5.59	5.76	6.13	6.12	5.90	5.87	3.98	3.08
增长率	11.1	3.1	6.4	-0.2	-3.5	-0.1	-7.5	-5.0

图 4 – 12　2011 – 2030 年中国钢铁行业煤炭需求量及增长率

资料来源：项目组。

（二）建材行业煤炭需求已越过峰值，2020 年以后明显下降

　　建材行业的主要耗能产业包括水泥、墙体材料、石灰、平板玻璃、玻璃纤维、建筑卫生等子行业，水泥、墙体材料和石灰等行业的能耗以煤炭为主，玻璃、玻璃纤维和建筑陶瓷的能耗结构相对多元，包括油、气、煤炭和电力等。建材行业耗煤总量中水泥子行业所占比例最高，且呈不断升高趋势。建材行业相对于钢铁行业的不同之处，一是产品附加值较低，不宜大规模出口，在国内建设规模收缩期只能选择关停部分生产线，大型优势企业可通过布局全球维持正常经营，产业规模收缩幅度大于粗钢；二是产业内部类似于电炉钢替代生铁的结构性减量较小，玻璃、玻璃纤维、陶瓷等行业原来用煤气炉和优质煤炭提供热源的中小型生产线，有可能被淘汰，或者改用新型煤化工生产的煤制醇醚

燃料，终端耗煤量也呈下降趋势；三是目前建材行业生产集中度相对较低，落后工艺所占比重高于钢铁行业，未来在以淘汰落后产能为主的工艺结构优化过程中，能源指标的下降幅度大于钢铁行业，预计吨水泥耗煤量在未来 15 年仍有 10.8% 左右的下降空间，年均下降约 0.8%。

据此，预计"十三五"期间中国建材产品产量仍将高位波动、总体平稳，2020 年以后随着"一带一路"倡议进入收获期，低附加值的建材生产线将部分转移到世界新的建设热点地区，国内建材产业将明显萎缩，建材产品产量将较快下降，2025 年后降幅收窄。建材行业单位能耗、单位煤耗也将不断走低。中国建材行业煤炭需求已经越过峰值，2020 年以后将会明显下降（如图 4 – 13、图 4 – 14 所示）。

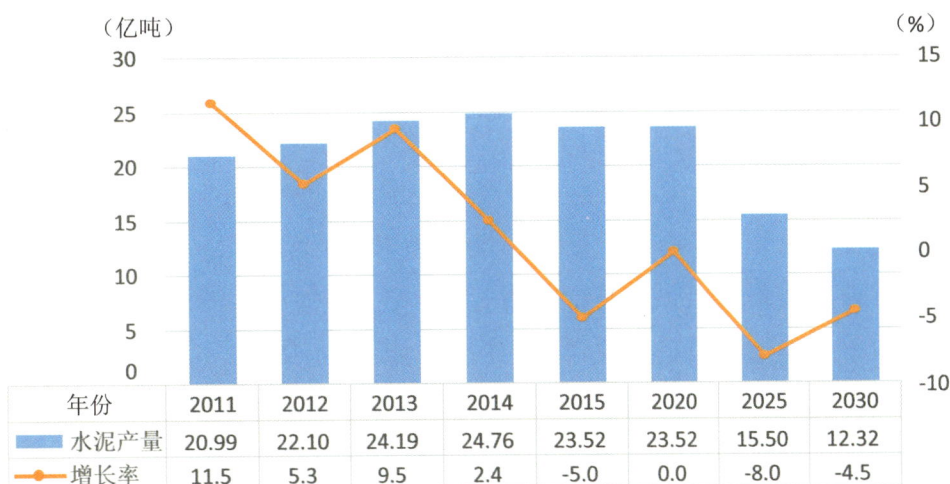

年份	2011	2012	2013	2014	2015	2020	2025	2030
水泥产量	20.99	22.10	24.19	24.76	23.52	23.52	15.50	12.32
增长率	11.5	5.3	9.5	2.4	-5.0	0.0	-8.0	-4.5

图 4 – 13 2011 – 2030 年中国水泥产量和增长率

资料来源：项目组。

（三）其他终端的煤炭需求持续减少，建设收缩期降幅加大

在大气污染防治和应对气候变化的大背景下，其他终端消费中各种高污低效的煤炭利用工艺必须强行关停。其他终端的煤炭消费包括以下三部分：一是化工行业的基本原料制造业，耗煤产品包括烧碱、纯碱、电石、黄磷等，部分是用于普通工业锅炉供热所燃用的动力煤，部分是用作窑炉原料或燃料的煤炭或焦炭；二是除电力、钢铁、建材、化工以外的其他各个行业，大部分是普通

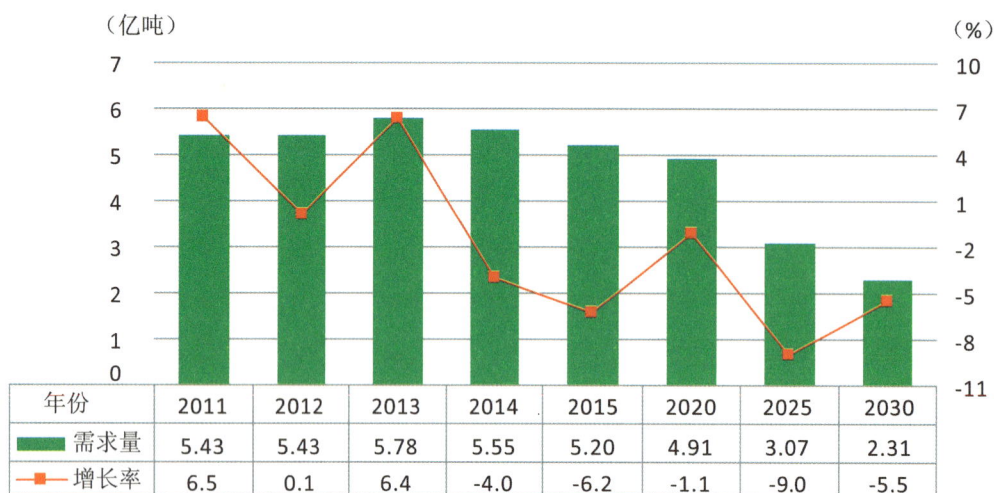

年份	2011	2012	2013	2014	2015	2020	2025	2030
需求量	5.43	5.43	5.78	5.55	5.20	4.91	3.07	2.31
增长率	6.5	0.1	6.4	-4.0	-6.2	-1.1	-9.0	-5.5

图 4-14 2011-2030 年中国建材行业煤炭需求量及增长率

资料来源：项目组。

工业锅炉供热所燃用的动力煤，少部分是用于小型窑炉的燃料或原料；三是居民用煤和北方地区冬季集中供热用煤，统称为生活用煤。

上述各产业或是属于制造业，或是为制造业提供基本原料的行业，在中国经济转型过程中总体上还将继续增长，能源需求将继续增长；随着城市化继续推进，北方地区建筑物供热也将继续增长。但这些领域的煤炭利用工艺比较落后，燃煤效率低，尤其是单位耗煤量的污染物排放量很高，是雾霾和其他污染物的主要来源，因此，这三部分终端煤炭消费工艺将成为未来几年的重点淘汰对象，是减少污染物排放的主要着力点，绝大多数煤炭利用终端工艺将被强行关停。相应用来替补高污低效煤炭利用工艺的清洁能源工艺顺序为：一是超低排放的热电厂供热，煤炭消耗量计入电力行业；二是超低排放的新型高效环保燃煤工业锅炉供热，耗煤量仍计在本行业；三是煤制天然气、煤基醇醚燃料，耗煤量计入新型煤化工行业；四是电窑炉、电锅炉，增加用电量；五是进口天然气或液化气，增加油气消耗量。

根据上述分析，预计其他终端的煤炭需求量将持续下降，进入建设收缩期后降幅加大，2030 年环境允许的耗煤量为 1.64 亿吨，仅是 2011 年（6.14 亿吨）的 26.7%，存活下来的直接耗煤工艺主要是经过改造的新型高效环保燃煤锅炉和燃煤窑炉（如图 4-15 所示）。

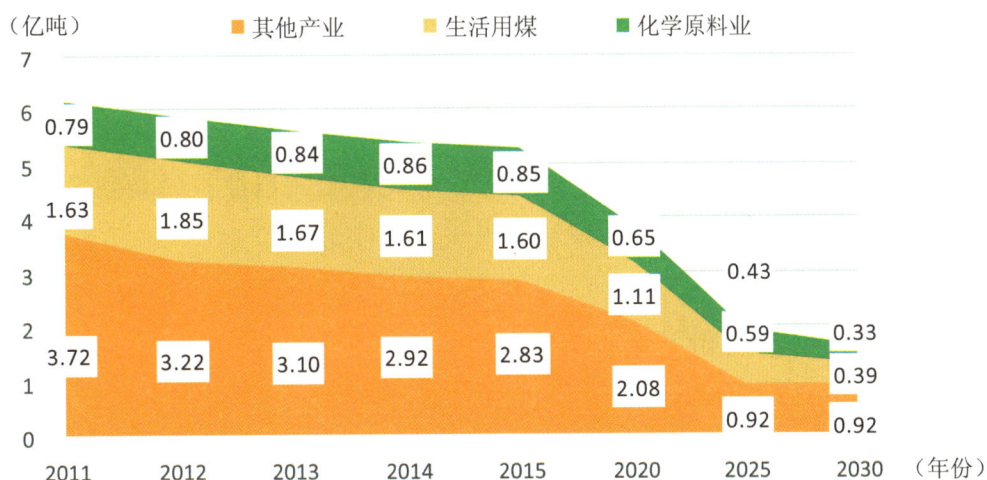

图 4 – 15　2011 – 2030 年中国其他终端消费煤炭需求量

资料来源：项目组。

综上，终端消费的煤炭需求已经越过峰值，峰值出现在 2013 年，消费量合计达到 17.51 亿吨。展望期内，"十三五"前三年受基础设施建设支撑可维持基本平稳，但之后会较快下滑，到 2030 年降至 7.03 亿吨左右，比 2013 年的峰值水平下降60%（如图 4 –16 所示）。

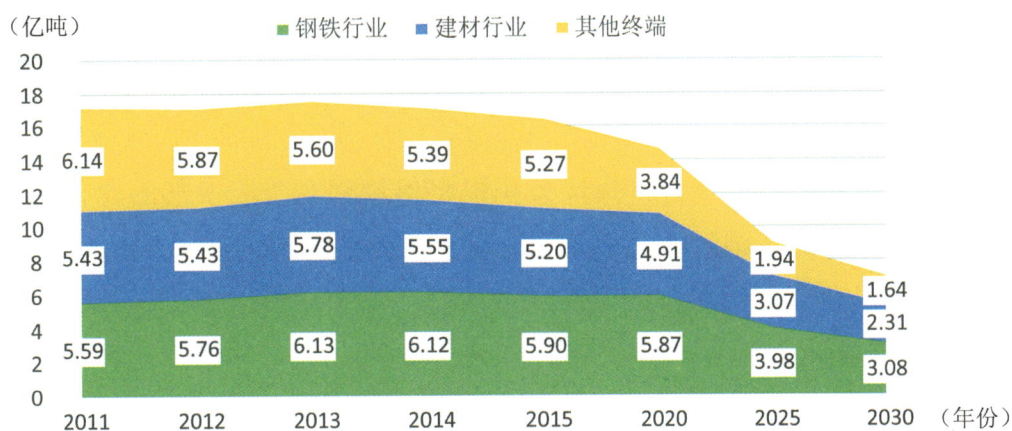

图 4 – 16　2011 – 2030 年中国终端消费分行业煤炭需求量

资料来源：项目组。

四、煤化工行业可能成为未来煤炭消费的主要增长点

煤化工行业转化煤炭主要分两大部分：一是氮肥制造业；二是新型煤化工行业，包括煤制甲醇、煤制油、煤制天然气、煤制烯烃等。

（一）氮肥制造业煤炭需求总体平稳、小幅增加

中国氮肥制造业多数生产线是以煤为原料制合成氨，再用合成氨制成氮肥。富油气国家制氨多用石油或天然气，中国油头合成氨已经被全部淘汰，目前还有少数天然气制合成氨生产线，但开工率很低，缺乏竞争力。按照《全国农业可持续发展规划（2015－2030年)》，中国将继续实行最严格的耕地保护制度，确保耕地保有量在 18 亿亩以上，确保基本农田不低于 15.6 亿亩，2015－2030 年间农作物播种面积将呈现总体平稳态势。农业部制订的《到2020 年化肥使用量零增长行动方案》中提出，中国农业生产要走高产高效、优质环保、可持续发展之路，促进粮食增产、农民增收和生态环境安全。2015－2019 年，逐步将化肥使用量年增长率控制在 1% 以内；力争到 2020 年，主要农作物化肥使用量实现零增长。近来由于油价处于低谷，中国氮肥出口有所下降；项目组预测中国煤炭价格将长期处在相对低位，而石油价格在"十三五"期间可能有所回升，预测氮肥出口仍有一定增长空间。根据以上各因素的发展趋势，预计 2015－2030 年期间中国合成氨产量保持增长，但增势将趋缓。鉴于中国进口天然气价格高昂，预计煤炭仍将保持相对于天然气的比价优势，2013 年 1 月 1 日起实施的《合成氨行业准入条件》规定，原则上不得新建以天然气和无烟块煤为原料的合成氨装置。因此，气头合成氨将被逐步淘汰，粉煤气化技术在氮肥制造业的应用范围进一步扩大，煤头合成氨产量将保持增长，其单位煤耗指标将保持基本平稳，氮肥制造业煤炭需求小幅增长，"十三五"、"十四五"和"十五五"年均增速分别为 2.0%、1.4% 和 1.0%，2030年达到 9776 万吨，展望期内累计增长 24.4%（如图 4－17、图 4－18 所示）。

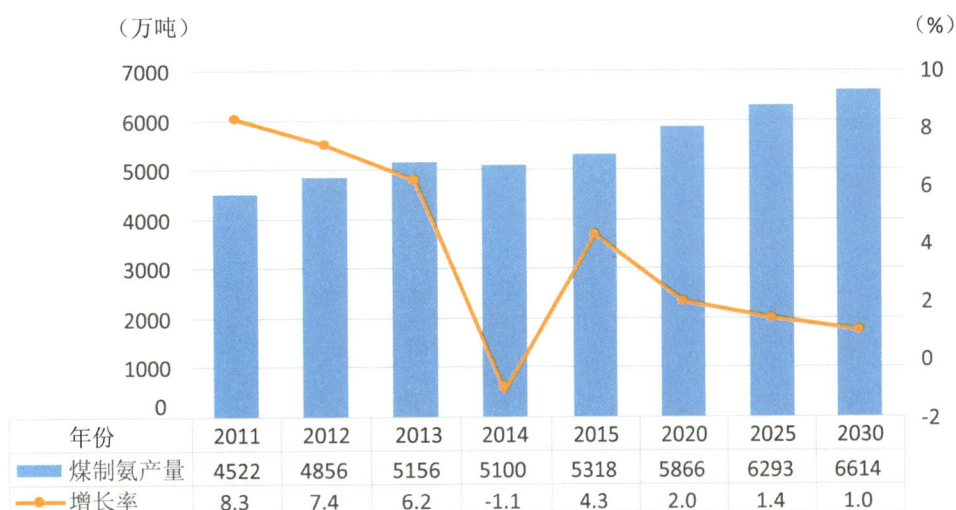

年份	2011	2012	2013	2014	2015	2020	2025	2030
煤制氨产量	4522	4856	5156	5100	5318	5866	6293	6614
增长率	8.3	7.4	6.2	-1.1	4.3	2.0	1.4	1.0

图 4 - 17　2011 - 2030 年中国煤制氨产量和增长率

资料来源：项目组。

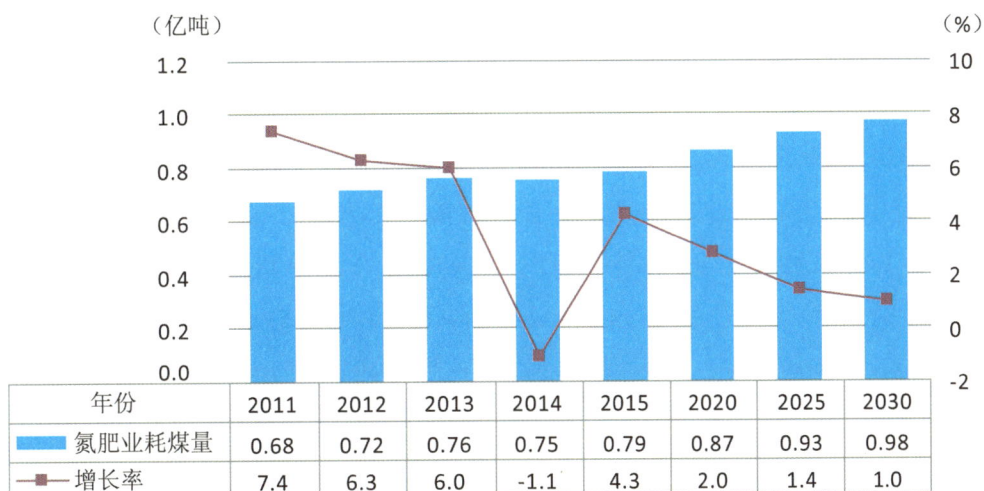

年份	2011	2012	2013	2014	2015	2020	2025	2030
氮肥业耗煤量	0.68	0.72	0.76	0.75	0.79	0.87	0.93	0.98
增长率	7.4	6.3	6.0	-1.1	4.3	2.0	1.4	1.0

图 4 - 18　2011 - 2030 年中国氮肥制造业煤炭需求量及增长率

资料来源：项目组。

（二）新型煤化工发展面临有利形势和政策

对于同样用途的石油化工产品，煤化工产品价格低廉，明显的比价优势激发出煤化工产业投资的巨大热情，这是煤化工产业近年来迅猛发展的直接动力。近两年石油价格大幅下降，但煤炭价格也有大幅下降；目前部分新型煤化工企业盈利水平下降甚或出现亏损，主要原因是国家征收了巨额消费税，扣除税费因素影响，多数煤化工项目仍有可观盈利。据了解，新型煤化工的生产成本以折旧、财务费用等固定成本为主，煤炭采购成本在总成本中占比较低，在现有建设成本条件下，对应煤制油盈亏平衡点的石油价格为 60 美元/桶左右，对应煤制烯烃盈亏平衡点的石油价格为 40 美元/桶左右。从长期看，一方面，新型煤化工产业终将实现规模化，单位产能的建设成本还将大幅下降，同时煤炭价格低廉也将成为常态（详见第五章）；另一方面，如果石油价格回升，新型煤化工产品具有比价优势，新型煤化工园区也可布局在水资源可承受的消费地，低煤价将助推新型煤化工突破煤炭产地水资源瓶颈，具有一定的发展空间。

从国家政策层面上看，一方面国家加快推进新型煤化工项目的产业化示范进程，另一方面也在不断加大调控和监管力度。现阶段正值新型煤化工技术爆发式发展期，生产技术突飞猛进，"三污"控制及治理技术取得长足进展，在严格的环保监管之下，新型煤化工完全能够达到超低排放状态。国务院办公厅印发的《能源发展战略行动计划（2014 - 2020 年)》提出，要"积极发展能源替代，坚持煤基替代、生物质替代和交通替代并举的方针，科学发展石油替代，到 2020 年形成石油替代能力 4000 万吨以上，稳妥实施煤制油、煤制气示范工程"。国家鼓励醇醚燃料产业将有序发展，《车用甲醇汽油（M15)》国家标准已多次征求意见，《车用甲醇汽油添加剂》标准近期将进入审批程序，《甲醇汽油中甲醇含量的检测方法》标准有望颁布，《液化石油气二甲醚混合燃气》标准已通过评审，醇醚燃料试点工作有序推进，各地政府大力推动，醇醚燃料行业前景依然看好。

（三）煤制烯烃产能高速发展

根据国家工业和信息化部数据，中国 2014 年乙烯产量 1704.4 万吨，乙烯当量净进口量 1860 万吨，对外依存度在 52% 左右；发展煤制烯烃可有效缓解中国石脑油的不足和低碳烯烃对国际市场的依赖程度。经梳理，到 2015 年底中国可形成煤制烯烃产能 370 万吨，目前已有部分煤制烯烃项目取得国家有关部门路条或已开工建设，如果这些示范项目全部投产，则可形成煤制烯烃产能 2000 万吨左右（如表 4 - 1 所示）。

表 4 – 1   中国部分在建或规划的煤制烯烃项目汇总表

投资主体	项目地点	建设规模（万吨）
中电投	内蒙古鄂尔多斯	80
中天合创	内蒙古鄂尔多斯	130
龙泰公司	黑龙江双鸭山	60
中国石化、河南煤化	河南鹤壁	60
中国石化	贵州毕节	60
中煤	陕西榆林	60
华泓汇金公司	甘肃平凉	70
青海矿业	青海海西	120
神华	内蒙古呼伦贝尔	75
陕煤化	陕西浦城	70
久泰能源	内蒙古鄂尔多斯	60
延长石油	陕西延安	70
中煤	内蒙古鄂尔多斯	60
兖矿	内蒙古鄂尔多斯	60
神华、陶氏	内蒙古鄂尔多斯	120
宝丰能源	宁夏灵武	60
大美煤业	青海西宁	60
华谊集团	安徽无为	50
淮化集团	安徽淮南	50
中国石化	安徽淮南	70
神华	新疆乌鲁木齐	70
合计		1515

资料来源：项目组。

（四）煤制油行业快速发展

到 2015 年底，中国煤制油行业产能约 180 万吨，目前部分煤制油示范项目已取得国家有关部门路条或开工建设，如果这些项目陆续建成投产，可形成煤制油产能约 1700 万吨（如表 4 - 2 所示）。

表 4 - 2　中国部分在建或规划的煤制油项目汇总表

投资主体	项目地点	建设规模（万吨）
神华宁煤	宁夏宁东	400
神华	内蒙古鄂尔多斯	200
兖矿、延长石油	陕西榆林	100
伊泰煤制油	内蒙古鄂尔多斯	200
伊泰化工	内蒙古鄂尔多斯	100
渝富能源	贵州毕节	200
伊泰	新疆伊犁	100
华电、伊泰	新疆乌鲁木齐	200
潞安集团	山西长治	180
产能合计		1680

资料来源：项目组。

（五）煤制天然气产业将稳步发展

目前规划的天然气项目较多，但大都还处于刚刚开工甚至还未开工阶段，大多在“十三五”或者“十四五”期间投产。目前在建或已经取得国家发展改革委批准开展前期工作的项目见表 4 - 3。但是考虑到当前煤制气示范项目因经济性不容易实现，以及日趋引发关注的环境问题，国家政策更趋审慎，煤制天然气产业发展步伐将会放慢（详见第十一章）。

表 4 - 3　中国部分在建或规划的煤制天然气项目汇总表

投资主体	项目地点	建设规模（亿立方米）
中国海油、同煤	山西大同	40

续表

投资主体	项目地点	建设规模（亿立方米）
浙能集团	新疆昌吉	20
河南煤化	新疆昌吉	40
神东天隆	新疆吉木萨尔	13
兖矿新疆能化	新疆吉木萨尔	40
中煤	新疆吉木萨尔	40
中国石化	新疆吉木萨尔	80
华能	新疆昌吉	40
广汇集团	新疆阿勒泰	40
中电投	新疆伊犁	60
中电投、新汶矿业	新疆伊犁	60
浙能、新汶矿业	新疆伊犁	20
国投新集、安徽能源	安徽淮南	40
国电	内蒙古兴安盟	40
大唐	辽宁阜新	40
新蒙能源	内蒙古鄂尔多斯	40
华星新能源	内蒙古鄂尔多斯	40
国电	内蒙古鄂尔多斯	40
河北建投	内蒙古鄂尔多斯	40
北控京泰能源	内蒙古鄂尔多斯	40
中国海油	内蒙古鄂尔多斯	40
神华	内蒙古鄂尔多斯	20
产能合计		873

资料来源：项目组。

（六）其他新型煤化工产品也会较快增长

一是煤制醇醚燃料，主要替代燃油、液化气和天然气，民用、作为制造业清洁燃料、替代燃煤锅炉等方面有巨大市场空间，未来石油价格回升后比价优势突出，预计"十三五"、"十四五"和"十五五"期间，煤制甲醇产量（含用于煤制烯烃的甲醇）年均增幅分别为11%、14%和6%，2020年煤制乙二醇产量达到700万吨左右。二是煤制芳烃，预计2020年产能100万吨。三是煤炭分级利用，将大幅改善煤炭的清洁适用性能，拓宽市场空间。

（七）新型煤化工用煤量将快速增长

综上，由于新型煤化工市场前景较好，目前中国各地所布局的新型煤化工项目规模巨大。但在产业发展过程中还存在着许多问题，诸如眼下国际油价偏低、局部技术尚不成熟、醇醚燃料的国家标准制定及市场准入存在非正常障碍等因素，会对新型煤化工发展造成不利影响，部分规划项目很难在"十三五"期间投产，项目组预计到 2020 年主要新型煤化工产品可能达到的规模如表 4 - 4 所示。

表 4 - 4　2020 年中国新型煤化工主要产品产能预测

产品	生产能力（万吨）
煤制油	800
煤（甲醇）制烯烃	1700
煤制乙二醇	800
煤制天然气	50 亿立方米
煤制芳烃	100

资料来源：项目组。

根据上述预测，假如上述产能充分利用，则 2020 年新型煤化工用煤量将在 2.6 亿吨以上；考虑到在新型煤化工产业大发展的初期阶段，生产系统及其外部运行条件皆处在磨合过程中，新投产生产线很难完全利用，项目组按产能利用率 70% 左右核计，则 2020 年新型煤化工用煤量可达 1.84 亿吨左右，年均增长 19.6%。根据对煤炭与石油、天然气比价关系长期发展趋势的分析和判断，预测新型煤化工及其用煤量在"十四五"期间继续高速增长，"十五五"期间增速趋缓，2030 年达到 5.07 亿吨，比 2015 年增加 4.32 亿吨（如图4 - 19所示）。

五、煤炭需求存在不确定因素

不确定性之一：非化石能源发电供电成本下降空间不明朗。非化石发电

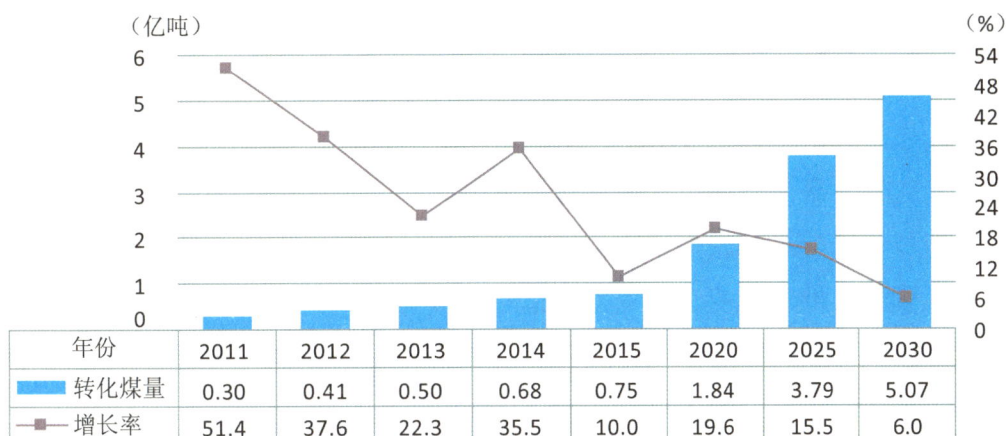

年份	2011	2012	2013	2014	2015	2020	2025	2030
转化煤量	0.30	0.41	0.50	0.68	0.75	1.84	3.79	5.07
增长率	51.4	37.6	22.3	35.5	10.0	19.6	15.5	6.0

图 4 – 19　2011 – 2030 年中国新型煤化工用煤量及增长率

资料来源：项目组。

"固定成本高昂和边际成本近零" 的结构特征十分突出，只要发电便有边际利润，成为相对于燃煤发电的天然竞争优势，加之其近零污染的环保优势，在电网输送能力的范围内，非化石能源发电排在优先位序上。排在劣后位序的燃煤发电的出力情况，类似于大宗物资行业的社会库存，成为反映电力供求形势的可信指标。

据项目组分析，1992 – 2014 年期间火力发电平均利用小时数为 5240 小时/年，火力发电量中非煤装机和非煤发电量都很小，就历史数据而言，判断燃煤发电平均利用小时数的合理水平在 5250 小时/年左右。2014 年燃煤发电利用小时数在 4760 小时左右，相对于正常水平低 9.3%。根据煤电基地的建设进程，截至 2015 年 9 月，共约 2.83 亿千瓦的新建煤电项目已经得到环评审批或提交审批申请，如果这些煤电项目均于 2020 年顺利投产，届时中国煤电装机容量将达到 11.51 亿千瓦；如果仅仅是 2012 – 2014 年已经在建的 1.60 亿千瓦煤电项目在 2020 年顺利投产，届时煤电装机容量也将达到约 10.3 亿千瓦。项目组认为 "十三五" 期间电力供求将持续面临过剩压力，其间会有部分发电机组提早退役，预测 2020 年燃煤发电装机可达 10.4 亿千瓦，比 2015 年增加 20% 左右，年均增长 3.7% 左右，届时燃煤发电年平均利用小时在 3827 小时/年左右，比正常水平低 27.1%，反映电力供求严重过剩；如果用电量也不及预期，电力过剩就会更加严重。

在燃煤机组仅75%产能利用率的水平上，其平均成本将很难降至理想水平，在低出力、低电价格局下燃煤发电产业极可能出现亏损。如果过剩电力向非化石能源发电给予一定程度的反馈和传导，则非化石能源发电也将难以充分出力，平均成本会高于预期；如果非化石能源发电的储能技术未能突破，光伏发电的建造成本未能降至合理水平，天然气价格仍居高不下，则会制约电价下调空间，不利于其他各产业，尤其是制造业降低能源成本，不利于由新兴产业接替建设产业链的结构改革。发展非化石能源主要是为了减少污染物排放，通过推广燃煤发电的超低排放技术并严格监管，可使主要污染物排放下降70% –90%，虽不及非化石能源发电，但也有十分显著的成效；鉴于煤价将持续低迷（详见第五章），燃煤发电会相对低廉；如果非煤发电因成本高昂而导致下游产业经营困难，则实施超低排放技术的燃煤发电也就成为既能够实现环境目标，又确保能源产业健康发展的合理选项，燃煤发电或将继续担当电力增长的重任，届时，高价非煤发电的强劲发展势头会减弱。如此，本书中有关非化石能源"十四五"以后的发展目标将难以实现。另外，如果技术进步使非化石能源发电供电成本大幅下降，或者国家开征环境税，致使燃煤发电完全丧失经济性，则燃煤发电及煤炭行业或将进入调整淘汰阶段。总之，非化石能源发电装机和燃煤装机二者必须有所取舍，否则电力过剩是大概率事件。如果偏重于前者，则应该压低非化石能源发电的建设规模；如果偏重于后者，则应该停止所有燃煤发电项目开工建设，并加大对落后工艺的淘汰力度。

不确定性之二：新型煤化工市场前景受制于油气价格波动情况。新型煤化工的发展空间，在很大程度上取决于煤价与油价的比价关系，这直接决定了新型煤化工的经济性，还决定了新型煤化工能否突破水资源瓶颈。目前油气价格走低，一是美国页岩油气革命冲击油气市场，油气供给增加；二是全球经济增长放缓，油气需求不振。随着油气行业投资削减和产能下降，未来若干年油价可能反弹。展望期内，若非化石能源技术取得颠覆性突破，则石油需求将不断走低，即使石油去产能收到明显成效，石油价格也会持续低迷，中国新型煤化工的发展空间将被严重压缩。

第五章　　国内煤炭供需形势展望

当前及今后一段时间内，中国煤炭产能严重过剩的局面难以改观，预计到2020年中国煤炭产能将增加到50亿吨/年，2030年回落至40亿吨/年左右，产能利用率长期维持低位。在需求疲软、产能过剩的情况下，煤炭生产及煤炭进出口都将受制于煤炭需求疲弱。鉴于煤炭生产成本中固定成本所占比例很高、边际成本所占比例很低的成本结构，煤炭行业恶性竞争不可避免，煤炭价格将持续低迷。在低煤价下实现煤炭产业可持续发展，必须压低全行业平均成本，必会经由市场竞争淘汰高成本煤矿，中国除山西、内蒙古和西北煤炭主产地以外的各地煤炭产业都将受到不同程度压缩。

一、2020年煤炭产能增加到50亿吨/年，2030年回落至40亿吨/年左右

（一）按历年累加法计算中国2014年末煤炭核定产能应在45亿吨左右

煤矿的设计产能是指由新投产煤矿设计书所确认的生产能力，煤矿的核定产能是指在煤矿投产以后，依照规定程序，由职权部门对矿井能力进行重新核定后所确认的生产能力。新投产煤矿及投产后未曾扩能的设计能力和扩能后的核定能力，都是符合政策规范、按照规定程序确认了的能力，是准许正常生产的能力；另外，改扩建煤矿和技术改造煤矿的基础能力（亦即扩能前的设计能力或核定能力）在扩能施工期间也是准许生产的。新投产煤矿及投产后未曾扩能的设计能力，经扩能后正常生产煤矿的核定能力，以及改扩建煤矿、技术改造煤矿的基础能力，合称为煤矿的核定产能。

国家发展改革委、国家能源局和国家统计局对中国的煤炭产能都有相关数

据公布，但存在不一致情况。根据国家能源局公告，2013 年末中国煤炭产能为 31.2 亿吨/年。但按照国家发展改革委核定的 2005 年煤矿产能、国家统计局公布的累计新增煤矿产能和国家能源局公布的淘汰产能累加进行计算，2014 年末中国煤炭产能应该在 45 亿吨/年左右。具体计算如下：国家发展改革委在 2006 年对全国煤矿生产能力进行全面复核时，核定 2005 年中国煤矿生产能力 24.31 亿吨/年，其中正常生产矿井能力 20.35 亿吨/年，改扩建、技改和资源整合煤矿的基础能力 3.96 亿吨/年。根据国家统计局数据，2006 年至 2014 年间累计新增煤矿产能 29.4 亿吨/年（如图 5-1 所示），其中有一部分并未取得全部证照，该部分产能已经形成生产能力但尚未办结证照，是潜在的核定产能。根据国家能源局数据，"十一五"期间全国关闭小煤矿 9616 处，累计淘汰落后产能 5.4 亿吨/年；自 2011 年到 2014 年各年淘汰煤炭产能分别为 4870 万吨/年、2347 万吨/年、3549 万吨/年和 2.3 亿吨/年，2006 年至 2013 年间累计淘汰煤炭产能在 8.78 亿吨/年左右。因此，按历年累加计算中国 2013 年末和 2014 年末煤炭核定产能分别应该在 44.3 亿吨/年和 45 亿吨/年左右。

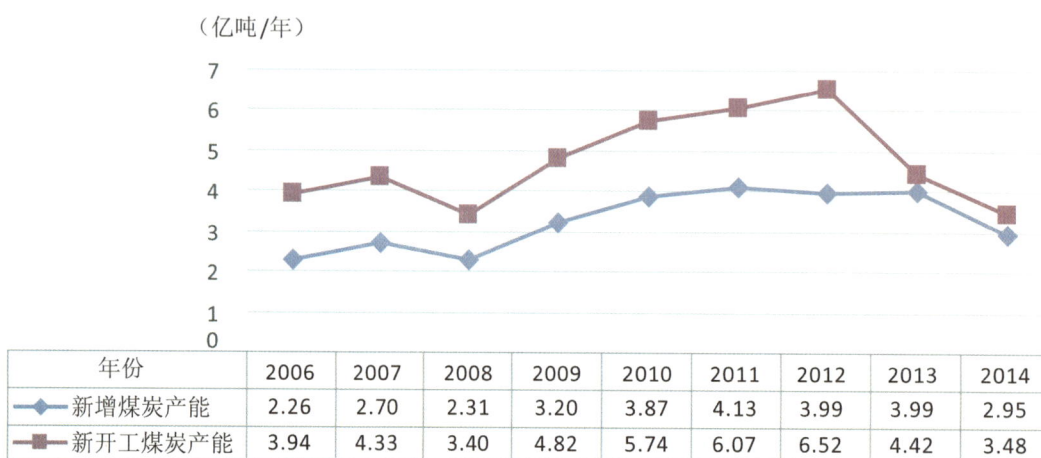

（亿吨/年）

年份	2006	2007	2008	2009	2010	2011	2012	2013	2014
新增煤炭产能	2.26	2.70	2.31	3.20	3.87	4.13	3.99	3.99	2.95
新开工煤炭产能	3.94	4.33	3.40	4.82	5.74	6.07	6.52	4.42	3.48

图 5-1 2006-2014 年中国新增煤炭产能和新开工煤炭产能

资料来源：国家统计局。

（二）中国煤炭实际产能大于核定产能但差距会逐步缩小

煤炭实际产能是指实际存在并发挥效用的生产能力，有多种情况可能会导致实际产能与核定产能之间存在差距，具体包括：一是非法煤矿的生产能力；

二是资源整合煤矿在整合工程竣工验收前的基础能力，政策规定不准生产，但其实多数资源整合煤矿都在生产；三是新建矿井或改扩建矿井"报小建大"的瞒报能力；四是矿井投产后陆续对主要生产环节进行了微调，或由于其他原因，致使实际生产能力不断提高，但尚未按规定程序办理相关手续，没有经由职权部门核定；五是资源枯竭煤矿或因其他原因而导致实际生产能力已经下降但未予核减（由于近几年来核定煤矿生产能力比较频繁，实际上很少出现该类情况）等。

由于体制问题及监管不严，中国煤矿存在严重的瞒报产能情况，煤矿实际产能大于核定产能。根据中国煤炭工业协会统计，2013 年中国各省原煤产量合计为 40.2 亿吨，而国家能源局公布的当年年末产能为 31.2 亿吨/年，前者较后者多出 8.95 亿吨，二者相差 22.3%。其中内蒙古、山西和陕西实际产量分别多出公告产能 3.9 亿吨、2.2 亿吨和 2.2 亿吨，相差幅度分别为 37.9%、22.6% 和 43.8%，其合计差额占到全国总差额的 92%（如图 5 - 2 所示）。中国煤炭实际产量与按历年累加法计算得到的 44.3 亿吨/年左右的中国煤矿产能较为接近。

未来几年中国煤炭核定产能与实际产能的差距会逐步缩小。中国煤矿建设存在批小建大和未批先建等违规现象，许多煤矿的核定产能明显小于其实际产能，违规建设情况难以准确统计。因此，很难确切地说清楚中国到底有多少实际煤炭产能。项目组根据中国官方公布的 2005 年核定数据、2006 年以后各年新增产能数据和淘汰产能数据通过历年累加法计算得到的核定产能也明显高于国家能源局的公告产能，原因在于其中一部分是潜在产能，该部分潜在产能不同于"实有产能明显大于所有证照一致载明能力"的瞒报产能，前者属于证照不全、正在补办过程中，后者尚未启动补办证照程序。今后几年中国煤炭生产能力管理会更加严格，不仅证照不全煤矿补办证照的进程会加快，瞒报产能也将经过行政处罚后，启动补办证照程序。据此判断，今后几年中国核定煤炭产能明显低于实际煤炭产能的差额会逐年减小。

（三）2020 年煤炭产能增加到 50 亿吨/年，2030 年回落至 40 亿吨/年

按照历年累加法计算，2014 年末中国煤炭产能应该在 45 亿吨/年左右。根

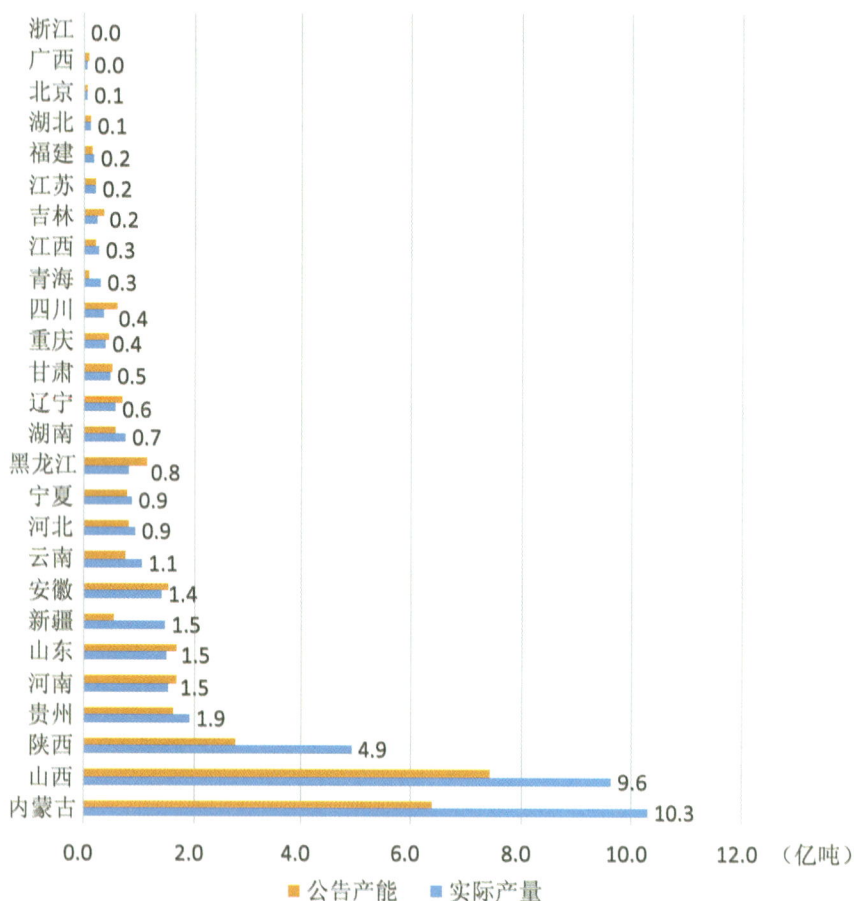

图 5 – 2　2013 年中国分地区公告煤炭产能与煤炭产量比较

资料来源：2013 年公告产能来自于国家能源局，2013 年产量来自于中国煤炭工业协会。

据国家统计局数据，2014 年底全国在建煤矿能力 7.5 亿吨/年，当年新开工煤矿产能 3.48 亿吨/年，估计 2015 年仍有部分煤矿开工建设。国家能源局局长白克力在 2016 年全国能源工作会议上表示，未来三年内暂停新建煤矿项目审批。另外，现有瞒报产能煤矿中，有相当一部分资源条件和外运条件都占有很大优势，未来几年将陆续经过行政处理后补办证照、获得完全的生产许可，估算该部分煤矿规模为 4 – 7 亿吨/年。综上，如果不考虑去产能情况，估测 2020 年煤矿实际产能为 57 – 61 亿吨/年。

根据国家有关政策精神，今后几年将加大煤炭行业去产能力度，同时煤炭生产能力管理也将趋于严格。中国煤矿以井工开采为主，煤矿生产系统报废后余留在矿井深部的煤炭很难再重新布置生产系统进行复采，壮年期煤矿提前关井意味着煤炭资源的不可逆损失。因此，真正能够关掉的煤矿，通常是一些资源接近枯竭或是资源禀赋很差、外运条件不佳的持续亏损煤矿，随着市场景气持续低迷，估计未来几年因持续亏损而退出市场的煤矿总规模为 15 - 20 亿吨/年，其中"十三五"期间退出市场的煤矿总规模为 7 - 10 亿吨/年。2020 年后淘汰落后产能的力度不会减轻，东中部地区和西南地区仍会有大量煤矿陆续关停，预计 2025 年、2030 年认可煤炭产能分别在 45 亿吨/年左右和 40 亿吨/年左右（如图 5 - 3 所示）。

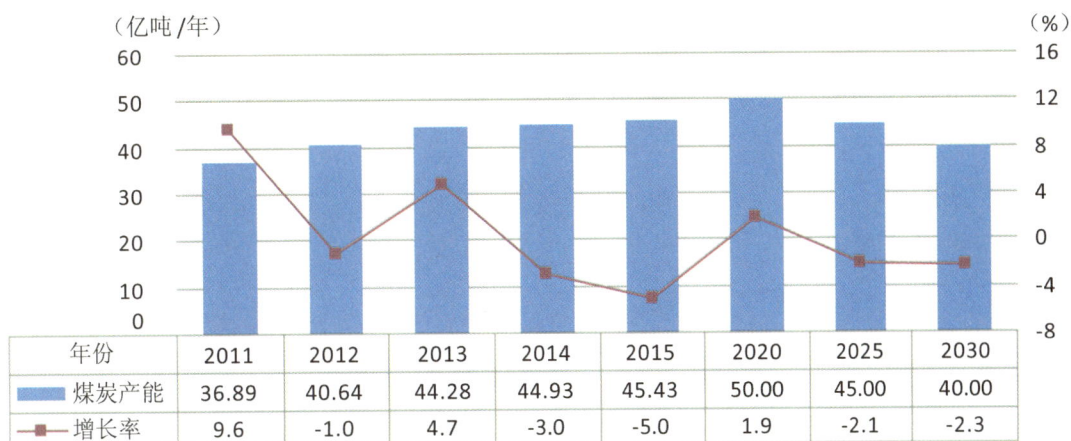

年份	2011	2012	2013	2014	2015	2020	2025	2030
煤炭产能	36.89	40.64	44.28	44.93	45.43	50.00	45.00	40.00
增长率	9.6	-1.0	4.7	-3.0	-5.0	1.9	-2.1	-2.3

图 5 - 3　2011 - 2030 年中国煤炭产能及增长率

资料来源：2014 年及以前数据根据国家统计局和国家能源局相关数据计算，2015 年及以后数据为项目组预测数据。

二、煤炭产能长期过剩，产能利用率维持低位

中国煤炭进出口将在 2020 年达到平衡，之后维持进出口基本平衡状态。按物量平衡原理，可得出展望期内需求疲软制约下的煤炭产量（如图 5 - 4 所示），进而计算出煤炭产能利用率（如图 5 - 5 所示）。展望期内，即使持续保持较大的去产能力度，中国煤炭产能也会持续过剩，在"十三五"期间至"十五五"前半期，中国煤矿产能利用率在略高于 80% 的水平上波动。

（亿吨）

年份	2011	2012	2013	2014	2015	2020	2025	2030
煤炭产量	37.64	39.45	39.74	38.74	37.50	40.04	36.70	36.07
增长率	9.8	4.8	0.7	-2.5	-3.2	1.3	-1.7	-0.3

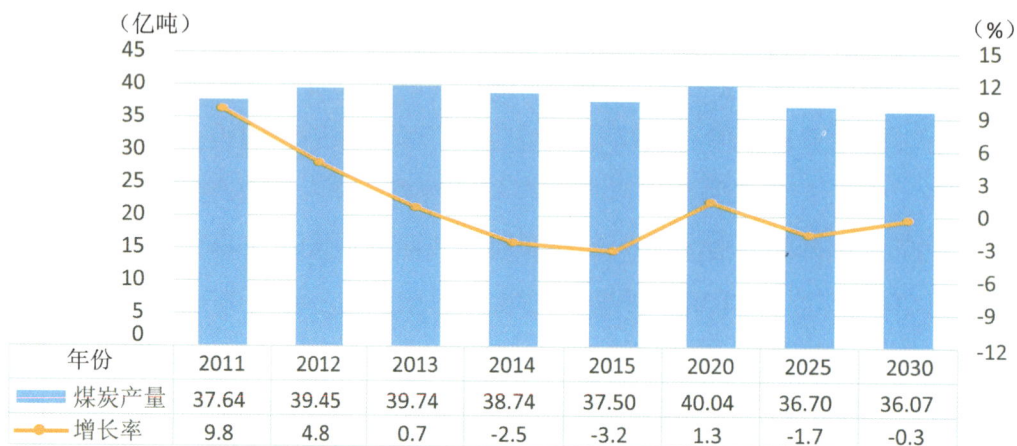

图 5 – 4　2011 – 2030 年中国煤炭产量及增长率

资料来源：2015 年以前数据来自国家统计局，2016 年及以后数据为项目组预测数据。

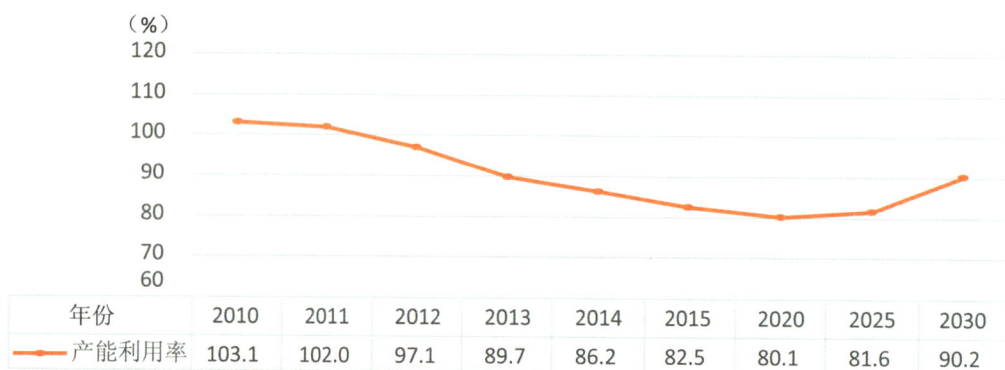

（%）

年份	2010	2011	2012	2013	2014	2015	2020	2025	2030
产能利用率	103.1	102.0	97.1	89.7	86.2	82.5	80.1	81.6	90.2

图 5 – 5　2010 – 2030 年中国煤矿产能利用率

资料来源：项目组。

三、"三西"煤炭外运量加大，东中部和西南地区煤炭产业规模萎缩

在低煤价策略下实现煤炭产业可持续发展，必须压低全行业平均成本，必会经由市场竞争淘汰高成本煤矿，以先进煤炭产能置换落后产能。据此预测，除山西、内蒙古和西北地区这些主产地以外，其余各地煤炭产业都将受到不同程度压缩。

晋蒙、西北等主要煤炭产地的煤炭资源禀赋较好，新建煤矿较多，多数煤矿正值青壮年期，生产成本明显低于东中部煤矿。除晋蒙、西北以外的其他地区，绝大多数煤矿的开采深度较深，地质条件复杂，多数煤矿井型较小，部分煤矿资源枯竭，矿井生产战线较长，煤炭开采成本明显高于西部、北部地区。东中部地区是中国煤炭消费重心，受铁路运输瓶颈制约，煤炭运到消费地的物流成本较高，相对于东中部地区的煤矿，"三西"地区（山西、陕西北部、内蒙古西部）煤炭在这些地区的变动成本依然偏高，未形成明显竞争优势。

今后几年，东中部地区煤炭需求下降，"三西"煤炭在东中部地区的变动成本大幅下降，东中部地区大量资源禀赋差、成本高、持续亏损的煤矿将退出市场，中国煤炭生产将逐步向内蒙古、陕西、宁夏和新疆等地区集中。预计2020年山西、内蒙古和西北地区合计煤炭产量将达到31.4亿吨左右，之后基本稳定；到2030年达到31.8亿吨左右，比2013年增长15.6%，占全国煤炭产量的比重由2013年的69.2%上升到2030年的88.2%。东南沿海地区和湘鄂赣地区不仅煤炭资源禀赋差，特高压电网调入电量大，而且还是"三西"煤炭外运能力增大后的强辐射区，预计2025年前后该区域煤矿基本被淘汰。京津冀地区和辽宁、吉林两省邻近"三西"和蒙东等煤炭主产地，其部分煤炭资源禀赋较差，许多煤矿资源接近枯竭，生产成本偏高，在"三西"煤炭的冲击下煤炭产量会大幅下降，但由于部分煤矿仍在壮年期，且地处消费地，仍有一定竞争力，其中部分炼焦煤煤矿有望受益于稀缺资源的保护性政策，预计到2030年京津冀地区煤炭产量比2013年下降80%，辽宁、吉林两省合计煤炭产量比2013年下降87%。西南地区煤炭资源禀赋差，生产成本高，煤炭需求受水电冲击较大，天然气发电也较快增长，使其煤炭需求降幅较大，煤炭产量也会大幅下降。但由于该地区煤炭市场相对封闭，"三西"煤炭渗透难度较大，同时川渝地区工业生产相对较快增长，贵州煤电基地所消耗煤炭主要来自本地，使西南地区煤炭产量下降幅度不及其他消费地，预计其2030年产量比2013年下降59%。黑龙江和山东、河南、安徽等地是中国煤炭生产的老基地，受建设产业链收缩，特高压电网调入电量增加，加之"三西"煤炭和进口煤炭冲击，煤炭产量也会明显下降，但其许多大型矿区具有一定的集群效益，利用原有工业基础设施兴办新兴产业的条件相对较好，减员提效潜力较大，而且还有相当一部分青壮年煤矿，耐冲击能力较强，产量降幅相对较小，预计其

2030 年产量比 2013 年下降 53%（如表 5 - 1 和图 5 - 6 所示）。

表 5 - 1　中国分地区煤炭产量

单位：亿吨

地区	供需属性	2013 年	2020 年	2025 年	2030 年
全国	—	39.74	40.04	36.70	36.07
晋蒙 + 西北	主产地	27.51	31.40	31.70	31.80
黑 + 鲁豫皖	次产地	5.22	4.15	2.85	2.45
京津冀	中间地带	0.98	0.61	0.28	0.20
辽吉	中间地带	0.79	0.48	0.15	0.10
西南	消费地	3.72	2.70	1.72	1.52
湘鄂赣	消费地	1.10	0.50	0.00	0.00
东南沿海	消费地	0.42	0.20	0.00	0.00

资料来源：2013 年数据根据中国煤炭工业协会统计的各省产量合计数与国家统计局全国总量的差额，对各省产量按比例调整的计算结果，2020 年及以后数据为项目组预测数据。

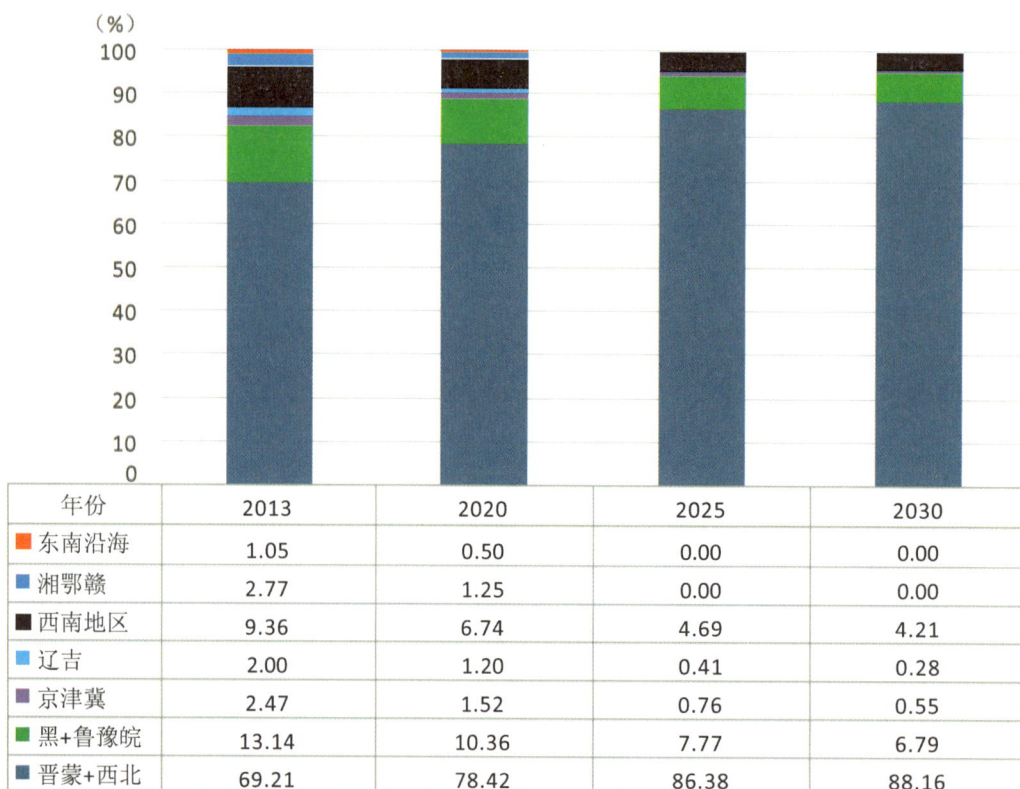

年份	2013	2020	2025	2030
东南沿海	1.05	0.50	0.00	0.00
湘鄂赣	2.77	1.25	0.00	0.00
西南地区	9.36	6.74	4.69	4.21
辽吉	2.00	1.20	0.41	0.28
京津冀	2.47	1.52	0.76	0.55
黑+鲁豫皖	13.14	10.36	7.77	6.79
晋蒙+西北	69.21	78.42	86.38	88.16

图 5 - 6　中国分地区煤炭产量占比

资料来源：根据项目组相关数据计算得到。

四、铁路运煤能力大幅提升，煤炭物流费用仍有下降空间

煤炭消费重心向主产地转移，其余地区的煤炭需求呈下降趋势。未来几年，晋蒙两省区和西北地区煤电基地建设继续推进，新型煤化工较快发展是煤炭需求的主要增长点。除晋蒙、西北地区以外的其他省区，其煤炭需求的减量因素居多，增量因素很少。减量因素有：建设规模依次进入高稳期和收缩期，终端消费的煤炭需求大幅下降；强行淘汰高污低效的煤炭利用工艺；接入西南水电和西北火电的特高压电网不断投产等。增量因素有：环渤海地区、沿长江经济带、安徽和黑龙江等水资源富集地区有望布局新型煤化工园区；北部湾地区有望成为新的煤电基地，并接替贵州煤电基地向华南地区供电的重任等。综合上述两方面因素，我们判断除晋蒙、西北以外各地区的煤炭需求都将不同程度下降（如表5-2所示）。与2012年相比，2020年黑龙江和山东、河南、安徽等煤炭次产地煤炭需求减少4800万吨左右、下降5.3%，京津冀地区减少6500万吨左右、下降17.9%，辽宁、吉林两省减少2900万吨左右、下降10.7%，西南地区减少6500万吨左右、下降16.6%，湘鄂赣地区减少1850万吨、下降5.7%，东南沿海地区减少1.08亿吨、下降14.1%。

表5-2　中国分地区煤炭需求量

单位：亿吨

地区	供需属性	2012年	2020年	2025年	2030年
全国	—	40.71	40.84	37.00	36.07
晋蒙+西北	主产地	10.77	14.24	15.54	16.85
黑+鲁豫皖	次产地	8.78	8.30	6.95	6.30
京津冀	中间地带	3.63	2.98	2.23	2.04
辽吉	中间地带	2.73	2.44	1.88	1.58
西南	消费地	3.90	3.25	2.20	1.80
湘鄂赣	消费地	3.24	3.05	2.70	2.40
东南沿海	消费地	7.66	6.58	5.50	5.10

资料来源：2012年数据根据《中国能源统计年鉴》中各省消费量合计数与全国总量的差额，对各省消费量按比例调整的计算结果，2020年及以后数据为项目组预测数据。

西部、北部主要煤炭产地的铁路运煤能力大幅增加。未来几年，"三西"地区新增铁路运煤能力 7 亿吨/年左右，运煤干线的主要新建、扩建项目详见表 5–3。西宁铁路扩能和新建蒙华铁路等运煤干线投产后，面向华中地区的铁路直达物流体系会释放大量运能，同时，经由环渤海的铁水联运物流体系将承受巨大的产能过剩压力。新疆煤炭外运的"一主两辅"铁路规划目标宏大，受煤炭市场疲软影响，建设及投产进程存在不确定性，但 2020 年之前运煤能力也会有可观增量。在运煤干线运输能力大幅增加的同时，产地集运支线和装运能力也在加快建设，陕西省有多条集运支线投产运营，鄂尔多斯地区规划了"三横四纵"的铁路建设方案，蒙东锡林郭勒地区规划了"三横五纵"的铁路建设方案，2020 年前全部建成。预计 2020 年中国铁路运煤能力可达到 30 亿吨/年以上。

表 5–3　"三西"煤炭外运铁路干线的主要新建、扩建项目

单位：万吨/年

线路	2013 年运煤能力	2020 年运煤能力	备注
张唐铁路	—	15000	新建
神朔黄铁路	25000	35000	扩建
晋中南—日照铁路	—	20000	新建
邯长铁路	1500	10000	扩建
西康铁路	800	5000	扩建
西宁铁路	800	8000	扩建
蒙华铁路	—	12000	新建
合　计	28100	105000	—

资料来源：项目组。

煤炭物流费用仍有下降空间。一方面，东中部地区煤炭需求下降；另一方面，面向东中部地区的铁路运煤能力大幅增加，这势必引发煤炭物流行业竞争白热化。近两年来，铁路运煤能力增加，但铁路运煤量不增反降，晋中南—日照铁路竣工后运输业务启动缓慢。其主要原因：一是煤炭需求疲软；二是油价低廉、汽车运煤竞争力阶段性显现，公路运输挤压铁路运输的市场空间。在竞争压力之下，铁路部门已经开始下调铁路运价。未来几年，随着铁路运价下调

和油价回升，从事长途运输的汽车运力终将被淘汰。近年来，华中地区通过"海进江"物流体系的运煤量快速增长，2014 年已经超过 3000 万吨，未来 3 年这一势头还将延续下去，待蒙华铁路投产运营之际，"海进江"物流体系必已十分成熟，届时"海进江"物流体系与铁路直达物流体系之间会发生激烈的市场竞争。总之，运力过剩将对煤炭物流形成强大的降价压力。从装运成本角度看，铁路运煤费用还有较大下降空间：一是在不同物流体系的激烈竞争中，产地铁路集运支线及火车装运系统会更加完善，将有更多的煤矿可直接在矿场装火车，不必经由汽车运至装车点，产地集运、装车费用有望明显下降；二是随着车辆大型化、调配集约化等铁路运输技术革新和系统优化，运输成本将适度下降。综上，预计蒙西、陕北煤炭运至环渤海的吨煤运杂费有望下降 60 - 80 元/吨，运至沿长江经济带的运杂费有望下降 80 - 120 元/吨。

五、煤炭行业强管理、减税费、降成本，煤炭价格持续低位

目前煤炭企业的"失血式"经营不可持续。中国煤矿以井工开采为主，且地质条件复杂，煤炭成本高于主要进口来源国煤炭成本，但变动成本极低，即使严重亏损，销售煤炭仍有十分可观的边际利润。同时，中国煤炭产业结构零散，纵向议价及横向竞合的机能均比较弱。鉴于上述情况，在面临市场过剩压力时，多数煤炭企业都会降价抢市场，不可避免地进行恶性竞争。目前，除少数资源禀赋好、外运条件佳、没有体制包袱的民营煤矿外，绝大多数煤炭企业皆呈实质性亏损状态，煤炭行业已经接近全行业亏损状态。井工开采煤矿的生产环节多，在正常生产经营状态下，要求矿井开拓煤量、采区准备煤量与回采煤量之间保持合理的"三量关系"，而且整个矿井的安全技术措施和消防安全工程量很大。在市场形势恶化、企业经营不断失血的条件下，煤炭企业首先是压减职工工资，煤矿工人前些年的储蓄正在减少，累积到一定程度便会引发社会问题；其次是压缩开拓煤量和准备煤量，使得"三量关系"不断恶化，当"三量关系"失调累积到一定程度便不能再持续下去，最终不得不停产或减产；最后是减少安全技术措施工程投入，其后果是各种安全事故增多。总之，由产能过剩和成本结构所决定，有边际利润但亏损严重的状况极容易形成

恶性循环，煤炭企业经营难以为继。

国家高度重视煤炭去产能，将助力煤炭企业脱困。煤炭企业经营形势十分严峻，行业脱困迫在眉睫，但基于煤炭产业组织结构分散、产能过剩和边际成本低等因素，煤炭行业脱困的努力方向应是强管理、减税费、降成本。长期以来，国有煤矿承担着大量办社会职能，迄今仍未得到较好解决。目前，国家对煤炭行业脱困高度重视，正在研究各种措施帮助煤炭企业改革增效，推动企业兼并重组，预计这方面的政策措施还将陆续出台，政策力度会不断加码。总体判断，未来几年煤炭企业压减内部成本仍有一定潜力。

煤炭主产地涉煤税费仍有压减空间。晋蒙、西北等地政府在煤炭市场景气的情况下向煤炭企业征收了名目繁多的费用，绝大多数涉煤税费按销售量或销售收入计量，成为煤炭销售的主要变动成本。由于变动成本占比较高，其销售煤炭的边际利润与东中部消费地所产煤炭相比并未形成明显优势。当价格降到一定程度后，陕北、蒙西地区部分煤炭品质较差的煤矿最先停产，成为近两年来跟随市场价格调剂煤炭供给的主要变量。近两年，这些主产地政府正在逐步压减税费，但因涉及多重利益纠葛，清理税费的进程不尽人意。预计这些地方将进一步采取措施，取缔各种不合理涉煤税费，以此扩大本地区煤炭的市场份额。预计陕北、蒙西地区平均税费有望再下降 20－30 元/吨。

煤炭交易费用将有所下降。由于体制机制原因，现在仍有大量煤炭并非由煤炭企业与用户企业直购直销。未来随着供给侧改革逐步推进，加之基于互联网技术的煤炭交易体系建设不断取得新进展，物流体系更加宽松和完善等多种原因，煤炭流通领域的大量中间商将被挤出市场，煤炭交易费用将有所下降，预计平均交易费用有望下降 10－15 元/吨。

煤炭消费价格持续低位是大概率事件。综合考虑上述税费成本、物流成本和交易成本的下降幅度，预计陕北、蒙西地区煤炭在环渤海地区的销售成本有望下降 90－125 元/吨，在沿长江经济带的销售成本有望下降 110－165 元/吨，其他煤炭主产地煤炭运达消费地的变动成本也会有不同程度的下降。相比而言，东中部地区和西南地区的煤矿，其税费成本下降空间十分有限，由于接近消费地，其交易成本和物流成本的下降空间不大。在产能过剩格局下，以边际利润为生产与否的决策依据，取决于由市场竞争所决定的煤炭消费价格。陕北、蒙西地区煤炭是中国煤炭供给的主要调剂变量，其销售变动成本的下降，意味着仍有一定的下降空间。总之，可以确定的是，未来若干年煤炭消费价格将持续低迷。根据中国煤炭运销协会监测，目前 5500 大卡煤炭在环渤海地区的销售价格（不含港杂费）为 0.064 元/大卡左右，在沿长江经济带销售价格为 0.073 元/大卡左右。据此，即使考虑到目前大多数煤炭企业出现经营"贫血"症状，需要适度提高出矿价格、补足合理生产成本以维持企业经营良性循环，仍可判断未来维持煤炭行业可持续发展的煤炭消费价格，环渤海地区在 0.063 元/大卡左右，沿长江经济带在 0.07 元/大卡左右。

| 第六章 | 煤炭进出口展望 |

展望期内，中国国内煤炭供应充足，煤炭进口将会持续回落，预计到2020年回落至10000万吨的进口水平，2030年降至3000万吨左右。出口方面，随着国内煤炭供需形势和亚太煤炭市场格局的转变，中国对东北亚煤炭出口市场的出口可能会增加，预计出口量将在2016－2018年之间开始有所回升，到2020年有望反弹到2000万吨，2030年达到3000万吨，2030年前后可能实现煤炭进出口基本平衡。

一、国内煤炭供应能力充足，煤炭进口将持续回落

中国煤炭生产和需求是世界煤炭市场的基本盘。近几年来，中国煤炭消费量占世界的50％左右，煤炭产量占世界的48％左右，中国煤炭市场占据世界煤炭市场的半壁江山，占亚太煤炭市场份额的2/3以上。2013年，中国煤炭进口量达到峰值3.27亿吨，但仅占国内消费量的7.7％。2003年中国煤炭出口量曾达到峰值9400万吨，但也仅占中国煤炭产量的5.1％。可见，无论是煤炭进口还是出口，占国内市场份额的比重都很小。

未来国内煤炭供应充足将使中国煤炭进口下降。国内煤炭供求形势的变化决定了煤炭进出口的变化。1998－2003年期间中国煤炭出口量持续增长，主要原因是2001年以前国内市场持续多年供应过剩；中国煤炭市场自2002年重回供求平衡，2004年开始出现供应偏紧状况，煤炭出口量自2004年开始持续下降。在煤炭供应偏紧期间，中国煤炭进口量从2003年的1100万吨增加到2007年的5100万吨；2008年国内需求下降，进口量下调至4000万吨，随后自2009年开始，由于中国煤炭需求相对旺盛，致使煤炭进口迅猛增长。中国

煤炭市场自2012年开始再度逆转为供应偏松，2013年显现供过于求态势，结果中国煤炭进口量在2013年达到峰值后急转直下，2014年下降11%，2015年下降29.9%。"十三五"期间中国的煤炭产能将大幅释放，预计实际产能到2020年增加到50亿吨，供过于求的形势将呈常态，决定了未来中国煤炭进口量将持续回落。

二、亚太煤炭市场格局正在发生重大转变，中国煤炭进口减少、出口增加

据IEA预计，到2040年中国、印度、印度尼西亚和澳大利亚四国的煤炭产量将占全球煤炭总产量的70%，这显示了亚太地区在全球煤炭市场上的重要性。项目组研究认为，亚太煤炭市场供需格局正在发生重大转变。

（一）印度将成为世界上最大的煤炭进口国

印度是煤炭资源大国，硬煤总储量约3000亿吨；含煤地层主要为冈瓦纳系下部和第三纪地层中。硬煤资源多分布在印度东北部，煤产地有70多个，褐煤资源主要分布在喜马拉雅山南麓及南部马德拉邦和泰米尔纳德邦。印度的煤炭工业发展很快，现已成为世界上继中国、美国之后的第三大煤炭生产国。2014年，印度煤炭产量超过了6亿吨。印度煤炭以露天矿开采为主，露天矿约占到煤矿总数的80%，产量占90%以上。印度设有煤炭部，在全国推行煤炭企业国有化。印度95%的煤炭生产量由国有煤矿提供，私营煤矿产量仅占5%左右。尽管印度已成为世界第三产煤大国，但其煤炭产量仍满足不了国内需求，现在每年煤炭进口量大约为2亿吨。

未来印度人口仍将快速增长，联合国预计印度将在2022年超过中国成为世界第一人口大国；印度经济仍有较大增长空间，根据IMF预测，2015年印度实际经济增长率为7.5%，中国实际经济增长率为6.8%，这可能是1999年以来印度经济增速首次超过中国。预计今后印度将保持在7.5%以上，印度煤炭需求也将因此具有很大增长空间。根据IEA预测，印度在2020年前超过美国成为世界第二大煤炭消费国。

从煤炭生产看，印度煤炭公司（Coal India）的煤炭产量约占印度国内煤炭总产量的80%，该公司计划到2019－2020财年将产量提升至10亿吨。尽管煤炭产能有所增长，但仍满足不了快速增长的需求，预计未来印度煤炭进口将大幅增长。预计2014－2015财年印度煤炭进口量将在1.85－1.9亿吨之间，2015－2016财年将达到2.2－2.4亿吨。根据IEA预测，到2020年印度将成为世界上最大的煤炭进口国，进口量超3亿吨，到2035年进口可达6.3亿吨。项目组预测，2020年和2030年印度的煤炭进口量将比2014年分别增加1亿吨和4亿吨左右。

（二）印尼煤炭竞争优势将逐步减弱，出口量逐步减少

印尼是当前世界上最大的动力煤出口国。近10多年来，印尼的煤炭产量和出口量快速增加，产量从2000年的7700万吨增加到2013年的4.2亿吨，增加了4.46倍；出口量从2000年的5846万吨增加到2013年的3.49亿吨，增加了4.97倍。2014年，印尼出口煤炭3.59亿吨，再创历史新高。

目前印尼出口的大部分煤炭产于沿海或沿河地区，依靠水路运输至海外，运输成本较低。同时，由于印尼90%以上是露天煤矿，开采成本较低，使得印尼煤炭多年来在国际市场上保持着一定的价格优势。随着沿海或沿河煤炭资源的耗尽，未来印尼煤矿将不断向内陆转移，这些内陆煤矿的煤炭质量较差，开采难度大，剥采比高，运输成本较高。预计今后印尼煤炭在国际市场中的价格优势将逐步减弱。

与此同时，印尼也将成为亚太地区煤炭需求的重要增长点。印尼是一个人口众多的群岛国家，也是亚太地区最重要的新兴市场经济国家，在中低端制造业领域具有较强的竞争力，近年来印尼社会稳定，经济较快增长，中、低端制造业发展需要相应改善基础设施，未来十几年其建设任务较重，将拉动煤炭需求较快增长。项目组预测，2020年和2030年印尼的煤炭出口量将比2014年分别减少5000万吨和1亿吨。

（三）越南成为煤炭净进口国，进口量将大幅增长

越南是东南亚地区经济发展最快的国家之一，随着经济持续增长，煤炭需

求必将快速增加。据越南政府 2004 年发布的《2020 年越南煤炭工业发展规划和 2030 年展望》，越南煤炭需求量还将不断增长，预计 2015 年煤炭需求在 5620 万吨左右，到 2020 年、2025 年和 2030 年，将分别达到 11230 万吨、14550 万吨和 22000 万吨左右。但越南的煤炭供应能力难以同步增长，2015 年产量为 5500－5800 万吨，2020 年为 6000－6500 万吨，2030 年达到 7500 万吨左右。由此可见，为满足国内煤炭消费的持续增长，越南自 2015 年起就成为煤炭净进口国，2020 年和 2030 年，其煤炭净进口量比 2015 年将分别增加 5000 万吨左右和 14500 万吨左右。

（四）蒙古国试图加大对中国的煤炭出口，但预期不佳

蒙古国煤炭资源丰富，分布广泛。据蒙古国能源局统计，其地质预测煤炭储量 1733 亿吨，勘探储量 235 亿吨，可开采总储量约 210 亿吨。为此，蒙古国被称为"煤矿业的沙特阿拉伯"。近 10 年来其煤炭出口量快速增长，出口量从 2000 年的 500 万吨扩大到 2012 年的 2200 多万吨，增长了 3.4 倍。

在中国煤炭供应紧张时期，中国煤炭企业试图加大对蒙古煤矿的投资，但遭遇多重阻力，致使蒙古丧失了作为中国主要煤炭进口来源国的良好机遇。2011 年中国从蒙古进口煤炭 2016 万吨，比上年增长 21.5%；2012 年进口煤炭 2213 万吨，增长 9.1%；2013 年中蒙煤炭贸易出现较大幅度下降，进口 1749.5 万吨，下降 20.9%；2014 年蒙古国对中国的煤炭出口有所恢复，全年中国从蒙古国进口煤炭 1927 万吨，增长 10.1%。2014 年 10 月 24 日蒙古国国家大呼拉尔（议会）通过决议案，决定与中国邻近的两段南线铁路采用与中国相同的标轨。这不仅有利于中蒙两国跨境铁路通道建设，提高煤炭出口运输能力，降低运输成本，还对巩固中蒙政治互信都有突破性意义，也无疑将更便利于今后蒙古国加大对中国的煤炭出口。但蒙古国煤炭入关口所在地正是中国煤炭产能的主要增长点，在中国煤炭产能严重过剩状态下，项目组对蒙古煤炭出口中国的前景预期不佳。

（五）澳大利亚仍将保持较大出口能力，但从长远看其出口增量不足以弥补亚太地区的煤炭需求增量

澳大利亚是全球最大的煤炭出口国，近 10 年煤炭产量持续增长，从 3 亿吨增加到 5 亿多吨。澳大利亚煤炭产量仅次于印度，是全球第四大煤炭生产国，年炼焦煤和动力煤出口基本上各占一半。过去十年澳大利亚煤炭投资增长了 10 倍，随着新增产能的不断释放和基础设施的完善，其煤炭出口能力将进一步提高。据 IEA 预计，到 2020 年澳大利亚将超过印尼成为世界最大的动力煤出口国。但受环保法规制约和基础设施建设推进速度较慢等原因，其煤炭出口量的增长空间有限，远远不足以弥补印度、印尼和越南三国在未来十五年净供给减量 6.45 亿吨。

三、预计中国煤炭进口在"十三五"期间继续下降，"十四五"以后趋稳

根据中国煤炭供需形势，预计未来中国煤炭终端销售价格将持续低迷，煤炭行业只能以低煤价策略激发煤炭需求、换取煤矿开工率回升。根据亚太煤炭市场格局，亚太市场煤炭价格将在 2018 年前后趋稳、反弹，2020 年以后有可能持续升高。据此判断，国内外煤炭的比价关系将有利于中国减少煤炭进口。但澳大利亚、印尼、美国、加拿大、俄罗斯等国的过剩煤炭产能也将逐步消化，这对中国向国际市场释放过剩煤炭产能的进程形成较强制约，判断中国煤炭进口量下降将是一个渐进过程。澳大利亚的炼焦煤、俄罗斯的喷吹煤等品种，在中国沿海地区的某些用户具有较强竞争优势，中国仍会保持适量进口。项目组预测"十三五"期间中国煤炭进口继续下降，预计 2020 年、2030 年进口量分别为 10000 万吨、3000 万吨（如图 6-1 所示）。

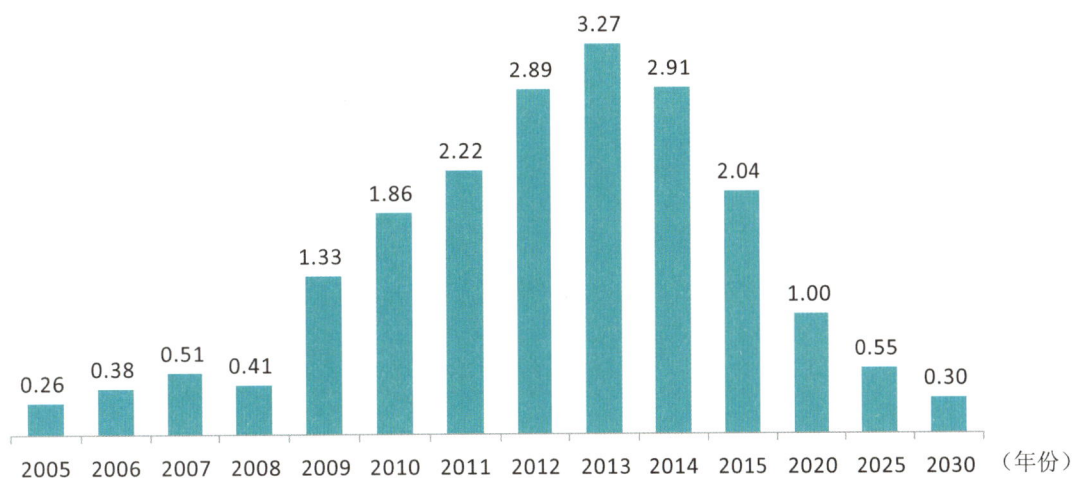

图 6 - 1　2005 - 2030 年中国煤炭进口量（单位：亿吨）

资料来源：2015 年及以前数据来自中国海关总署，2016 年及以后数据为项目组预测数据。

四、中国对东北亚市场煤炭出口可能增加，出口量有望反弹到 2000 万吨以上

　　过去几年，中国煤炭出口受国内供需形势、出口政策及亚太煤炭市场格局影响，维持在较低水平。一是在 2013 年前中国国内需求迅速上升、煤炭供应主要用于满足国内需求；二是自 2008 年 8 月 20 日开始，对所有煤种征收 10% 的出口暂定关税，在煤炭供应紧张形势下与其他一些措施一起有效控制了煤炭出口；三是亚太市场煤炭需求的主要增长点在印度、越南、印尼等国，澳大利亚、印尼等具有地利之便，出口煤炭比中国更便利、更有竞争优势。

　　考虑到国内煤炭供应能力充足，煤炭消费总量控制成为长期趋势，煤炭出口的供应侧可以得到保障。政策层面上，自 2015 年 1 月 1 日开始实行中国煤炭（包括无烟煤、烟煤、焦煤及褐煤及其他煤等）出口关税税率由 10% 下调至 3%，虽然政策相对于国内煤炭供需形势的变化有所滞后，但对未来煤炭出口利好。此外，中国向日本、韩国、中国台湾等国家和地区出口煤炭，与澳大利亚、印尼相比更具地利之便。随着印度、印尼和越南煤炭需求增长，亚太南部的澳大利亚、印尼所产煤炭将更多地用于弥补三国煤炭供需缺口，这有利于中国增加对东北亚市场的煤炭出口。从国家战略看，中国鼓励煤炭企业走出

去，预计政策层面对煤炭出口的支持力度还将有所加大。近一年多来，中国煤炭企业正在加强对传统煤炭出口市场的调研和商洽，通过适量出口煤炭提高产能利用率是中国煤炭企业的营商策略之一。

据此判断，未来中国对东北亚地区的煤炭出口有望增加，出口量将在2016－2018年之间开始明显反弹，到2020年有望反弹到2000万吨，之后平稳增长，预计2025年和2030年出口量分别为2500万吨和3000万吨（图6－2）。

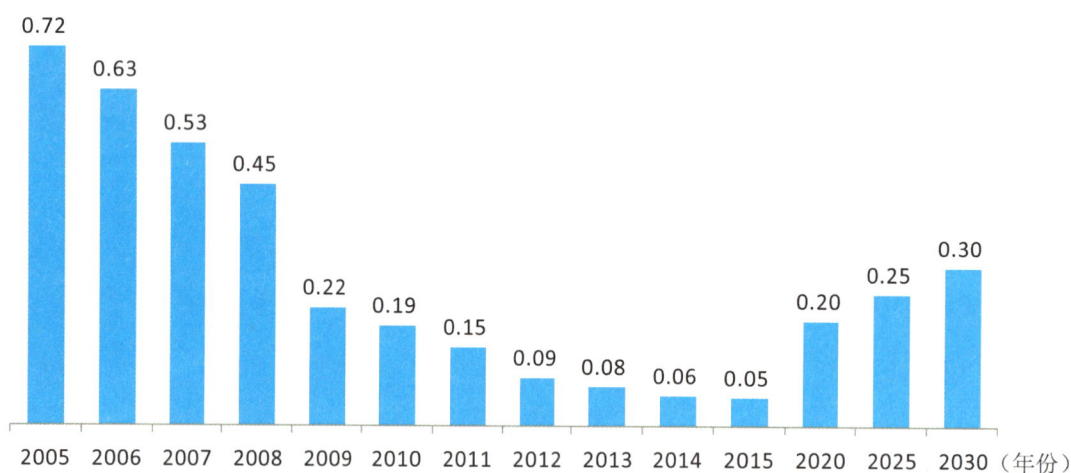

图6－2　2005－2030年中国煤炭出口量（单位：亿吨）

资料来源：2015年及以前数据来自中国海关总署，2016年及以后数据为项目组预测数据。

综合判断，中国的煤炭净进口量在未来十五年持续下降，到2030年左右可能实现进出口基本平衡。

石油篇

| 第七章 | 石油需求展望 |

本展望期内，交通和石化行业、替代燃料、替代原料的发展成为影响未来中国石油需求走势的重要因素，中国石油需求增速将逐步走低，"十三五"期间年均增长 2% 左右，2020 年消费量约 6.1 亿吨；2020 年后增速进一步放缓，2020－2030 年年均增速降至 0.8% 左右，预计在 2025－2030 年间有望接近峰值，2030 年石油消费量约 6.6 亿吨。其中，汽油需求 2025 年前后达到峰值 1.7 亿吨；柴油需求 2015－2020 年间在 1.7 亿吨上下波动，2030 年降至 1.57 亿吨；煤油、化工轻油和液化石油气在 2030 年之前未达到峰值，但 2025 年后化工轻油和液化石油气需求增速保持在 1% 左右；燃料油需求呈 L 形走势，2030 年保持在 2000 万吨左右。如果替代燃料快速发展，尤其是电动汽车技术取得突破性进展，石油需求峰值可能提前到来。

一、交通、石化和替代是影响未来石油需求走势的三大因素

（一）汽车保有量增长与燃油经济性提高并行

1. 中国汽车保有量仍有增长空间

2000 年后中国汽车工业进入全面发展阶段，保有量（不含三轮汽车和低速货车）快速上升，2012 年突破 1 亿辆，2014 年为 1.45 亿辆，2015 年达 1.63 亿辆。2001 年中国汽车总体普及水平为 14 辆/千人，2014 年突破 100 辆/千人，达到 106 辆/千人，2015 年为 118 辆/千人。从保有结构看，中国加入 WTO 后乘用车比重年均提升约 3 个百分点，从 2001 年的 31% 提高到 2014 年的 69%，乘用车增幅快于商用车，这也符合发达国家的汽车变化历程。

目前，中国千人乘用车保有量约为 74 辆，仍处于起飞期。乘用车保有量

的发展一般呈现出 S 形的发展历程，随着人均 GDP 的提高，乘用车普及水平逐渐提高，一般人均 GDP 达 2 万 - 3 万美元时，千人保有量达到饱和。考虑到中国自身禀赋的实际情况，环境、土地资源和能源约束会更严重，决定了中国乘用车饱和水平要低于欧洲。预计中国未来乘用车千人保有量饱和值处于中等水平，即 300 - 400 辆。

其次是商用车，其保有量增速主要与城市化、工业化进程相关。自 2011 年起国内商用车销量已经连续四年下降。未来中国"公交优先"的交通战略不会改变，这将支持客车需求继续增长；同时，轨道交通和城市间快速客运专线的发展将减缓客车需求增幅。另外，货车需求将受大宗商品产量变化需求影响，由于煤炭、钢铁、水泥消费已处于峰值区，未来商用车保有量将逐步达到饱和。

总体来看，预计 2020 年、2025 年和 2030 年中国汽车总的保有量将分别达到 2.7 亿辆、3.7 亿辆和 4.5 亿辆左右，其中乘用车的比重分别为 83%、88% 和 90% 左右。

2. 汽车燃油经济性不断提高

2014 年中国乘用车平均燃油经济性为 7.2L/100km。国家《节能与新能源汽车产业发展规划》已明确制定乘用车燃油经济性发展目标，2015 年降至 6.9L/100km，2020 年降至 5.0L/100km，2025 年降至 4.0L/100km。同时，国家对商用车燃油经济性的要求也逐步提高。2008 年政府出台轻型商用车燃料消耗量限值标准，2014 年政府制定了重型商用车燃料消耗限值标准。

（二）中国石化工业发展需满足人民生活需求

1. 乙烯当量需求

2014 年中国乙烯产量 1697 万吨，当量消费 3587 万吨，人均消费水平仅为 25 千克/人，仅相当于韩国和中国台湾 20 世纪 80 年代的水平，未来有较大增长空间。

中国的资源环境决定了未来的乙烯消费将与台湾地区相似，而无法达到美国或韩国那样的高强度消费水平。预计 2040 年前后中国人均乙烯当量消费量为 50 千克，趋于饱和。

2. PX 当量需求

2014 年中国 PX 当量需求为 1840 万吨。根据对未来中国经济及人口增长的判断，预计到 2020 年中国 PX 当量需求将达到 2500 万吨左右，之后随着下游产业升级完成，聚酯需求将放缓，2030 年 PX 当量需求将达到 3050 万吨，年均增速降至 2.0%。

（三）替代燃料和替代原料多元化发展

1. 短期内天然气是主要车用替代燃料

CNG 汽车：2014 年中国拥有 CNG 汽车约 300 万辆，CNG 加气站超过 3000 座，主要分布在中西部地区的产气区周边。

2013 年和 2014 年发改委两次上调天然气价格，2014 年下半年以来国际油价大幅下跌，天然气终端价格与汽油比价保持在 70% 左右，CNG 汽车销量增速大幅下滑，2015 年上半年仅为 7% 左右。中长期看，国际油价还会逐步上升，汽油价格比估计在 60% - 75%，CNG 汽车的成本优势仍在，但增速将大大放缓。预计到 2020 年、2030 年中国 CNG 汽车保有量分别为 400 万辆和 500 万辆左右。

LNG 汽车：2014 年中国 LNG 汽车保有量约为 30 万辆，加气站接近 2500 座，主要分布在华北、华东和西北等地区。

LNG 汽车相对柴油车的经济性与 CNG 相对汽油车比较类似。LNG 汽车主要替代商用车中的中重卡车，未来随着国内中重卡车需求已进入缓慢下降的平台期，LNG 汽车需求增速将放缓。预计 2020 年和 2030 年中国 LNG 汽车保有量分别为 80 万辆和 250 万辆左右。

2. 生物燃料存在原料来源与技术瓶颈

燃料乙醇：目前中国燃料乙醇产能为 240 万吨/年，产量超过 200 万吨。目前以粮食或者玉米芯、秸秆为原料的燃料乙醇企业主要靠政府补贴维持，2016 年起政府税收优惠政策全部取消，降低成本是关键。美国二代乙醇生产成本最低达到 4150 元/吨，仅为中国企业生产成本的一半左右。

预计 2020 年中国燃料乙醇产能将增加至 400 万吨/年，产量达到 300 万吨。如果 2020 年后国内燃料乙醇技术有较大进步，成本大幅下降，2030 年其产量可达到 500 万吨左右。

生物柴油：2014 年中国生物柴油产能约 200 万吨/年，产量不足 100 万吨，主要是作为化工产品和燃料油进入消费市场。虽然《生物柴油调合燃料（B5）国家标准》已经颁布，但是因为并无强制标准，产品至今未进入正规流通体系。

随着国家对废弃油脂管理的规范化以及以林木油脂和微藻油脂为原料生产生物柴油技术的成熟，生物柴油市场将日趋规范。预计 2020 年、2030 年生物柴油产量分别达 150 万吨和 250 万吨左右。

3. 甲醇汽油作为过渡燃料局部使用

目前中国燃料甲醇替代汽油数量为 50 万 – 100 万吨，主要在山西、陕西等地少量试点。燃料甲醇的主要优势在于成本低廉。但考虑到煤炭资源、水资源以及燃烧高比例甲醇汽油对汽车动力系统的影响，未来大规模推广会受到影响。预计 2020 年、2030 年中国燃料甲醇替代汽油量为 150 万吨和 250 万吨左右。

4. 煤制油发展将受到严格监管

目前，中国煤制油生产能力为 158 万吨/年。在建和获得"路条"的煤制油项目有：神华宁煤 400 万吨/年煤制油、潞安长治 180 万吨/年煤制油，还有兖矿榆林 100 万吨/年煤制油，伊泰三套煤制油项目产能分别为 200 万吨/年、102 万吨/年和 200 万吨/年，渝富能源 200 万吨/年煤制油，到 2020 年计划的总能力将超过 1500 万吨。

低油价对煤制油经济性提出了挑战。如果按照 2014 年山西省气煤坑口价均价 260 元/吨左右计算，煤制油盈亏平衡点在 60 美元/桶左右，从目前国际市场油价看，国内煤制油项目已经亏损。

考虑到其对环境影响大，对水资源要求高，随着环保标准和监管力度的提高，特别是炼油能力、过剩成品油市场需求增速放缓的情况下，煤制油前景并不乐观。预计 2020 年煤制油产量将达 500 万吨，2030 年将达 900 万吨左右。

5. 中远期电动汽车技术有待突破

科技部推出 2012 年形成 50 万辆新能源汽车产能的目标，销量占乘用车销量的 5%。2013 年中国生产 1.46 万辆电动汽车和 3038 辆插电式混合动力汽车，仅占乘用车销量的 0.1%，目标远没有实现。2014 年后在国家政策扶持下，电动汽车发展速度加快。2015 年全年销量将突破 25 万辆，保有量达到 35 万辆。

电动汽车的推广取决于电池技术的进步。20 世纪初第一代电池，能力无法与油箱媲美；以特斯拉为代表的第二代电池，其经济性仍需要改进。第三代电池技术以感应充电、锂空气电池和超级电容技术为代表，目前处于实验室阶段，2020 年以后有待商业化。

《节能与新能源汽车产业发展规划（2012－2020 年)》指出，到 2015 年纯电动汽车和插电式混合动力汽车累计产销量超过 50 万辆，2020 年累计产销量则超过 500 万辆。结合实际，预计 2020 年和 2030 年国内纯电动车保有量分别为 360 万辆和 4000 万辆左右。

二、石油需求展望期末有望接近峰值，2030 年石油消费量为 6.6 亿吨

根据对未来中国经济社会发展的展望，以及对影响石油需求的交通、石化和替代三大因素分析，预计到 2020 年中国石油需求为 6.1 亿吨左右，2030 年为 6.6 亿吨左右，2025－2030 年间中国石油需求可能出现峰值，约为 6.7 亿吨，之后保持相对稳定，2035－2040 年将出现下降态势。

从总量及增速看，中国自 2000 年以后工业化进程加快，汽车消费高速增长，带动石油消费保持快速上升，年均增速在 7% 以上，2009 年后中国经济进入换挡期，受产业结构调整的影响，加之各种石油替代产品的发展，石油消费增速明显放缓，2010－2014 年年均增速为 3.4%，2014 年达到 5.2 亿吨（如

图 7 – 1 所示）①。进入本展望期后，在经济增长进入中高速新常态，经济结构持续调整的大背景下，石油需求增速将进一步放缓，预计"十三五"期间中国石油需求年均增速将下降至 2% 左右，2020 年后随着中国进入工业化后期，石油需求增速进一步放缓，2020 – 2030 年间年均增速下降至 0.8% 左右。

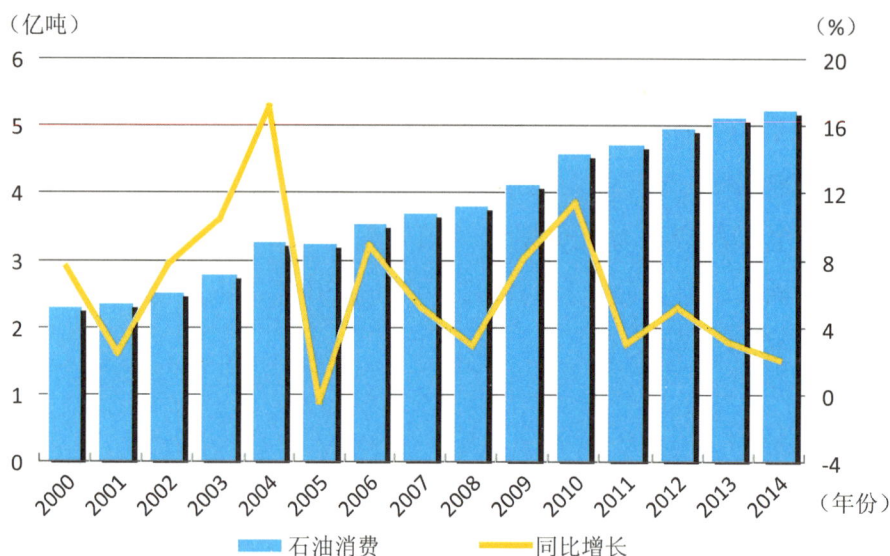

图 7 – 1　中国石油消费量变化趋势

资料来源：国家统计局、海关总署和项目组。

　　展望期内中国石油需求也存在一些不确定性因素，尤其是在替代燃料的发展方面，特别是电动汽车的发展，一种可能是按目前情景看，技术进步相对缓慢；另一种可能是未来技术取得突破性进展，产业规模发展超出想象，可能使得石油需求的峰值提前到来。

　　从主要石油制品来看，中国的燃料油消费 2004 年已经达到峰值；柴油需

---

　　① 本书中石油消费＝国内原油产量＋原油净进口量＋石油产品净进口量－主营单位原油和汽煤柴油库存增量，下同。若回避中国石油战略库存数据难以确定的问题，则可从原油自用和原油加工的角度来计算，计算公式为：石油消费＝原油加工量＋油田自用原油＋石油产品净进口量－主营单位汽煤柴油库存增量。根据此两种算法中国 2014 年石油消费量均达到 5.2 亿吨。从历史数据看，国家统计局公布的数据与项目组测算数据不一致，根据《中国能源统计年鉴 2014》公布的石油平衡表中的数据计算，中国自 2006 年到 2013 年期间石油库存量增长了近 1.1 亿吨，与项目组所掌握的中国实际石油储备能力和储备情况不一致，因此本报告未采用统计局数据作为预测基准，而是沿用项目组多年积累掌握的数据，但由于综合能源篇中的预测均以国家统计局数据为基准，因而石油篇预测结果可能与综合能源篇中部分预测有不一致的地方，特此说明。

求将在 2015－2020 年期间达到阶段性饱和，需求量在 1.7 亿吨上下；汽油在 2025 年左右达到峰值 1.7 亿吨左右；煤油、化工轻油和液化石油气 2030 年以前没有达到峰值，但 2025 年后化工轻油和液化石油气需求增速保持在 1% 左右（如表 7－1 所示）。

表 7－1　中国石油主要产品需求预测

单位：万吨

石油品种	2010 年	2015 年	2020 年	2030 年
汽油	7149	11600	15100	16250
煤油	1750	2580	3600	5800
柴油	15755	17300	17000	15700
成品油	24654	31480	35700	37750
液化石油气	2338	3500	3950	4300
化工轻油	5560	6450	8280	11000
燃料油	3430	3015	2350	2000
其他	9741	10350	10900	11400
合计	44978	54795	61180	66450

资料来源：项目组。

从消费结构变化看，2020 年前，由于汽油和航煤需求的快速增长，交通领域消费比重逐渐增加；工业领域受乙烯原料多元化替代影响，其所占比重有所降低。受天然气及电力替代影响，民用领域占比逐渐萎缩。2020－2030 年，由于交通替代燃料发展速度明显加快，交通领域消费石油比重逐渐下降；民用需求所占比重也继续下降。2020 年后中国 PX 产量增长推动化工用油比重增加。

此外，展望期内中国石油消费强度也将不断下降。如图 7－2 所示，改革开放以来中国的单位 GDP 指数石油消费量持续下降（1978 年为 100），2014 年为 18.7 万吨/GDP 指数。从国际上看，中国目前的石油消费强度为 0.107 千克/GDP（2005 年美元不变价），略高于世界平均水平，大体相当于日本的 4 倍、欧洲的 3 倍、美国的 2 倍，仍有较大节油潜力。随着展望期内中国工业化逐渐进入后期，第三产业占 GDP 比重不断增加，未来中国石油消费强度将继续降低，但降速将有所放缓，预计 2020 年达到 15.3 万吨/GDP 指数，2030 年达到 10.2 万吨/GDP 指数。

（万吨/GDP 指数）

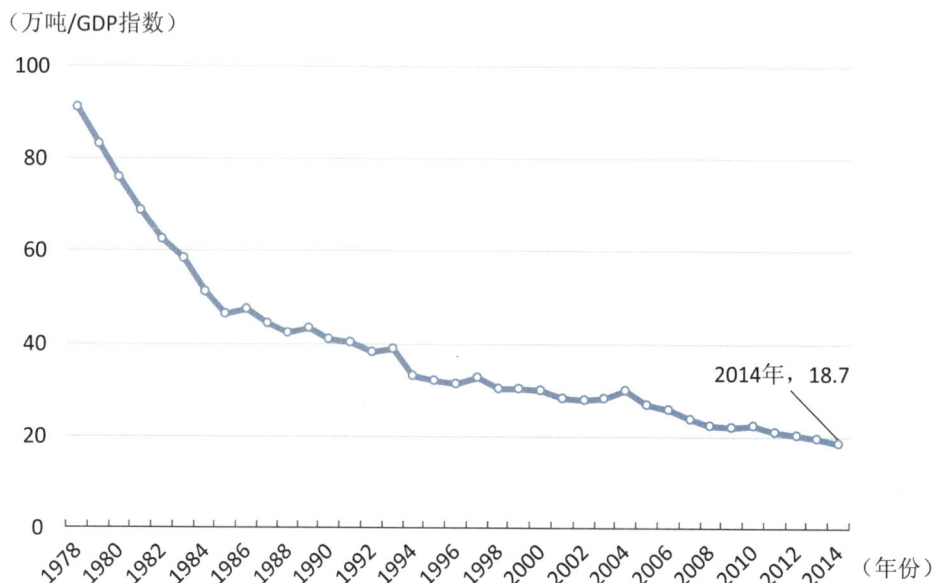

图 7-2 中国石油消费强度变化趋势

资料来源：项目组。

三、汽油需求增速逐渐放缓，2025 年前后达到峰值 1.7 亿吨

随着中国人均收入增加，汽车保有量快速提升，中国汽油消费增速不断加快。"十五"、"十一五"期间中国汽油年均消费增速分别为 7.0% 和 8.1%，2010—2014 年年均消费增速达到 10%，2014 年汽油消费总量达 1.05 亿吨。

从汽油消费结构看，近 90% 是汽车消费，特别是乘用车，未来乘用车的发展决定了汽油消费趋势。

汽车：汽车耗油与汽车保有量、百公里油耗和年均行驶里程三个因素有关。如前所述，2020 年、2030 年国内乘用车保有量将分别达到 2.0 亿辆和 3.2 亿辆左右，2010—2020 年和 2020—2030 年期间年均增速分别在 15% 和 5% 左右。到 2040 年前后国内乘用车保有量将趋于饱和。从燃油经济性看，2020 年之前燃油经济性年均提高 4.5%—5.0%，2020 年以后年均提高 3.5%—4.5%。

从行驶里程看，目前中国乘用车年均行驶里程为 1.5 万公里，2030 年年均行驶里程将继续下降 4%－6%。

摩托车：目前中国摩托车保有量约为 1 亿辆，2020 年前后趋于饱和，达到1.2 亿辆左右，2020－2030 年摩托车保有量基本保持稳定。

综合预计，未来中国汽油需求增速逐渐放缓，2020 年需求约 1.51 亿吨，在 2025 年前后达到峰值 1.7 亿吨，2030 年为 1.62 亿吨左右。2010－2020 年年均增长 7.8%，2020－2030 年年均增速下降至 0.7%（如图 7－3 所示）。

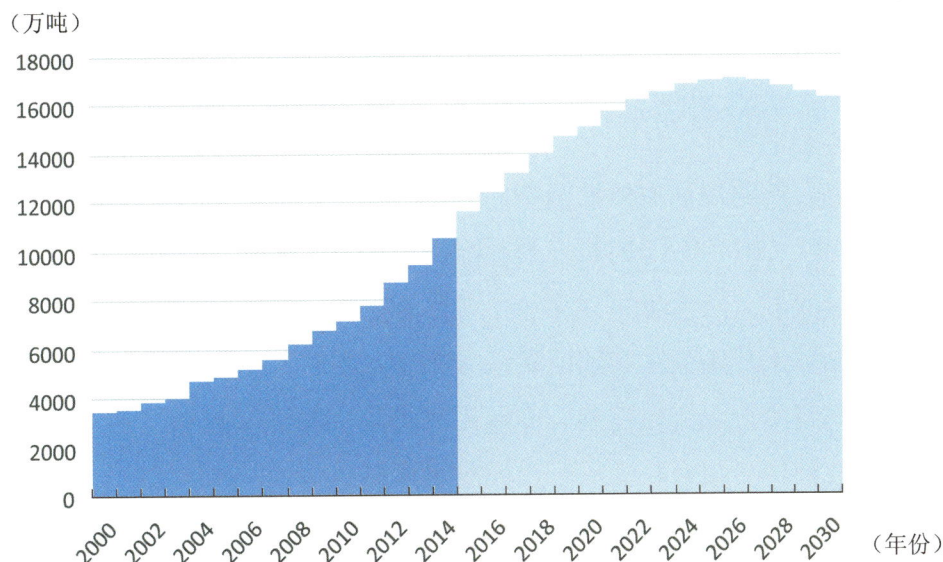

图 7－3　2000－2030 年中国汽油消费量

资料来源：项目组。

四、柴油需求 2015－2020 年间在 1.7 亿吨上下波动，2030 年降至 1.57 亿吨左右

1990－2010 年间，中国柴油消费保持较快增长，年均增速为 9.3%。受国内经济增速放缓及燃料替代等影响，2010 年后中国柴油消费增速快速回落，表观消费增速从 2010 年的 13.1%降至 2011 年的 5.6%，近两年进一步下降到 1.0%，2014 年柴油表观消费 1.72 亿吨。

柴油消费是多领域的，其中最主要的是机动车，消费占比达到 70% 左右。

商用车：在经历了 2008 - 2010 年的大规模经济刺激后，国内商用车销量由快速增长转为部分回落，然后基本稳定，今后每年将维持在 430 万 - 470 万辆左右的水平，2020 年至 2030 年期间中国商用车保有量将在 4700 万辆上下波动。

农用车：1990 - 2000 年期间销售量快速增长，2000 年销量达到 300 万辆，2005 年回落到 190 万辆，2014 年恢复到 280 万辆。总体来看，农用车已经达到平台期，保有量将维持在 2400 万辆左右。

农业用油：1990 年以来，全国农机总动力年均增长 5.9%，2014 年达到 10.8 亿千瓦，农机化水平达到 60%。预计到 2020 年中国农机化水平可达到 65%，2020 年后增幅将有所放缓，随着 2020 - 2025 年前后基本完成机械化，农业用油或将趋于稳定。

铁路用油：铁路用油占柴油消费总量的 2%，高峰期在 2006 - 2008 年，约为 660 万吨/年。2014 年内燃机工作量占铁路总工作量的比重下降至 27%，2015 年以后内燃机车工作量将进入平台期，铁路用油稳定在 250 万吨左右。

水上用油：水上用油占柴油消费总量的 2% 左右。由于政府对渔船数量及船机动力功率将实行双指标控制，渔业用油将呈小幅下降趋势。水运用油则将会越来越多地被价格相对较低的轻质燃料油所替代。

综上所述，预计 2015 - 2020 年间，中国柴油需求将在 1.7 亿吨上下波动，2030 年下降至 1.57 亿吨左右（如图 7 - 4 所示）。2020 年之后，柴油需求的变化取决于柴油轿车的发展程度。

五、煤油需求将持续较快增长，2030 年达到 5800 万吨左右

"十五" 和 "十一五" 期间中国煤油表观消费量年均增长 6.6% 和 10.7%，2010 - 2014 年年均增长 7.6%，2014 年煤油消费达到 2349 万吨，其中航空煤油消费 1787 万吨，较上年增长 10.8%。由此可见，中国煤油消费增长主要由航空运输带动，航空煤油占煤油消费比例由 1990 年的 32.2% 上升至 2014 年的 87%。

从人均乘机次数看，目前中国人均乘机次数仅为 0.2 次/年，是日本和韩

（万吨）

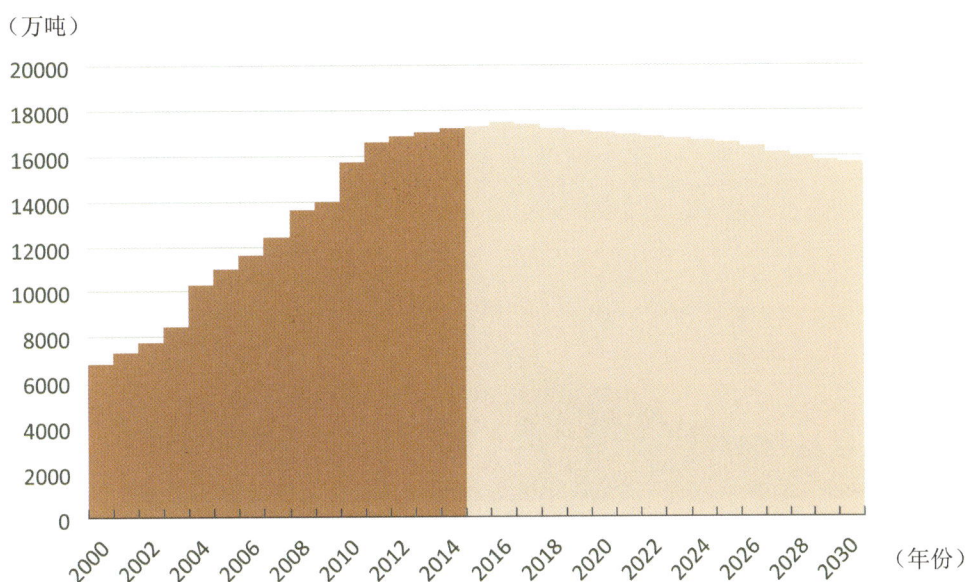

图 7-4　2000-2030 年中国柴油消费量

资料来源：项目组。

国的 1/4，德国的 1/7，美国的 1/12。纵观世界发达国家的民航发展历程，工业化完成之后十年左右时间其民航周转量增速才开始放缓。2020 年之后中国进入工业化后期，2030 年前国内民航周转量将持续增长。

从航空周转量看，"十五"和"十一五"期间中国航空周转量年均增长 18.3% 和 14.5%，2010-2014 年年均增速为 10.3%。国内民航周转量与 GDP 系数关联性较好，预计 2030 年国内航空周转量分别达 1574 亿吨公里，2013-2030 年年均增长 7.6%。此外，由于节油技术进步、飞机大型化及航线延长，航空煤油每亿吨公里单耗不断下降。2014 年航空煤油单耗较 1990 年下降了 51%，中国航空运输的节能潜力较大。

预计 2020 年、2030 年中国煤油需求分别为 3600 万吨和 5800 万吨左右，2010-2020 年年均增长 7.5%，2020-2030 年年均增速 4.9%，2030 年之前持续较快增长，但增速逐步放缓（如图 7-5 所示）。

（万吨）

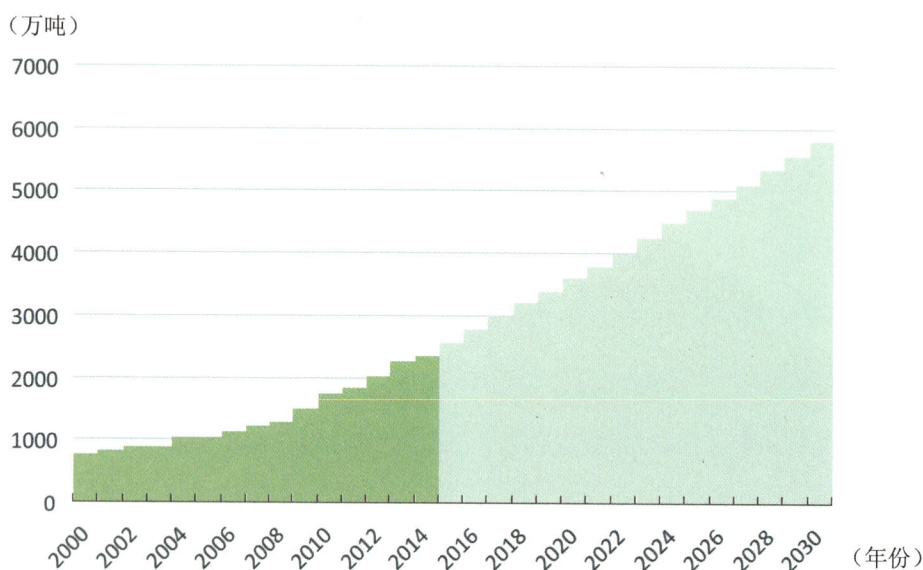

图 7-5　2000-2030 年中国煤油消费量

资料来源：项目组。

六、液化石油气需求稳步增长，2030 年达到 4300 万吨左右

1990-2000 年期间，中国液化石油气表观消费年均增长 16.8%，2001-2014 年期间年均增长 6.7%，增速放缓，2014 年达到 2338 万吨。

2000 年以后由于天然气的替代，民用液化石油气消费占比缓慢下降。C4 深加工是液化石油气在化工领域的新应用，2008 年后从芳构化装置到异构化、烷基化、甲乙酮、醋酸仲丁酯，再到 2013 年建成的 PDH 装置，短短几年液化石油气的化工利用比例明显缓慢回升。液化石油气在交通领域的用量逐渐增加，但占比不大。

短期内民用液化石油气仍然是液化石油气消费的主体。随着民用天然气的快速替代，未来城市民用液化石油气用量将会下降，但是农村民用液化石油气仍有增长潜力。

未来工业应用是液化石油气需求的主要增长点。PDH 装置还有发展空间，其原料主要是丙烷，目前国内产能达到 210 万吨/年，预计 2020 年增加至 750 万吨/年；之后随着产能扩张，以及煤制烯烃项目的陆续投产，国内丙烯将由供不应求逐渐转为过剩，届时 PDH 装置建设也会趋缓。

预计 2020 年和 2030 年中国液化石油气需求量分别达到 3950 万吨和 4300 万吨左右，2010－2020 年和 2020－2030 年年均增速分别为 5.4% 和 0.9% 左右（如图 7－6 所示）。

（万吨）

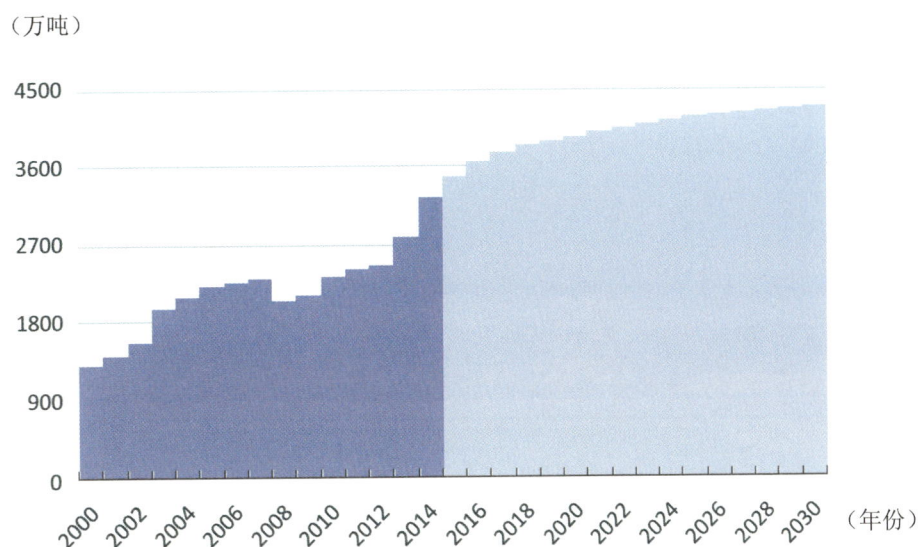

图 7－6　2000－2030 年中国液化石油气消费量

资料来源：项目组。

七、化工轻油需求较快增加，PX 装置陆续投产是主要推动力

"十五"和"十一五"期间中国化工轻油消费年均分别增长 7.3% 和 14.9%，2010－2014 年期间年均增速降至 2.7%，2014 年达到 6176 万吨。目前，化工轻油 80% 左右用作乙烯原料，其他主要用于 PX 原料。

乙烯原料：如前所述，2014 年中国乙烯当量消费 3587 万吨，预计到 2020 年、2030 年将分别达到 4550 万吨和 5600 万吨左右。2014 年，中国乙烯生产能力为 2049 万吨/年，其中煤制和甲醇制烯烃的乙烯生产能力 250 万吨/年，占总能力的 12%。预计到 2030 年，中国的非石油基乙烯生产能力占乙烯总产能的比重将提高至 30% 左右。

PX 原料：如前所述，2014 年中国 PX 当量需求为 1840 万吨，2020 年将增加到 2500 万吨，至 2030 年将达到 3050 万吨左右。2014 年中国 PX 产能为

1209 万吨/年。根据规划，2020 年和 2030 年 PX 产能将分别上升到 2100 万吨/年和 2900 万吨/年左右。2014 年，中国的 PX 产量为 900 万吨，当量需求满足率仅为 48%，缺口巨大。随着国内 PX 装置的陆续投产，未来当量满足率将逐渐上升，2020 年 PX 产量达 1520 万吨，2030 年产量上升至 2300 万吨。

总体来看，2020 年和 2030 年中国化工轻油需求量将分别达到 8280 万吨和 11000 万吨左右，2010 – 2020 年和 2020 – 2030 年的年均增速分别为 4.1% 和 2.9%（如图 7 – 7 所示）。

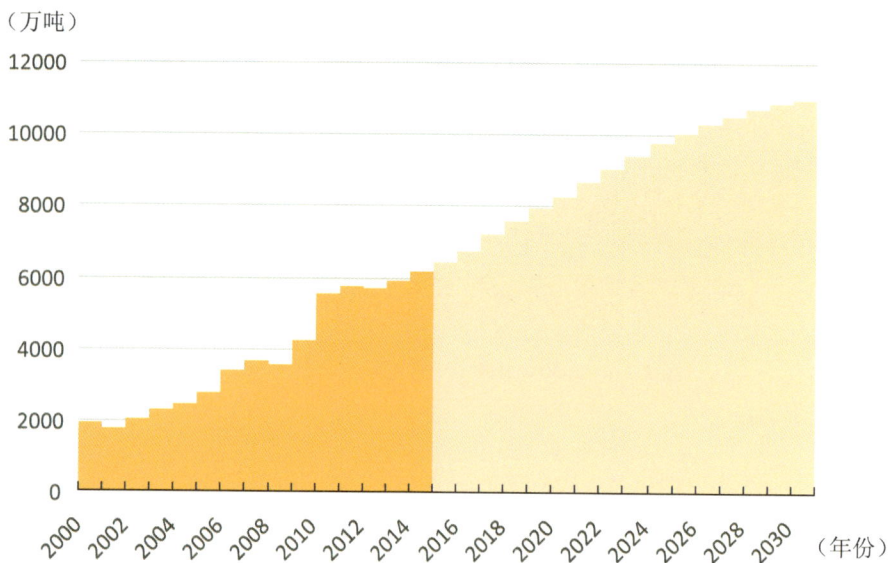

图 7 – 7　2000 – 2030 年中国化工轻油消费量

资料来源：项目组。

八、燃料油需求呈 L 形走势，2030 年保持在 2000 万吨左右

2001 – 2005 年期间，中国的燃料油消费量年均增长 5.1%，2006 – 2010 年期间受天然气替代影响，燃料油消费年均减少 5.9%。而由于地方炼油厂原料需求重新带动燃料油消费，2011 – 2013 年期间中国燃料油消费年均增速回升至 3.2%，2014 年随着地炼加工原油数量增加，燃料油消费降至 3390 万吨。

近年来，燃料油在工业和发电、供热行业受到天然气替代，消费量逐步减少，用于工业和发电、供热行业的燃料油消费量占燃料油消费总量的比重由

2000 年的 76% 下降至 2014 年的 20%。交通领域是未来燃料油需求的主要增长点，用于交通行业的燃料油消费量占燃料油消费总量的比重则由 2000 年的 22% 上升至 2014 年的 35%。随着国家进口原油资质放开，燃料油作为地炼原料的量将逐步减少。

　　未来中国燃料油需求将继续减少，整体呈 L 形走势，2020 年降至 2350 万吨，随后逐步走向稳定，到 2030 年稳定在 2000 万吨左右，且 90% 以上为内贸船用（如图 7－8 所示）。

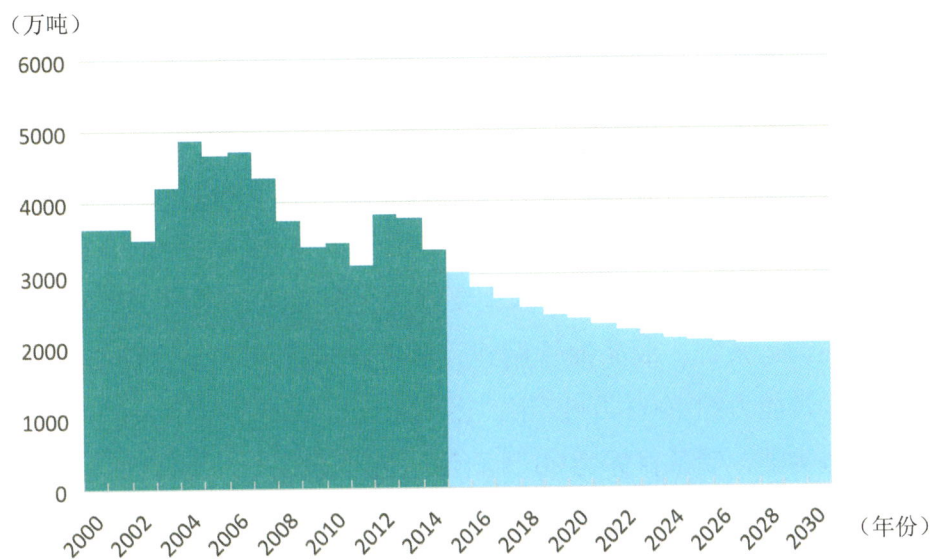

图 7－8　2000－2030 年中国燃料油消费量

资料来源：项目组。

第八章　石油国内供应展望

中国石油剩余资源仍较为丰富，国内供应具备稳定的资源基础。预计2030年之前原油产量保持平稳，2016－2030年期间，原油每五年年均产量分别为2.2亿吨、2.28亿吨、2.3亿吨，最高产量将超过2.3亿吨。2030年中国炼油能力可能达到8.5亿吨/年，未来国内炼油能力供大于求将成为常态，油品需求结构与品质要求均将有新的变化，需要通过炼油结构调整全面提升中国石化行业的竞争力，巩固炼油中心地位。石油储运方面，国内原油和成品油管道建设逐步完善，有望形成覆盖全国主要炼化企业和储备基地、资源灵活调配的综合性原油调运系统；成品油管网建设服务于成品油物流，到2030年增加成品油一次输送能力约5000万吨/年；逐步建成石油储备体系，以政府储备为主、企业储备为辅，储备目标为90天石油净进口量。

一、石油国内供应具备稳定的资源基础，东部沿海和新疆剩余资源丰富

根据2015年5月6日国土资源部发布的《2013年全国油气资源动态评价》，全国常规石油地质资源量1085亿吨，可采资源量268亿吨，与2007年的评价结果相比，分别增加了320亿吨、56亿吨，分别增长42%、26%；已累计探明360亿吨，探明程度33%，处于勘探中期。

根据2015年4月16日国土资源部发布的2014年中国矿产资源新增储量及节约与综合利用情况，全国石油勘查新增探明地质储量为10.61亿吨，第8次超过10亿吨，处于稳定增储期，但同比下降2%。在新增探明地质储量中，大于1000万吨的中型以上储量规模油田共25个，合计新增探明地质储量

86748 万吨，占总量 82.6%，新增探明地质储量仍以大中型油田为主，其中中国石油长庆新安边油田新增探明石油地质储量过亿吨。全年石油新增探明技术可采储量 1.87 亿吨，同比下降 7.4%。

根据《2013 年全国油气矿产储量通报》的统计数据，2013 年中国石油剩余经济可采储量为 25.5 亿吨，较上年增加 0.3 亿吨；石油剩余经济储采比为 12.2 年，与 2012 年持平（如图 8-1 所示）。

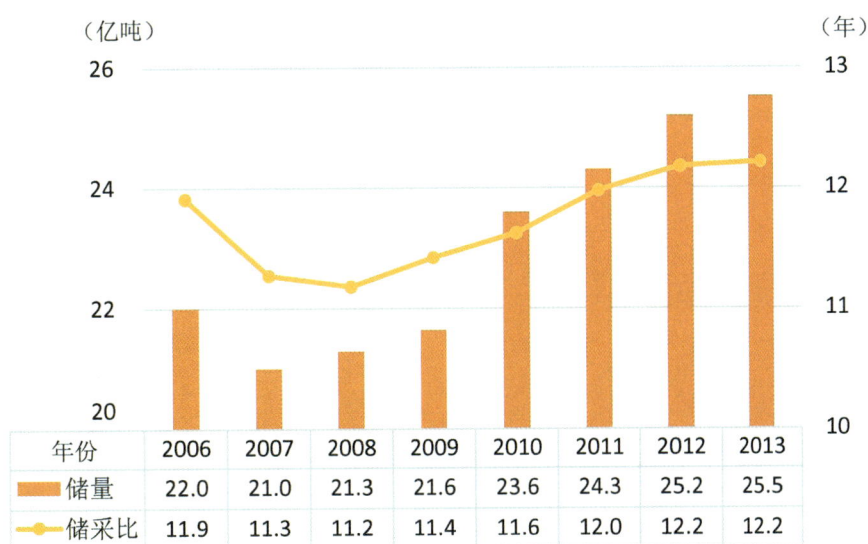

（亿吨）　　　　　　　　　　　　　　　　　　　　　　（年）

年份	2006	2007	2008	2009	2010	2011	2012	2013
储量	22.0	21.0	21.3	21.6	23.6	24.3	25.2	25.5
储采比	11.9	11.3	11.2	11.4	11.6	12.0	12.2	12.2

图 8-1　2006-2013 年中国石油剩余经济可采储量与储采比

注：石油剩余经济可采储量绘制于主纵坐标轴，石油储采比绘制于次纵坐标轴。

资料来源：国土资源部，历年《全国油气矿产储量通报》。

从产油盆地看，原油剩余经济可采储量最高的是渤海湾盆地，剩余经济可采储量占全国原油剩余经济可采储量的 23.4%；其次是松辽盆地、鄂尔多斯盆地、渤海海域和准噶尔盆地，这五大盆地原油剩余经济可采储量总和占全国原油剩余经济可采储量的 82.8%。五大盆地中，原油产量最高的为渤海湾盆地，原油剩余经济储采比最高的为准噶尔盆地（如表 8-1 所示）。

表 8-1　2013 年中国分盆地原油剩余可采储量与储采比

单位：万吨，年

指标 地区	剩余技术 可采储量	剩余技术 储采比	剩余经济 可采储量	剩余经济 储采比	原油产量
全国	328248	16.8	248525	12.7	19499
松辽盆地	65173	14.5	50278	11.2	4487
海拉尔盆地	3933	92.5	3011	70.8	43
依兰伊通盆地	1163	34.7	958	28.6	33
二连盆地	3634	33	2542	23.1	110
彰武盆地	143	26.8	86	16.1	5.3
银根盆地	111	149.4	74	99.9	0.7
渤海湾盆地	81920	16.8	58198	11.9	4885
苏北盆地	3276	15.9	2115	10.2	207
江汉盆地	1304	16.3	583	7.3	80
南襄盆地	2431	15.1	1523	9.4	161
鄂尔多斯盆地	55768	20.2	41826	15.1	2768
四川盆地	14	1.7	-36	-4.3	8.4
准噶尔盆地	29200	22.8	22270	17.4	1280
吐哈盆地	4081	27.4	1799	12.1	149
焉耆盆地	86	19.6	34	7.7	4.4
塔里木盆地	18293	16.7	14155	12.9	1097
三塘湖盆地	922	76.1	635	52.4	12
柴达木盆地	6261	29.2	3437	16	215
酒西盆地	1330	31.6	787	18.7	42
酒东盆地	78	8.7	47	5.3	8.9
民和盆地	22	—	16	—	0
三水盆地	14	197.9	13	180.7	0.07
百色盆地	135	37.5	42	11.7	3.6
景谷盆地	12	—	3.6	—	0
渤海海域	36842	14.4	33305	13	2559
东海盆地	504	75.9	498	75.1	6.6
珠江口盆地	8020	7.3	7237	6.6	1097
北部湾盆地	3577	15.2	3090	13.1	236

资料来源：国土资源部，《2013 年全国油气矿产储量通报》。

　　"十五"以来，中国石油探明储量进入高位平台，年均新增探明地质储量超过 10 亿吨，可持续到 2030 年。东部地区对石油储量的增长贡献逐年下降，中西部地区和海域逐年上升，到 2030 年石油探明储量将呈现东部、中西部和海域各占 1/3 的格局。

　　2030 年之前，中国的年探明石油地质储量仍保持较高水平，其中 2014 - 2015 年年均探明储量 12.35 亿吨；2016 - 2020 年年均探明储量 12.57 亿吨；2021 - 2030 年年均探明 11.68 亿吨。2014 - 2030 年可累计探明储量 204 亿吨，年均探明储量 12.04 亿吨。按石油地质资源量 1084.77 亿吨考虑，2030 年的资源探明程度为 51.7%，属于勘探的中期。

二、2030 年前原油产量保持平稳，最高产量约为 2.3 亿吨/年

　　2014 年中国原油产量 2.10 亿吨，比 2013 年增加 138 万吨，同比增长 0.6%，连续 5 年保持 2 亿吨以上。主力油田产量保持了稳定增长，大庆、胜利、渤海、长庆、延长、新疆、辽河油田原油产量均超过 1000 万吨。大庆油田原油产量连续 12 年保持 4000 万吨以上，胜利油田连续 14 年保持 2700 万吨以上，渤海海域、长庆油田、新疆油田、辽河油田石油产量分别达到 2611 万吨、2505 万吨、1180 万吨、1122 万吨。

　　分地区看，未来东部地区将以松辽、渤海湾盆地为重点，主要是挖潜稳产，通过积极发展先进采油技术，努力提高原油采收率，产量保持稳定或缓步减少；中西部地区将以鄂尔多斯、四川、塔里木、准噶尔等盆地为重点，逐步成为增储上产接替区；海域将以渤海、东海和南海北部等为重点，通过开拓深水和南海中南部海域油气资源勘查，争取稳步提高产量。

　　2015 年中国原油产量为 2.15 亿吨，同比增长 1.5%。预计 2030 年之前，中国原油产量保持平稳，2020 年为 2.24 亿吨，2025 年为 2.30 亿吨，2030 年 2.28 亿吨，峰值产量将超过 2.3 亿吨。2016 - 2030 年期间，中国原油每五年年均产量分别为 2.20 亿吨、2.28 亿吨、2.30 亿吨（如图 8 - 2 所示）。

年探明地质储量（10^8t）　　　　　　　　　　　　　　　　　　年产量（10^4t）

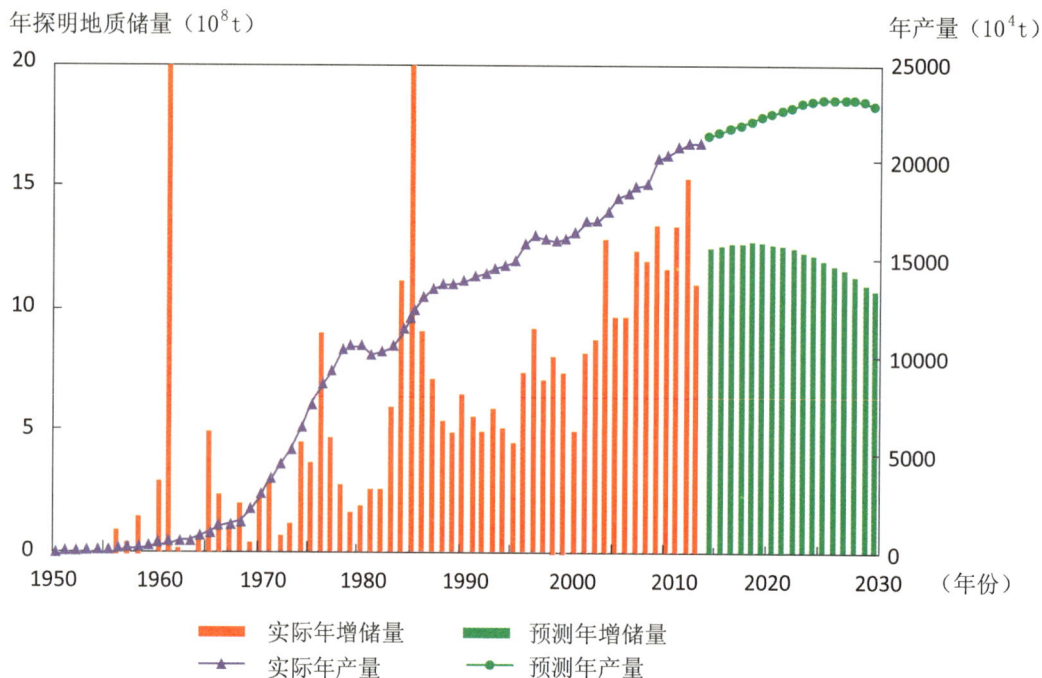

图 8-2　中国原油探明地质储量与产量增长趋势预测图

资料来源：国土资源部。

三、2030 年炼油能力可能达到 8.5 亿吨/年，炼油中心地位进一步巩固

2000 年以来，中国的炼油能力保持稳步增长。截至 2014 年底，全国炼油能力已达 7.56 亿吨/年，2000-2014 年年均增长 7.3%。2014 年全国炼厂数量达到 241 家，炼厂平均规模提高到 314 万吨/年。炼油总规模仅次于美国，位居世界第二（如图 8-3 所示）。

从国内原油加工情况来看，2000 年中国原油加工量 2.11 亿吨，2014 年提升至 5.03 亿吨，2015 年为 5.22 亿吨。2010-2015 年期间，受国内经济增速明显回落，成品油需求增速降低影响，原油加工量年均增幅仅 4.3%，开工率大幅下降，2014 年仅为 67%。国内炼油能力过剩态势明显。其中，中国石油、中国石化两大集团开工负荷较高（为 80%-90%），地方炼厂较低（为 30%-40%）。

从炼油地区布局看，除了山西、云南、贵州、重庆、西藏等少数省（市、

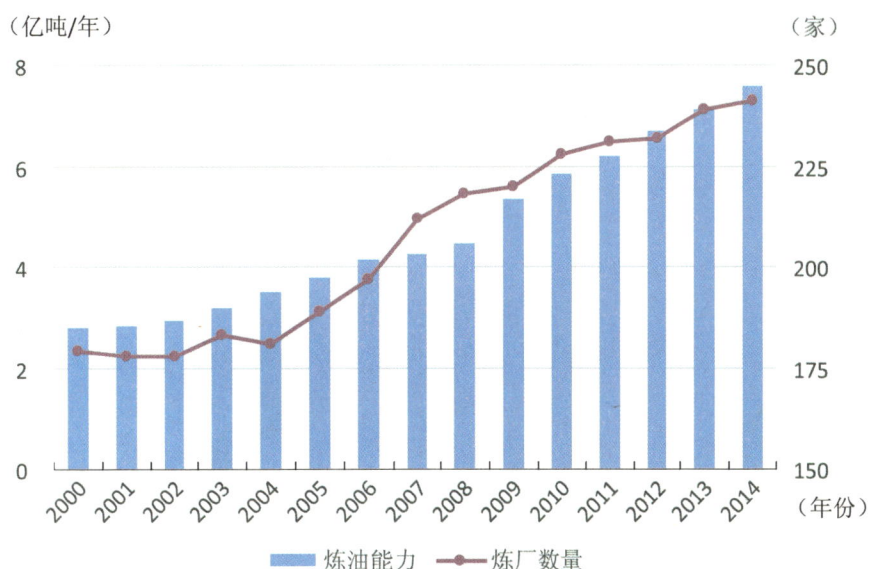

图 8 – 3　2000 – 2014 年中国炼油能力及炼厂数量

注：炼油能力绘制于主纵坐标轴，炼厂数量绘制于次纵坐标轴。

资料来源：项目组。

自治区）没有炼厂外，中国多数地区均建有炼油装置。中国炼厂主要分布在东部和中部地区，两大地区的加工能力占全国总量的 86% 左右，西北和西南地区加工能力合计仅占 14%（如图 8 – 4 所示）。

从炼油竞争格局来看，炼油生产环节以两大集团供应为主，其他国有炼油企业及地方炼厂快速发展，呈现出多元化态势。在 2014 年全国炼油能力中，两大集团约占比 62%，其他国企约占比 14%，其他地炼约占比 24%（如图 8 – 5 所示）。

油气体制改革是"十三五"全面深化改革的重要内容之一，政府将公布实施"石油天然气体制改革总体方案"，有望放宽油气全产业链市场准入以及放开各环节的价格管制。目前，已有 11 家地炼企业获得 4919 万吨原油进口使用权，商务部已经明确 2016 年非国营贸易进口允许量为 8760 万吨，较 2015 年增加 5000 万吨，地方炼厂提高原油加工量的冲动明显。同时，成品油进出口放开和成品油定价权放开也意味着今后市场竞争会更加激烈，企业也需要提升自身竞争力。从需求端看，预计到 2020 年国内成品油需求在 3.6 亿吨左右，考虑部分出口，所需原油加工量约为 6.2 万吨，但未来几年惠州二期、昆明石

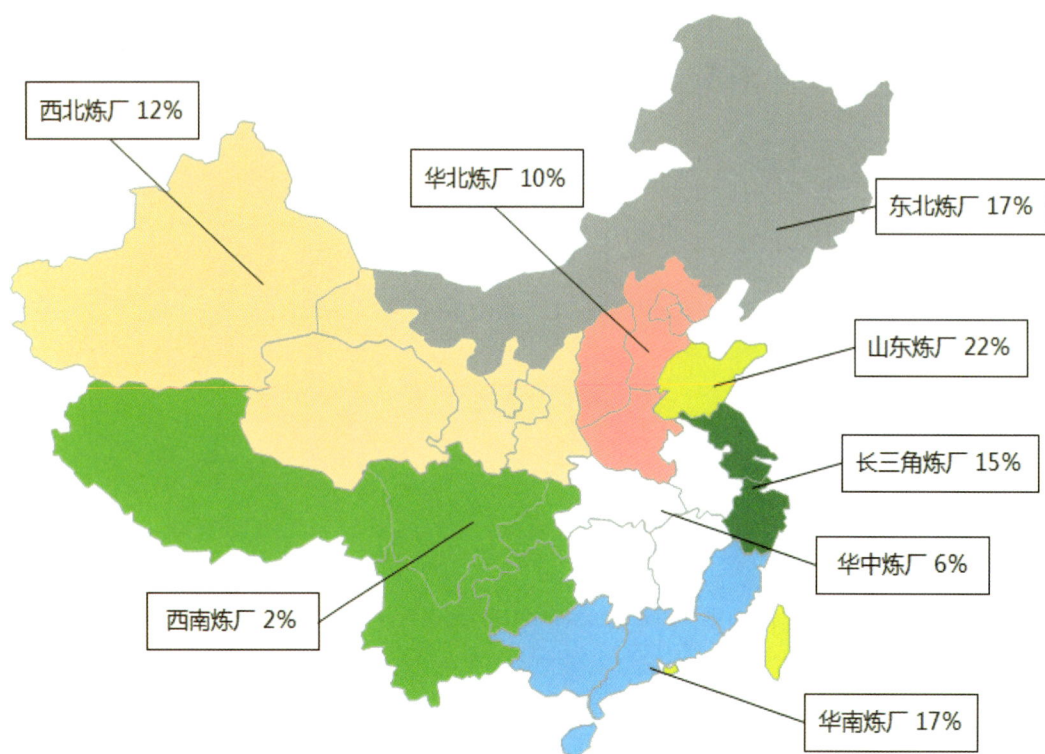

图 8-4 2014 年全国炼油分地区产能比例分布图

资料来源：项目组。

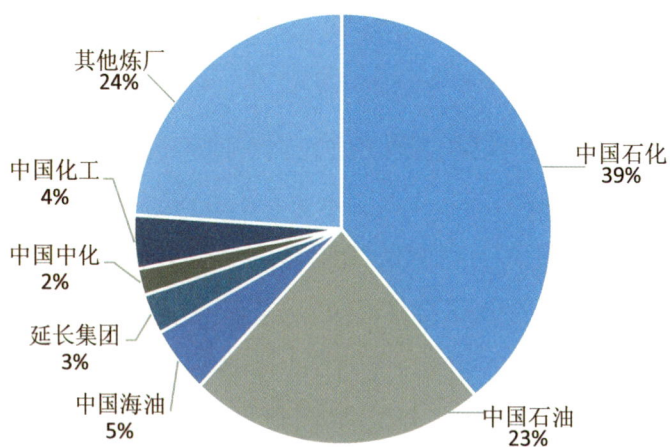

图 8-5 2014 年中国炼油产能格局

资料来源：项目组。

化新建、华北石化、大榭石化扩建等项目均将投产，"十三五"末期全国炼油规模将突破8亿吨/年，能力过剩将成为常态。

未来国内炼油总能力大于总需求将成为新常态；油品需求结构与品质要求将有新变化；节能减排、实现低碳绿色循环发展也对石化行业发展提出新要求。需要优化炼油结构提升中国竞争力。到2030年中国炼油中心地位进一步巩固，炼油产业整体达到世界领先水平。

炼油产业的发展思路：一是需要统筹规划、优化炼油布局及相应基础设施建设，以保障国家能源安全；二是以有效满足国内成品油需求为依据，确定中国炼油工业布局和基础设施建设目标；三是新增炼油能力主要依托具备条件的既有企业扩大单厂规模，必要的新建产能要依托较好的资源、市场和基础设施等条件；四是需要充分考虑环境条件，注重环境保护、提供清洁产品。

炼油产业发展还需要控制规模，提高集中度。2014年9月颁布的《石化产业规划布局方案》提出，到2020年全国炼油综合加工能力7.9亿吨/年，2025-2030年炼油达到8.5亿吨/年。集聚建设上海漕泾、浙江宁波、广东惠州、福建古雷、大连长兴岛、河北曹妃甸、江苏连云港等七大基地，其炼油、乙烯和芳烃产能分别占全国总量的40%、50%和60%。根据市场变化，主营单位首先提出调整炼油投资计划。如"中国石油"推迟揭阳石化建设时间，大连西中岛等炼油项目建成投产时间延迟至"十四五"期间；"中国石化"取消燕山石化的800万吨扩能计划，推迟了镇海炼化二期建成投产时间；山东省已做出了淘汰落后产能1200万吨的初步安排等。

此外，中国炼油业还需要调整装置结构，提升油品质量。按政府要求，自2017年1月将实施国V标准，硫含量降至10ppm，与现行欧洲标准一致。政府正在进一步研究判定国VI标准汽柴油，拟在2019年实施。以上系列举措给炼油企业带来了装置改造、工艺改进、投入增加等巨大压力。与此同时，炼厂还要调整产品结构，以适应市场需求变化。随着新型煤化工的发展，传统炼化一体化模式正面临新挑战，并将可能出现煤、气、油炼化综合一体化的新模式雏形。未来将借助千万吨级炼油厂和大型乙烯工程改扩建及新建项目，实施炼化产业链之间的资源整合和优化，提升资源利用效率，降本增效，实现炼化协同发展。

从绿色可持续发展角度看，中国炼油业还需不断加大节能减排技术和能量系统优化技术的研发应用，加强新技术、新设备的研发应用，淘汰落后工艺技术和产能，同时采用清洁化生产工艺，推进清洁生产、绿色生产，从生产过程、源头上减少污染物排放。

四、原油和成品油管道建设逐步完善，到 2030 年增加成品油一次输送能力约 5000 万吨/年

中国原油供应的总体流向为：西油东运、北油南下、就近供应及海油登陆。原油干线管道包括：从俄罗斯进口的原油通过中俄管线输入东北地区，再通过庆铁线、铁大线、铁抚线、铁秦线将东北油田原油送往大连、抚顺、盘锦和锦州等东北地区炼厂；秦京线将东北原油输往燕山石化等华北地区炼厂；东黄线、鲁宁线、甬沪宁线、仪长线将胜利油田原油及沿海进口原油送往华东及中部沿江炼厂；海上原油和远洋进口原油主要通过近海码头上岸，华东地区进口原油再通过甬沪宁线管线和仪长线进入沿江企业；中哈原油管线将哈萨克斯坦原油输往西北境内，西北的阿独线、克乌线、独乌线、乌兰线将西北地区原油和哈萨克斯坦原油输往西北炼厂和四川炼厂。

截至 2015 年底，中国已累计建成原油管道 2.07 万公里。目前，国内原油运输已初步形成了位于东北、华北、华东和中南地区的东部输油管网；西北各油田内部管网也相对完善（如图 8-6 所示）。未来国内原油管道建设重点是：加强陆路石油战略通道建设；做好油田原油外输配套能力建设，确保上产油田原油外输通畅；适当发展沿海原油调配设施，以实现原油采购的多元化和企业原油加工的稳定性。到 2030 年，形成以油田和大型原油码头为中心，以东北、西北、华北、华东、西南、沿海及沿江地区原油储运管网为纽带，逐步形成覆盖全国主要炼化企业和储备基地、资源灵活调配的综合性原油调运系统，完善油田至炼厂的原油管道。

截至 2015 年底，中国已建成成品油管道 2.11 万公里，成品油管道与东北成品油下海南运航线初步构成全国性的成品油骨干管网。目前，中国成品油供应的总体流向为"西油东运、北油南下"（如图 8-7 所示）。

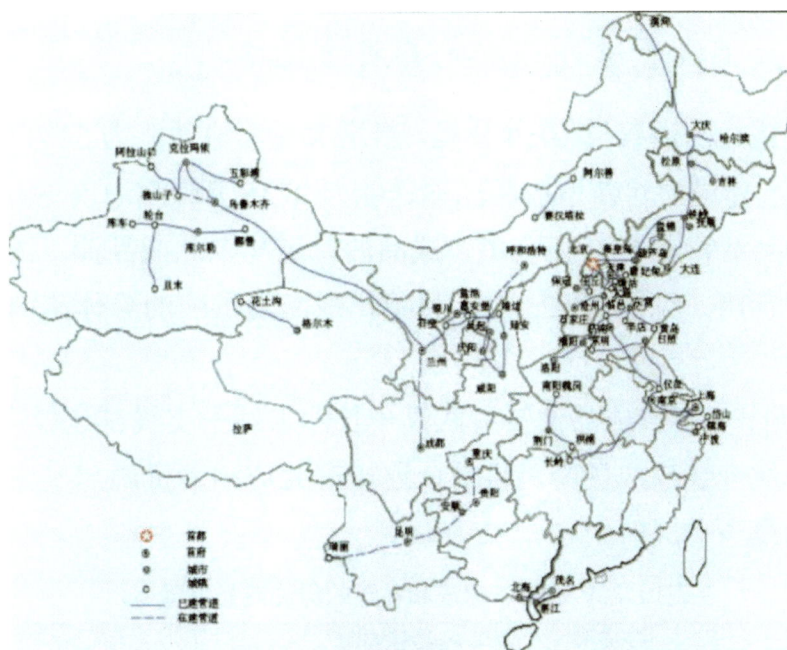

图 8 – 6　中国主要原油骨干管网分布图

资料来源：《2014 年国内外油气发展报告》。

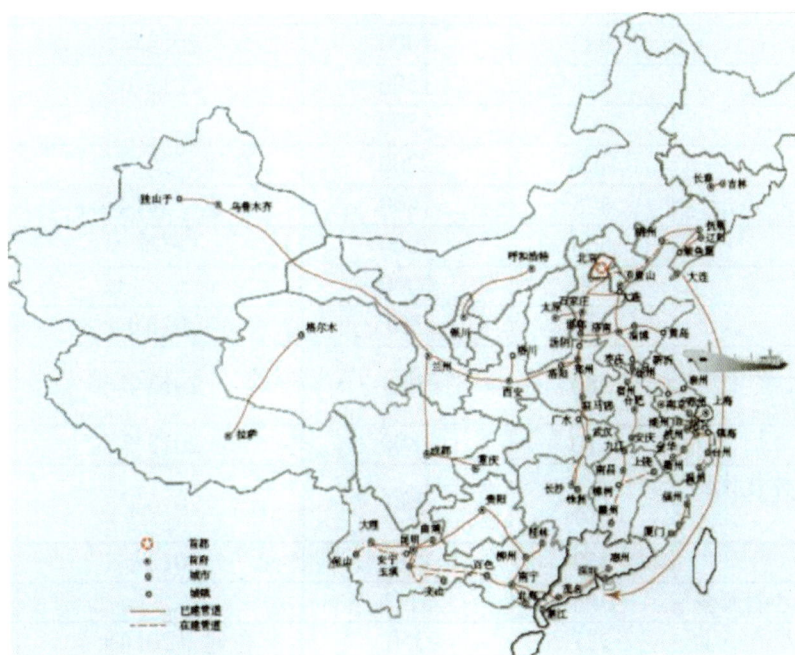

图 8 – 7　中国主要成品油骨干管网分布图

资料来源：《2014 年国内外油气发展报告》。

由于中国石油、中国石化两大集团的成品油资源与主要消费市场重合度不同，因此其成品油管道建设呈现不同的特点。中国石油注重战略性成品油长输管网建设，包括西北炼厂成品油外运的克乌线、独乌线、乌兰线和兰成渝管道，东北炼厂成品油外运入关的抚营线，以及仍在加紧建设中的锦郑管线等。中国石化成品油管道建设则更注重成品油消费市场区域管网建设，在山东、河南、广东、江西、云南、江苏、浙江和湖南等地不断加强和完善区域管网，当然也包括部分跨区域管网，例如西南管线等。

未来中国成品油储运体系建设重点是：建设沿海炼化基地至内陆市场腹地的成品油管线；建设跨区成品油长输调运管线；建设完善短途成品油运输管网；发展区域性成品油储存调配中心。

2030 年中国将建成京津冀—河南—山西、长三角—安徽—江西、珠三角—西南地区的成品油管线，增加成品油一次输送能力约 5000 万吨/年，实现东南沿海成品油管道的全线连通；建设兰—郑—长成品油管道，锦州—郑州成品油管道，跨区输送西北和东北过剩成品油；完善环渤海、东北、长三角、沿江、珠三角、西北等地区域性成品油管网，提高成品油管输比例；在沿海炼化基地和内陆成品油管道集输站，建设面向多组分资源的成品油储存调配中心，以实现管道整体运行的优化。

五、石油储备体系逐步建成，储备目标为 90 天石油净进口量

近年来，中国战略石油储备和商业石油储备已形成相当规模。截至 2015 年底，已形成 4.95 亿桶储备能力。其中，国家战略石油储备能力达到 1.80 亿桶；商业石油储备能力达到 3.15 亿桶。商业石油储备基地已建成 26 个，在建商业石油储备基地 6 个、储备能力 5754 万桶。

中国石油储备采取政府储备为主、企业储备为辅的策略，以政府储备和中国石油、中国石化、中国海油三大公司的企业储备作为中国的基本石油储备，稳定国家石油供应。

按照国务院批准的《国家石油储备中长期规划（2008－2020 年）》，中国将用 15 年时间分三期完成油库等石油储备硬件设施建设。储量大致是：第一

期为 1000 万吨至 1200 万吨，约等于中国 30 天的石油净进口量；第二期和第三期分别为 2800 万吨。

列入国家石油储备一期规划的有镇海基地、舟山基地、黄岛基地、大连基地等四个项目，储存容量分别为 520 万立方米、500 万立方米、320 万立方米和 300 万立方米。一期四大基地共计 1640 万立方米，于 2004 年开始建设，目前已基本完成。

第二期工程于 2009 年开始启动，新建八大储备基地（天津、锦州、兰州、独山子、广州、深圳等 8 个城市入选），将新增储备能力 2680 万立方米，加上一期工程，总计 4320 万立方米，相当于 4000 万吨原油，约合中国 40 天的石油净进口量。"中国石化"将配套自建 320 万立方米原油商业储备库和 200 万立方米成品油商业储备库，总投资达 100 亿元。此外，国家发展改革委已批准位于浙江舟山的战略石油储备基地增加 250 万吨的储备容量，作为第二批战略石油储备基地建设计划的一部分。

第三期工程至 2020 年前后，将把储备能力提高至 62500 万桶（约 8500 万吨），形成相当于 90 天的净石油进口量，即国际能源署（IEA）规定的战略石油储备能力的"达标线"。此外，中国还准备建设一座大型地下石油储备设施，储备能力将达到 4400 万桶（约合 600 万吨）（如表 8 - 2 所示）。

表 8 - 2　中国国家石油储备发展目标

阶段	计划完成时间	万桶	万吨	相对于进口量的天数	相对进口年份
第一阶段	2008 年	10000	1350	30 天	2007 年
第二阶段	2015 年	30000	4000	40 - 42 天	2015 年
第三阶段（原计划）	2020 年	50000	6800	70 - 72 天	2015 年
第三阶段（调整）	2020 年	62500	8500	90 天	2015 年

资料来源：《国家石油储备中长期规划（2008 - 2020 年）》。

从储备布局看，为节约投资、降低成本，原油储备布局除了尽可能接近以炼制进口原油为主的石油化工企业，还要尽可能与已有的原油码头和管网相连接。成品油储备布局则应靠近市场，并与已有成品油管网及销售网络相连接。从成品油需求看，华东、中南、华北是消费大区；从油品流向看，东北、西北、华东的炼油能力除满足本地区外，还有一定富余可供应华北、中南地区。因此，成品油储备除了在东北、西北、华东的主要外输点上建设储备能力外，还可在华东、中南、华北市场需求密集地区建设一定的储备能力，保证成品油的安全稳定供应。

第九章　石油国际贸易展望

　　未来全球石油需求增长将主要来自经济增长较快的非 OECD 国家，石油供应相对充足，全球石油可能长期供大于求。在"北美非常规油气革命"和"全球炼油业格局调整"两大因素推动下，世界石油贸易流向将逐渐由西向东转移。展望期内，从石油需求、原油产量和炼油能力看，2020 年中国的石油进口量将达到约 4 亿吨，占世界原油贸易量的 10%，2025－2030 年期间，中国年均石油进口量将在 4.8 亿吨上下，对外依存度不断上升，中长期内中国的石油对外依存度有望控制在 70% 以内。而根据对世界主要产油国未来原油生产情况的分析，2020 年之前中国的原油进口增量将来自中东、非洲、前苏联和中南美地区，2020 年之后增量将主要来自中东和美洲地区。未来中国的石油贸易政策将进一步开放。

一、石油需求增长主要来自非 OECD 国家，全球石油可能长期供大于求

　　根据 IMF 预计，2015－2020 年世界经济年均增速为 3.2%，其中发达经济体年均增长 2.1%，新兴市场国家年均增长 5.1%。经济增长将拉动石油需求增长，预计"十三五"期间，世界石油需求年均增量为 115 万桶/日，年均增速为 1.2%，增量略高于"十二五"期间的增长水平（年均增量为 80 万桶/日），但低于"十一五"期间的增长水平（年均增量为 170 万桶/日）。2020 年世界石油需求总量将超过 9900 万桶/日。从需求增长来源看，"十三五"期间世界石油需求增量仍主要来自非 OECD 国家和地区，OECD 国家石油需求或小幅下降。

　　从供应能力看，全球石油探明储量主要分布在中东、中南美和北美，2014

年石油储采比达到 52.5，未来随着上游投资增加，还有增产潜力。根据 IEA 的预计，"十三五"期间世界石油供应增速将超过同期世界石油需求增速。预计到 2020 年，世界石油供应能力将达 1 亿桶/日左右。

从供应来源看，世界石油供应仍然较为集中。非 OPEC 国家中，原油增产主要来自美国、加拿大、巴西、哈萨克斯坦、俄罗斯和中国六个国家。而以沙特为代表的 OPEC 国家产量政策从"限产保价"转向维护市场份额，这一趋势或将持续至"十三五"时期。但随着 OPEC 国家内部需求增长以及石油产业链延伸，未来其用于出口的原油资源尤其重油资源将呈现下降态势。在 OPEC 内部，"十三五"期间新增供应将主要来自沙特、伊拉克和伊朗等国；其中沙特仍是 OPEC 最主要的产油国，随着供应增加，其有效剩余产能将减少；伊拉克具备最大的增产潜力，但受国内局势动荡、上游勘探开发政策限制等因素影响，中长期增产目标继续下调；伊朗、利比亚等国原油出口受地缘政治局势影响，存在较大不确定性。

表 9 – 1　2020 年前全球石油供需变化趋势

单位：百万桶/年

年份	2012	2013	2014	2015	2020
OECD 国家需求	45.9	46.0	45.6	45.6	45.1
非 OECD 国家需求	44.8	45.9	47.0	47.8	52.7
需求合计	90.7	91.9	92.6	93.3	99.1
非 OPEC 国家供应	53.3	54.6	57.0	57.3	60.0
OPEC 国家供应	37.5	36.6	36.6	36.8	39.3
供应合计	90.9	91.2	93.7	94.1	99.3
供需差	0.2	– 0.7	1.1	0.8	0.2

资料来源：国际能源署，项目组。

总体上看，2020 年前全球石油供大于求是大概率事件，只是过剩量在逐步缩小，油价缓步回升。2020 年以后 OPEC 增加的产量开始滞后于市场需求增长，美国致密油产量会有短暂恢复增长。此后将是市场降温，油价回落。随着全球市场寻求新平衡，石油行业需要投资激励长期发展。

联合国认为，未来有必要大幅减少使用化石燃料以保护地球，避免气候变化带来灾难性后果。具体措施包括提高汽车的燃料效率，工业转向低污染能源（如天然气、生物燃料、太阳能、风电）等。这一切意味着石油需求在未来几十年将趋于平稳。BP 近日称，未来几十年世界不再有油气用光的风险，现有技术能够开采出大量化石燃料，到 2050 年全球储量几乎可以翻一番，达 4.8 万亿桶油当量，凭借新的勘探项目和技术，资源量甚至可达 7.5 万亿桶油当量。因此，全球石油供大于求的情况可能会长期存在，虽然部分时段市场会出现波动。

二、页岩油革命和炼油格局深刻调整，推动全球石油贸易重心由西向东转移

未来世界石油贸易格局继续深刻调整。"北美非常规油气革命"和"全球炼油业格局调整"是推动格局变化的两个重要引擎。

随着美国国内页岩油供应增加，目前原油产量已经比 2008 年低谷增长近一倍，进口原油比高峰时减少 1/3，原油对外依存度降至 50% 以下。除了进口加拿大的原油增加以外，美国进口原油数量逐步减少（如图 9 - 1 所示）。

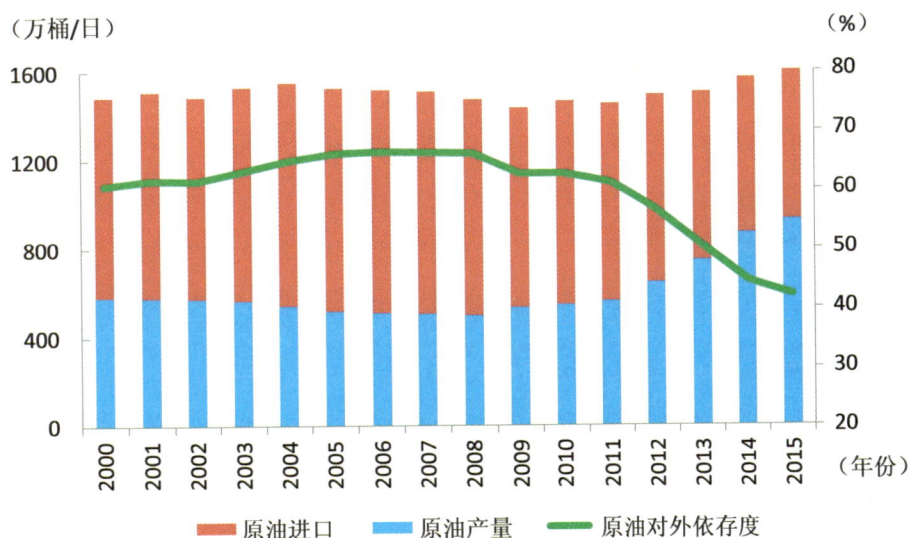

图 9 - 1 2000 - 2015 年美国原油供应情况

资料来源：EIA。

2000 – 2014 年间，全球炼油能力从 42.1 亿吨/年增长到 47.3 亿吨/年，年均增长 0.8%。未来 5 – 10 年世界经济复苏缓慢，炼油能力增速放缓，炼油工业格局也将发生变化：美国炼油继续借助页岩油产量增长契机继续扩能；中东地区尽管一些项目延期，炼油能力仍将快速增长；印度炼油规模大型化，今后的能力增长略有放缓；欧洲、澳大利亚以及日本等地炼油工业则处于重组和调整阶段。预计到 2025 年，全球炼油能力将增至 50.4 亿吨/年，2014 – 2025 年年均增长 0.6%（如图 9 – 2 所示）。

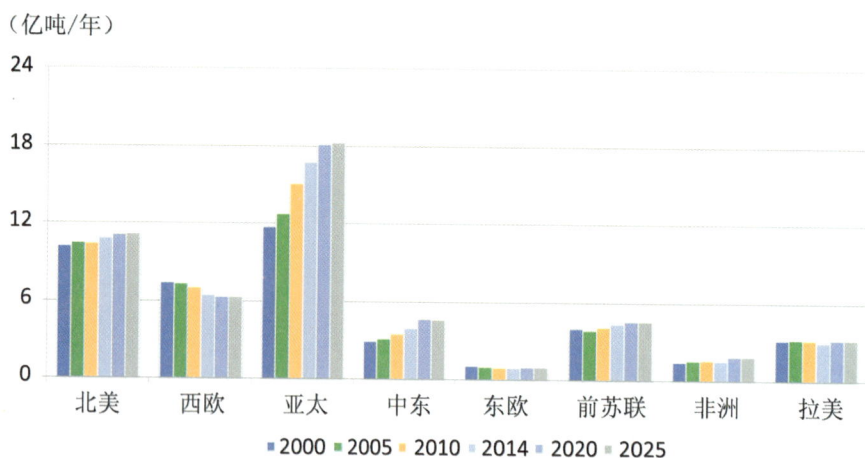

图 9 – 2　2000 – 2025 年世界各地区炼油能力变化趋势

资料来源：IHS。

由于美国原油进口明显减少，亚太地区炼油能力增长，全球石油贸易重心将持续东移。根据 BP 统计，2008 – 2014 年中东原油流向美国、欧洲、日本减少，流向中国大幅增加；非洲、中南美原油流向美国大幅降低，流向中国、印度增加；前苏联原油流向美国、欧洲减少，流向中国、日本增加。今后还将大体保持这种趋势（如图 9 – 3 所示）。

三、2030 年中国石油进口量约 4.8 亿吨，对外依存度约 68%

20 世纪 90 年代以来，中国经济持续稳定高速增长，经济结构发生了较大变化，农业比重不断减少，工业、特别是重工业和化工工业得到快速发展，占经济总量的比重快速上升，这一时期的石油消费增长也最快。中国 1993 年成为石油净进口国，1996 年成为原油净进口国，从而告别了石油自给自足的年代。由于国内自产原油增长缓慢，中国石油消费对外依存度自 2006 年以来连续 9 年上升，2014 年中国石油消费对外依存度约为 60%（如图 9 - 4 所示）。

图 9 - 3　2020 年原油贸易流向和 2014 - 2020 年增长量（百万桶/日）

资料来源：IEA。

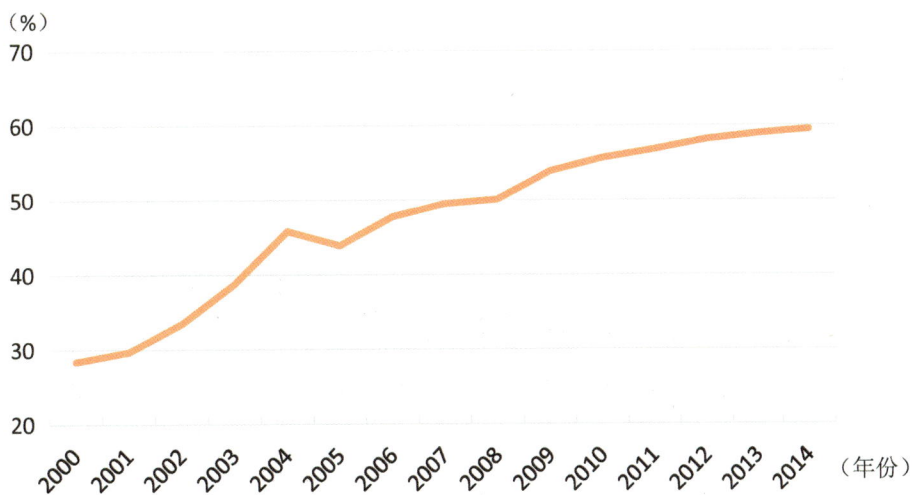

图 9 - 4　2000 - 2014 年中国石油对外依存度变化趋势

资料来源：项目组。

2015 年中国石油（包括原油和石油制品）进口量为 3.65 亿吨，2010 – 2015 年期间年均增长约 8%，占世界原油贸易总量的 13% 左右；2020 年中国石油进口量约为 4.0 亿吨，2015 – 2020 年期间年均增长 3%，约占世界原油贸易总量的 10%，增量将保持在每年 1500 万吨左右；预计 2025 – 2030 年期间，中国年均石油进口量将在 4.8 亿吨上下。本展望期内，中国成品油出口总量可能略有增加，但国际市场整体也是供大于求的形势，可供的市场增量空间不大，且成品油出口增长过多还可能带来一些问题。一是进口原油增加，炼油加工增长加大国内环保压力；二是成品油出口增加会打压周边市场价格，反过来影响中国炼厂效益。据此计算，2020 年中国石油对外依存度约为 64%，2030 年为 68% 左右，中长期内中国石油对外依存度有望控制在 70% 以内。

四、原油进口来源多元化，但仍以中东为主

从进口来源情况看，目前中东和非洲在中国的进口原油中所占份额最大，来自中东地区的原油占比超过 50%，从中南美和前苏联进口的原油量稳定增长。中国原油的主要进口国有沙特、安哥拉、俄罗斯、阿曼、伊拉克和伊朗，其中沙特、安哥拉和俄罗斯合计占 40%（如图 9 – 5、图 9 – 6 所示）。

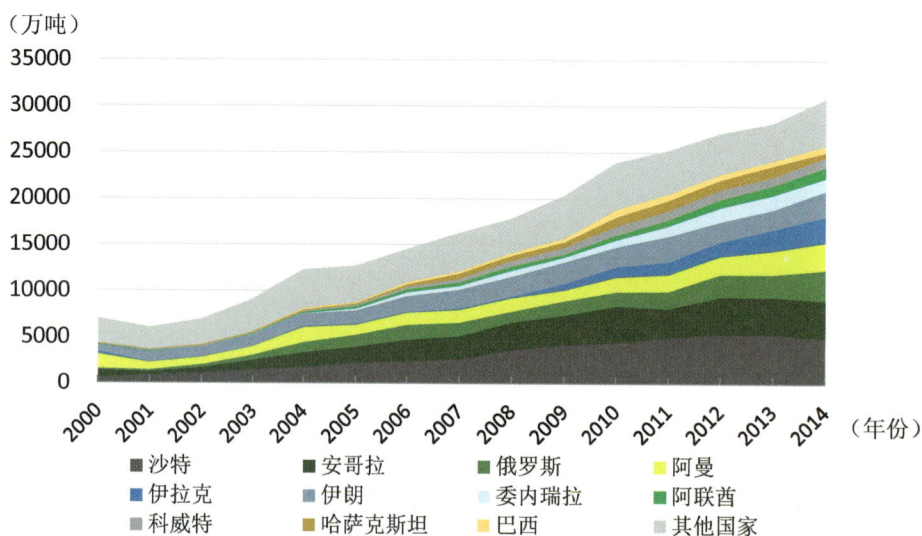

图 9 – 5　2000 – 2014 年中国原油进口量及来源国

资料来源：海关总署。

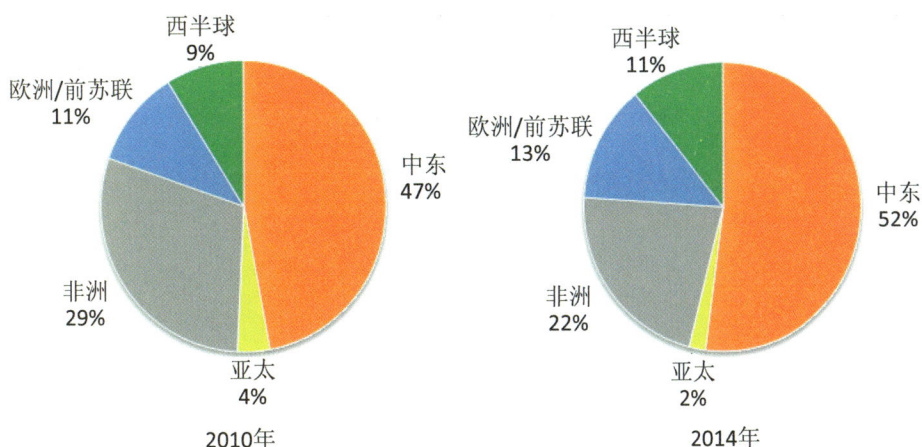

图 9-6　2010 年与 2014 年中国进口原油来源结构对比

资料来源：海关总署。

　　未来世界各个国家和地区的原油生产变化情况不一，也将影响展望期内中国的原油进口来源变化情况，具体分析如下：

　　中国在中东地区的石油进口来源国主要是沙特、伊朗和伊拉克。沙特是世界上最大的石油生产国和出口国之一。截至 2014 年底，沙特探明原油储量 367 亿吨，居世界第 2 位，占世界探明原油储量的 16%。2014 年沙特原油产量 940 万桶/日，仅次于俄罗斯居世界第二位，占世界的 13%，但其原油出口量居世界第一位。

　　以沙特为代表的 OPEC 国家的原油产量政策从"限产保价"转向维护市场份额，去年下半年至今维持高产，这一趋势或将持续至"十三五"时期。但随着其国内石油需求增长以及石油产业链延伸，未来其用于出口的原油资源尤其重油资源将呈现小幅下降态势。2020 年以后，由于非 OPEC 国家原油产量增长乏力，沙特可能再次增加产量（如图 9-7 所示）。

　　伊朗是世界第四大石油生产国、OPEC 第二大石油输出国。2014 年末，伊朗拥有探明石油储量 217 亿吨，居世界第 4 位，仅次于委内瑞拉、沙特和加拿大，约占全球总量的 9.3%。因伊朗现有油田的平均采收率相对较低，故其石油产量提升具有很大潜力。

　　由于两伊战争对伊朗的石油生产能力造成了巨大破坏，再加上长期以来遭受西方制裁等原因，使得伊朗的石油生产能力远低于伊斯兰革命前的最高水

（百万桶/日）

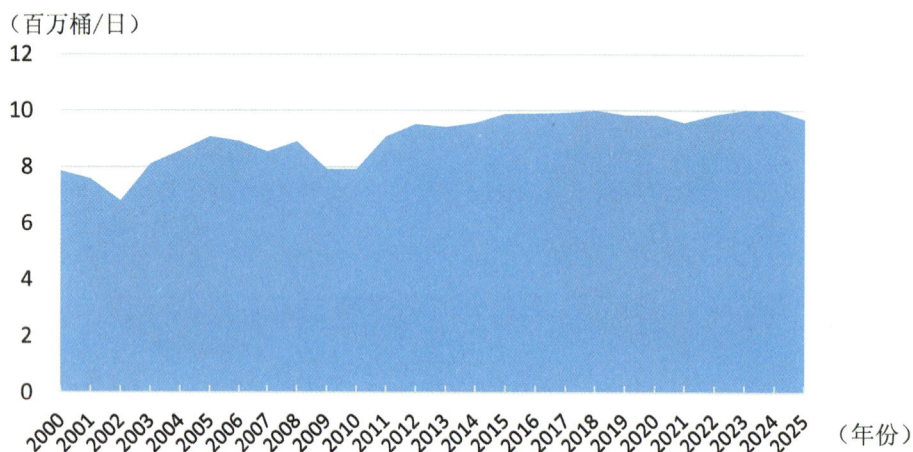

图 9 - 7　沙特原油产量变化趋势

资料来源：IHS。

平。2015 年伊朗核危机顺利解决，西方制裁也随即结束。未来伊朗计划增加投资，吸引更多外资，加大勘探开发力度，提高原油产能，希望 2030 年的原油产量恢复到 420 万桶/日的高峰（如图 9 - 8 所示）。伊朗石油出口市场主要是中日韩、欧洲和非洲，其中出口亚洲约占出口总量的 50%，并呈上升趋势。但伊朗原油产量增长的不确定性在于地缘政治。

（百万桶/日）

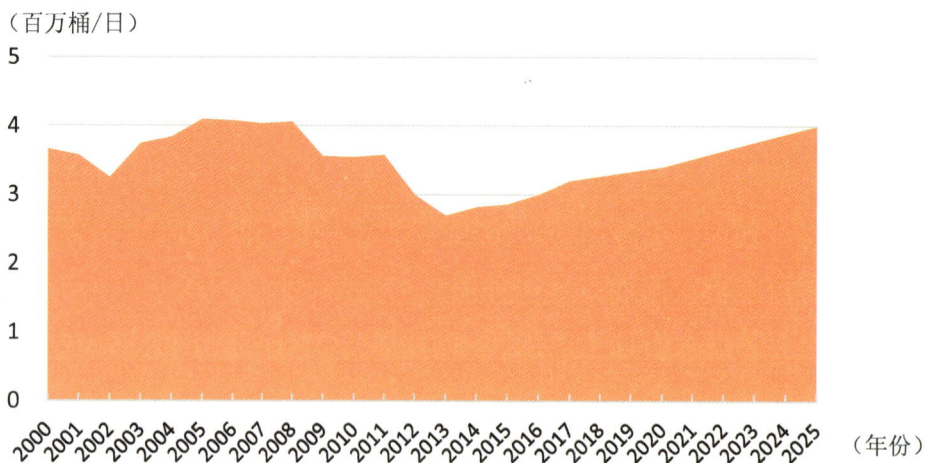

图 9 - 8　伊朗原油产量变化趋势

资料来源：IHS。

伊拉克油气资源丰富，石油储量增长潜力大。2014 年伊拉克石油探明储量为 202 亿吨，约占全球的 8.8%，居世界第 5 位，储采比大于 100。自 2008 年底以来，为加速石油开发，伊拉克政府与国际石油公司签署了 14 项合同，联合开发其境内的 12 个油田。2014 年伊拉克石油日产量已提高到近十年来的最高水平，达到 320 万桶/日。

伊拉克约 75% 的石油产自南部油田，其他产量主要来自基尔库克附近的北部油田。南部靠近波斯湾的管线出口能力为 450 万 – 500 万桶/日，但受地理和其他因素限制；北部库尔德地区经土耳其管线出口能力为 100 万 – 120 万桶/日，库尔德地区自治并独立出口的可能性较大。预计到 2030 年伊拉克原油产量将增加到 570 万桶/日，成为世界上原油第一大增产国（如图 9 – 9 所示）。

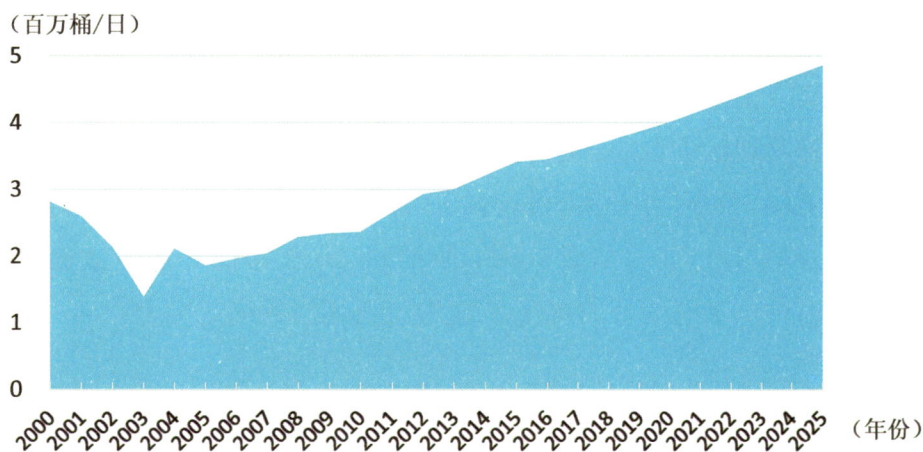

（百万桶/日）

图 9 – 9　伊拉克原油产量变化趋势

资料来源：IHS。

中国在非洲地区的石油进口来源国主要是安哥拉和利比亚。2009 年中国与安哥拉签订了 10 亿美元的"贷款换石油"协议。但受制于安哥拉未来的产量增长潜力，原油出口增幅不会太大。2014 年安哥拉原油产量为 167 万桶/日，然后略有下降，2020 年产量约为 150 万桶/日（如图 9 – 10 所示）。

（百万桶/日）

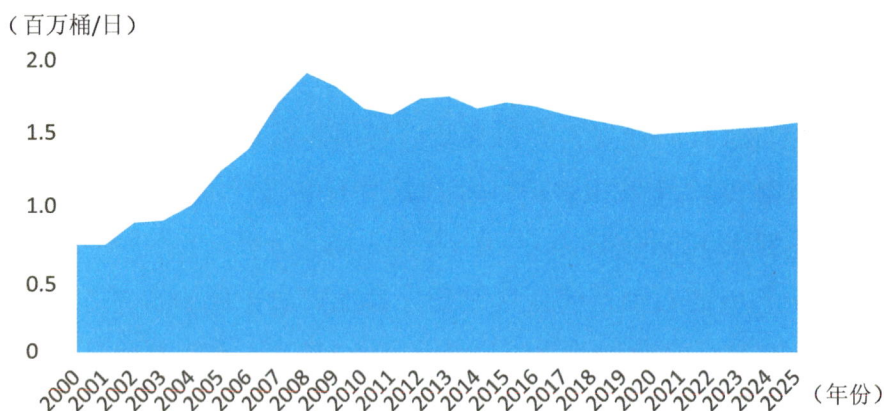

图 9－10　安哥拉原油产量变化趋势

资料来源：IHS。

2011 年 2 月利比亚爆发内战，国内石油产量骤降，出口停止。利比亚石油产量和出口于 2013 年恢复，2020 年产量将达到 60 万桶/日上下，2030 年进一步恢复到 110 万桶/日左右。利比亚原油生产的不确定性在于其地缘政治。

中国在南美地区的石油进口来源国主要是巴西和委内瑞拉。巴西是南美的主要产油国之一，2014 年原油产量达 220 万桶/日。预计 2030 年巴西原油产量将达到 400 万桶/日以上（如图 9－11 所示）。2030 年前桑托斯盆地的产量增长约占巴西石油产量总增量的 90%，成为巴西增产的绝对主力。

（百万桶/日）

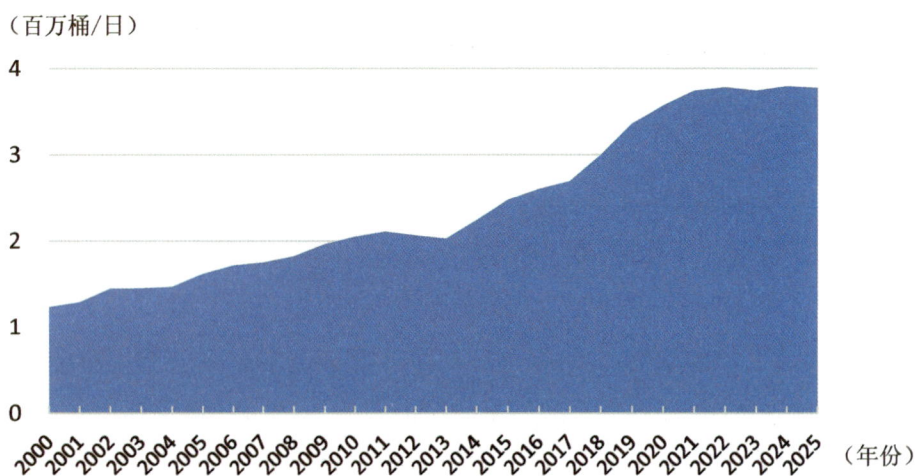

图 9－11　巴西原油产量变化趋势

资料来源：IHS。

委内瑞拉是世界第一大石油资源国，其中大部分为超重油。石油产量自2006 年来逐年下降，2014 年原油产量 238 万桶/日，跌出世界十大产油国的行列。委内瑞拉大部分都是老油田，需要大量的投资维持产能。就委内瑞拉国内石油行业环境看，其政治局势不稳，经济遭遇衰退，对外开放度较低，与美交恶等因素对其石油行业造成较大影响。未来石油产量将扭转为小幅回升，但增速具有较大不确定性。

中国在前苏联地区的石油进口来源国主要是俄罗斯和哈萨克斯坦。俄罗斯是仅次于沙特的重要产油国和世界第二大石油出口国，拥有丰富的油气资源。2014 年俄罗斯探明石油储量 141 亿吨，占当年全球总储量的 6.1%，居世界第 8 位。2014 年生产原油 1000 万桶/日，储采比 26。俄罗斯石油储量主要位于乌拉尔山脉和中西伯利亚高原之间的西西伯利亚地区。如果寻找不到新的大油田，2030 年俄罗斯原油产量将小幅下降到 940 万桶/日（如图 9 - 12 所示）。

（百万桶/日）

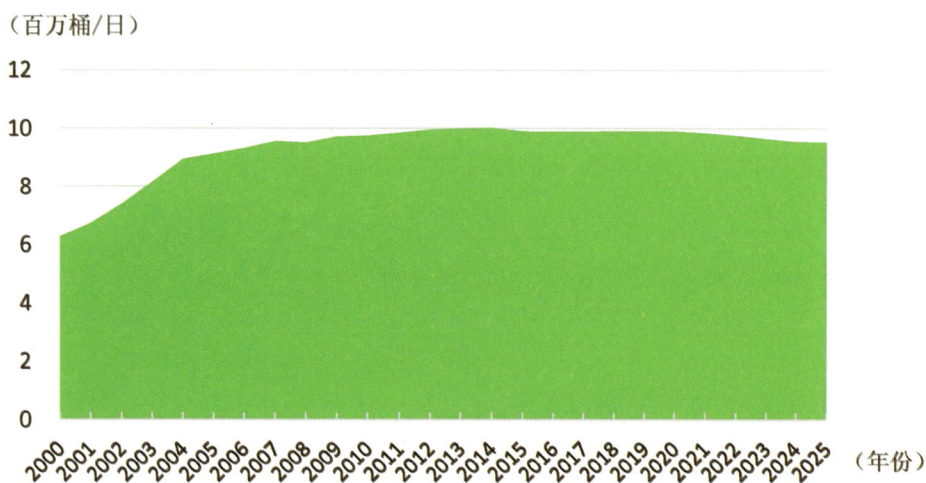

图 9 - 12　俄罗斯原油产量变化趋势

资料来源：IHS。

哈萨克斯坦的石油资源比较丰富，2014 年石油探明储量为 39 亿吨，占世界总储量的 2%。其石油储量在独联体国家中仅次于俄罗斯。据哈方专家评估，2025 年之前哈萨克斯坦原油探明储量占世界储量的比例将提升到 5%，其中 60% 以上集中在哈属里海水域。2014 年哈萨克斯坦原油产量为 160 万桶/日，预计 2030 年将增加到 300 万桶/日左右（如图 9－13 所示）。

（百万桶/日）

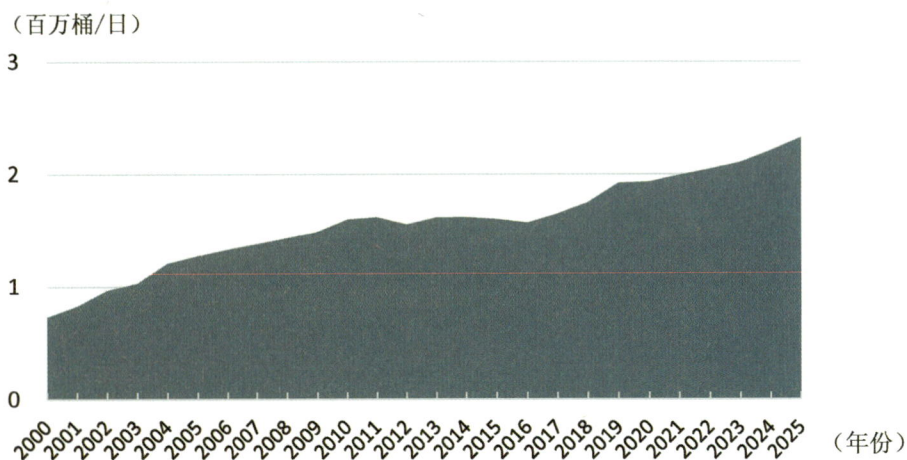

图 9－13 哈萨克斯坦原油产量变化趋势

资料来源：IHS。

2014 年亚太地区原油资源 57 亿吨，占全球的 2.5%，储采比为 14；欧洲地区（除前苏联以外）原油资源 17 亿吨，占全球的 0.7%，储采比为 11。这两个地区未来的原油产量均处于下降态势（如图 9－14、图 9－15 所示）。

（百万桶/日）

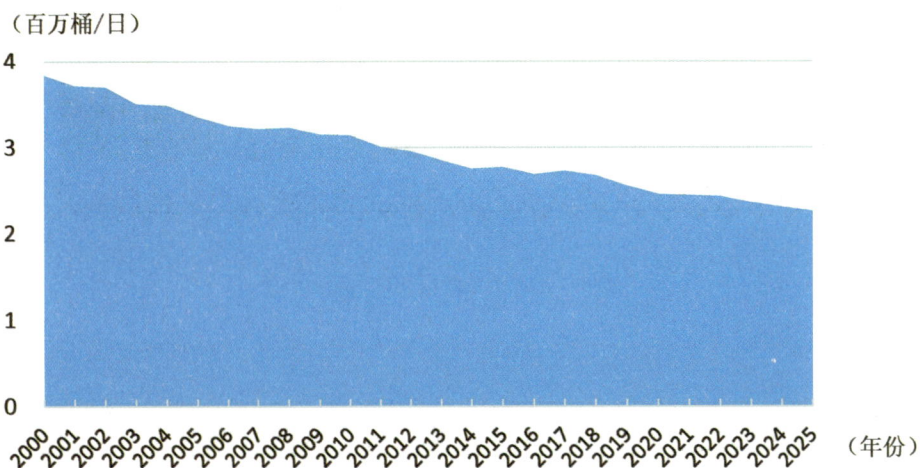

图 9－14 亚太地区原油产量变化趋势（百万桶/日）

资料来源：IHS。

（百万桶/日）

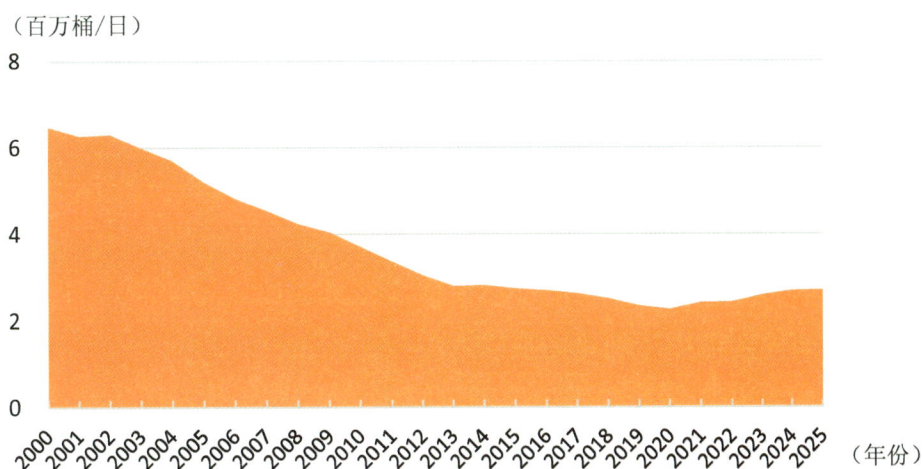

图 9-15　欧洲（除前苏联外）原油产量变化趋势

资料来源：IHS。

根据对未来全球原油生产情况及贸易流动变化的分析，未来中国的进口原油仍将主要来自沙特和伊朗；伊拉克的安全形势转好，从该国进口的原油也会继续增加；从科威特和阿联酋进口的原油也会继续增长；而由于资源基础问题，从阿曼和也门进口的原油将减少。

非洲地区在中国原油进口来源中将继续居于第二位，进口量将继续稳步上升，但增速将放缓，所占比例有所下降。未来中国在非洲地区的进口原油仍将主要来自安哥拉和苏丹；而刚果和赤道几内亚的进口量将由于资源问题而继续减少。尼日利亚虽为非洲第一大产油国，但由于局势不稳，未来产量增长有限，对华出口不会有较大幅度的增长。

前苏联地区对中国石油出口明显受管线、资源和政策走向三方面因素的制约。中哈、中俄管线的铺设为该地区的对华出口跃上一个新台阶奠定了基础，但前苏联地区的传统市场是欧洲，其首先会在满足欧洲市场的前提下再向东输出。且该地区东输的新区油田的开发难度较大，未来对华石油出口有一定的不确定性，出口增幅不会太大。未来中国从该地区进口的原油仍将主要来自俄罗斯和哈萨克斯坦。

南美地区两大产油国委内瑞拉和巴西产量的稳定增长，两国向中国的出口仍有望保持快速增长，这也将带动其他几个小产油国，如哥伦比亚、厄瓜多尔等对华石油出口的继续增长。

从中国的原油进口管道建设和沿海接卸码头能力看，在建项目中，中缅原油管线国内段完成后，西南部原油骨干管道建设将基本完成，海陆四大原油进口通道（中俄、中哈、中缅和海上）将全面形成。到 2030 年中国将全面建成中哈、中俄、中缅原油进口管道，年进口规模达到 1.2 亿吨左右，占全国石油净进口量的 1/4 左右；东部和南部沿海深水接卸码头（渤海湾、江浙、福建、珠三角、海南等）能力达到 4 亿吨以上。

综合来看，2020 年前中国的原油进口增量将来自中东、非洲、前苏联和中南美地区，2020 年之后增量主要来自中东和美洲地区（如表 9 − 2 所示）。

表 9 − 2　中国进口原油来源现状及趋势预测

单位：万吨，%

地区	2010 年		2014 年		2020 年		2030 年	
	进口量	占比	进口量	占比	进口量	占比	进口量	占比
中东地区	11276	47	16058	52	21000	53	25800	54
非洲地区	7085	30	6804	22	9000	23	9500	20
欧洲/前苏联	2586	11	4038	13	5000	13	5900	12
美洲	2104	9	3335	11	4500	11	6500	14
亚太地区	880	4	601	2	500	1	300	1
进口总量	23931	100	30836	100	40000	100	48000	100

资料来源：历史数据源自中国海关总署，预测数据源自项目组。

五、中国石油贸易政策将进一步开放，有望建成具有国际影响力的石油交易中心

"多元化"与"走出去"已成为中国国家石油战略的核心。经过长期实践，中国形成了"以中东为主，增加非洲，开发中亚、俄罗斯和南美"的多元化能源外交战略。

未来中国的石油贸易将坚持进口主体、来源、品种、贸易方式、运输方式等五个方面的多元化，采取灵活有效的策略和途径，做大贸易规模、规避市场风险。一是开放国内石油进出口权，实现贸易主体多元化。二是扩大石油资源

来源地，坚持进口来源多元化。三是拓展石油交易品种，包括原油与成品油，高硫原油与低硫原油等。四是丰富石油贸易方式，实现石油供应多元化。五是开辟石油进口新通道，确保运输方式的经济安全。

本展望期内，中国还将加快建设、反映供求状况的现代石油市场，构建具有国际影响力的石油贸易中心或定价中心，发挥市场对资源配置的决定性作用，以合理价格确保中国石油供应安全。中国构建石油贸易中心已经具备一定条件：中国是连接中东中亚石油生产国和东北亚石油消费国的交通枢纽；中国炼油能力已经位居世界第二，也是世界上第二大石油消费国。

企业是参与国际贸易的主体，全面提升其国际竞争力将为石油贸易可持续发展提供强有力的保障。第一是营造国内公平竞争的市场环境，鼓励企业参与国际竞争。第二是建立企业间采购协调机制，提高竞价能力。第三是政府支持企业采用多种方式，在重要市场、资源地和中转基地建立储运设施，提高资源供给能力。第四是加强风险管理，建立有效的监管机制和风险预警机制，提升企业抗风险能力。

天然气篇

| 第十章 | 天然气需求展望 |

目前中国天然气消费处于相对偏低水平，未来发展潜力巨大。大气污染防治与应对气候变化为中国天然气发展创造了历史性机遇，天然气在能源革命中将扮演重要角色。预计到 2020 年中国天然气需求将增至 2900 亿立方米，"十三五"期间年均增长 7.5%，2030 年达到 4800 亿立方米，2020－2030 年间年均增长 5.2%，占能源消费总量的比重升至 12%。分行业看，采掘业用气将触顶回落；制造业用气继续增长，并以煤改气为主；发电供热用气市场潜力巨大，未来可能大幅增长；交通用气增长主要来自 LNG 汽车；居民生活用气则将保持刚性增长。此外，经济增长、天然气价格以及天然气管网建设的体制性约束是影响天然气需求的一些不确定性因素，而环保政策执行力度和天然气市场化改革的成功与否将是决定天然气市场发展的关键因素。

一、天然气发展潜力巨大，在能源革命中将扮演重要角色

（一）天然气发展具有广阔空间

经过多年的快速增长，中国已经成为仅次于美国和俄罗斯的世界第三大天然气消费国，但主要天然气消费指标仍处于相对偏低水平。2015 年，中国人均天然气消费量 131 立方米/人，天然气占一次能源消费总量的比重为 5.9%；而 2014 年全球平均水平分别为 467 立方米/人和 23.7%；OECD 国家平均水平分别为 1242 立方米/人和 26.1%。从发达国家经验规律看，中国天然气市场尚处于早期阶段，未来仍有较大发展潜力。即便按照目前世界人均消费水平估算，14 亿人口也能创造超过 6500 亿立方米的市场空间，其中又以天然气代煤潜力最大。

从天然气发电装机来看，2015 年中国天然气发电装机容量 6637 万千瓦，

仅占总装机容量的 4.4%，天然气发电量 1658 亿千瓦时，占总发电量的 3.0%。2012 年上述两个指标的世界平均水平分别为 20% 和 22%，如果中国达到目前世界平均水平的一半，至少也可以增加 1000 亿立方米的天然气需求。天然气代煤方面，如果中国目前近 12 亿吨直燃煤中的一半能够被天然气替代，则还可以增加约 3000 亿立方米的市场空间。

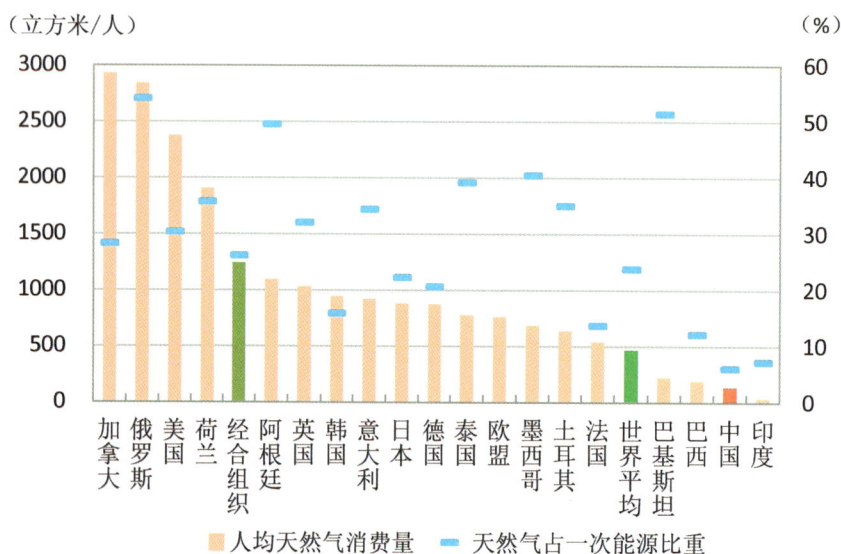

图 10 - 1　2014 年部分国家人均天然气消费量及天然气占一次能源消费比重

注：人均天然气消费量绘制于主纵坐标轴，天然气占一次能源消费比重绘制于次纵坐标轴。

资料来源：BP，世界银行，国家统计局。

（二）大气污染防治与应对气候变化创造历史性机遇

中国能源结构以煤炭为主和直燃煤比重过高的特点导致了大气污染等一系列严重的环境问题。近年来全国大范围出现持续雾霾天气，严重影响民众身体健康和正常生活，已经成为社会最为关注的问题之一。2013 年 9 月国务院发布的《大气污染防治行动计划》把天然气利用提高到了前所未有的高度，其中特别要求："京津冀区域城市建成区、长三角城市群、珠三角区域要加快现有工业企业燃煤设施天然气替代步伐；到 2017 年，基本完成燃煤锅炉、工业窑炉、自备燃煤电站的天然气替代改造任务。扩大城市高污染燃料禁燃区范围，逐步由城市建成区扩展到近郊。"此后各地政府陆续出台了相应的大气污染防治行动计划，都把"煤改气"、"气代油"作为其中重要措施（如表 10 - 1 所示）。2014 年三部门联合发布《能源行业加强大气污染防治工作方案》，提出了"2017 年天然气（不包含煤制气）消费比重提高到 9% 以上，煤炭消费比重降至 65% 以下"的目标，同时要求加快天然气分布式能源建设，2017 年达到 3000 万千瓦规模。

表 10 - 1　中国各地方政府陆续出台的大气污染防治方案

地区	发布时间	名称
京津冀	2013 年 9 月	京津冀及周边地区落实大气污染防治行动计划实施细则
	2014 年 7 月	京津冀及周边地区重点行业大气污染限期治理方案
北京	2013 年 9 月	北京市 2013 - 2017 年清洁空气行动计划
	2013 年 8 月	北京市 2013 - 2017 年加快压减燃煤和清洁能源建设工作方案
	2015 年 5 月	北京市散煤替代、燃煤锅炉改造、机动车污染治理专项工作方案
天津	2015 年 1 月	天津市大气污染防治条例
	2013 年 9 月	天津市清新空气行动方案
	2015 年	天津市 2015 年散煤清洁化治理工作方案
	2015 年	天津市 2015 年燃煤锅炉改造工作方案
河北	2013 年 9 月	河北省大气污染防治行动计划实施方案
	2015 年 3 月	河北省燃煤锅炉治理实施方案
山东	2013 年 9 月	山东省 2013 - 2020 年大气污染防治规划
山西	2013 年 2 月	山西省 2013 - 2020 年大气污染治理措施
上海	2013 年 10 月	上海市清洁空气行动计划（2013 - 2017 年）
	2015 年 8 月	关于加快推进本市集中供热和热电联产燃煤（重油）锅炉清洁能源替代工作的实施方案
江苏	2014 年 6 月	江苏省大气污染防治行动计划实施方案
	2014 年 9 月	江苏省 2014 - 2015 年节能减排低碳发展行动实施方案
浙江	2013 年 12 月	浙江省大气污染防治行动计划（2013 - 2017 年）
广东	2014 年 2 月	广东省大气污染防治行动方案（2014 - 2017 年）
重庆	2014 年 1 月	重庆市《关于贯彻落实大气污染防治行动计划的实施意见》
安徽	2014 年 3 月	安徽省大气污染防治行动计划实施方案
内蒙古	2014 年 5 月	内蒙古自治区人民政府关于贯彻落实大气污染防治行动计划的意见
福建	2014 年 1 月	福建省大气污染防治行动计划实施细则

资料来源：项目组整理。

除了大气污染防治之外，应对气候变化也正成为天然气市场发展的重要推动力量。早在 2009 年 11 月，国务院常务会议就制订了"2020 年中国单位国内生产总值二氧化碳排放比 2005 年下降 40% － 45%"的约束性指标。2014 年 9 月国家发展改革委发布的《国家应对气候变化规划（2014 － 2020 年）》首次提出了"2020 年天然气消费量在一次能源消费中的比重达到 10% 以上，利用量达到 3600 亿立方米"的目标，同时提出"积极推广天然气动力汽车"。作为世界上主要的碳排放大国，中国也已多次向国际社会做出了碳减排的庄严承诺。2014 年 11 月 12 日，中美双方在北京发布应对气候变化的联合声明，中国首次正式提出 2030 年左右二氧化碳排放达到峰值，且努力早日达到，并计划到 2030 年将非化石能源占一次能源消费比重提升到 20% 左右。

加快推动能源消费革命、优化能源结构是解决中国能源环境问题的唯一途径，天然气在其中扮演着十分重要的角色。在新能源和可再生能源技术取得巨大突破之前，天然气将是中国实现能源结构从高碳向低碳转型升级的最现实的过渡能源。在经济增速放缓、价格优势减弱、市场需求疲软的背景之下，生态环境保护将取代资源和价格成为未来推动中国天然气需求增长的最主要力量。

二、2030 年天然气消费量有望达到 4800 亿立方米，占一次能源消费总量的 12%

考虑到当前中国所处的特殊环境，市场化改革难以一蹴而就，且高价进口气也增加了国内天然气价格大幅下调的难度，因此"十三五"是中国天然气市场结构调整、机制完善的重要时期，环保政策执行力度和天然气市场改革的成功与否将是决定天然气市场发展的关键因素。预计 2020 年中国天然气需求达到 2900 亿立方米，占能源消费总量的比重达到 8%，"十三五"期间年均增速约为 7.5%；2020 年人均天然气消费量达到约 207 立方米/人；制造业用气需求 1166 亿立方米，占比 40.2%；发电供热用气需求 564 亿立方米，占比 19.4%；居民生活用气需求 479 亿立方米，占比 16.5%。2030 年中国天然气需求达到 4800 亿立方米，占能源消费总量的比重上升至 12%，2020 － 2030 年年均增长 5.2%；2030 年人均天然气消费量升至约 350 立方米/人；制造业用

气需求 1748 亿立方米，占比 36.4%；发电供热用气需求 1420 亿立方米，占比
29.6%；居民生活用气需求 618 亿立方米，占比 12.9%（如图 10 - 2 所示）。

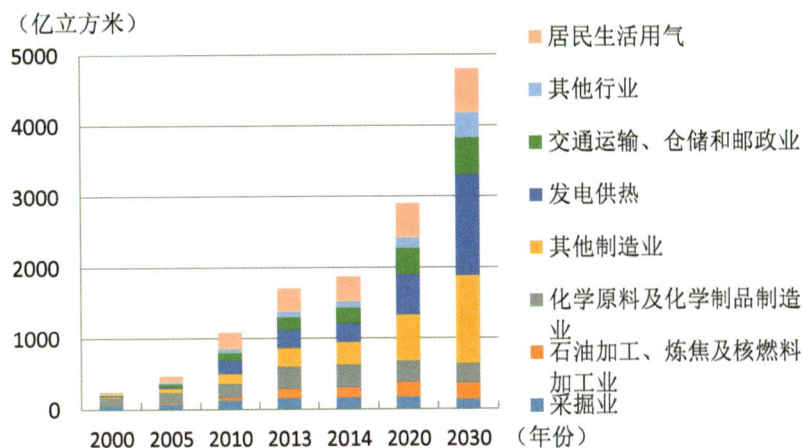

图 10 - 2 中国天然气需求总量及分行业需求量

资料来源：2000 - 2014 年数据来自国家统计局、《中国能源统计年鉴 2015》；2020 年、2030 年数
据为项目组预测数据。

从世界范围看，中国天然气消费总量位居世界前列，但人均天然气消费处
于较低水平。2014 年中国天然气消费量次于美国、俄罗斯居世界第三位，但
也仅为美国的 25%，俄罗斯的 46%；人均天然气消费量仅为世界平均水平的
29%。展望期内，中国天然气消费量有望快速增长，到 2030 年可达到 4800 亿
立方米，可超过俄罗斯目前水平，但仍仅为美国目前水平的 63%，人均天然
气消费量达到 350 立方米/人，也仅为当前世界平均水平的 75%（如表 10 - 2
所示）。

表 10 - 2 世界主要国家和地区天然气消费情况比较

单位：亿立方米、立方米/人

国家/地区	天然气消费量	人均天然气消费量
加拿大	1042	2933
俄罗斯	4092	2845
美国	7594	2382

续表

国家/地区	天然气消费量	人均天然气消费量
荷兰	321	1905
OECD 国家	15786	1242
阿根廷	472	1097
英国	667	1034
韩国	478	947
意大利	568	925
日本	1125	885
德国	709	877
泰国	527	778
欧盟	3869	761
墨西哥	858	684
土耳其	486	640
法国	359	542
世界	33930	467
中国 2030	4800	350
巴基斯坦	420	227
巴西	396	192
中国 2014	1870	137
印度	506	39

资料来源：中国 2014 年数据来自国家统计局，中国 2030 年数据为项目组预测数据，其余数据根据 BP 和世界银行相关数据计算得到。

三、采掘业用气触顶回落，2030 年降至 140 亿立方米左右

中国采掘业用气主要是油气田周边的生产和生活用气，包括发电、供热、采油等，特别是那些在分散生产区域因集输管网不完善、处理能力不足而就地利用的零散天然气。随着中国油气产量的持续增长，采掘业用气数量也快速提升，2000 - 2014 年中国原油产量从 1.63 亿吨增至 2.11 亿吨，年均增速仅为 1.9%；采掘业用气量则从 72 亿立方米增至 167 亿立方米，年均增长 6.2%（如图 10 - 3 所示）。然而在国际油价暴跌和国内原油生产成本不断攀升的背景

下，未来国内原油产量增速将进一步放缓，再加上油气田周边用气统计结算更加规范，采掘业用气需求增长空间相对有限，预计 2020 中国采掘业天然气需求达到 171 亿立方米，2030 年回落至 141 亿立方米，大致相当于 2011 年的水平。

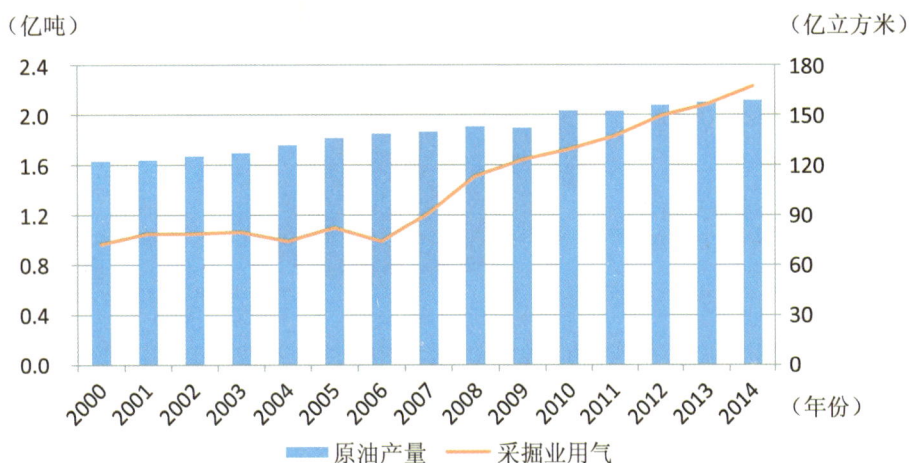

图 10 - 3 2000 - 2014 年中国原油产量和采掘业天然气消费量

注：原油产量绘制于主纵坐标轴，采掘业天然气消费量绘制于次纵坐标轴。

资料来源：国家统计局。

四、制造业用气以煤改气为主，2030 年增至 1750 亿立方米左右

2014 年，中国制造业天然气消费量 782 亿立方米，主要集中在化工、炼油、玻璃、陶瓷等行业，合计占比超过 70%，其中：化学原料及化学制品制造业用气 320 亿立方米，占比高达 41%；石油加工、炼焦及核燃料加工业用气 142 亿立方米，占比 18%；非金属矿物制品业用气 93 亿立方米，占比 12%（如图 10 - 4 所示）。预计 2020 年中国制造业用气需求将达到 1166 亿立方米，2030 年增至 1748 亿立方米。

（一）化学原料及化学制品制造业用气

在化学原料及化学制品制造业中，天然气主要作为甲醇、合成氨、尿素、纯碱等的生产原料，个别企业还用其作为燃料加热或制蒸汽。天然气在化工产

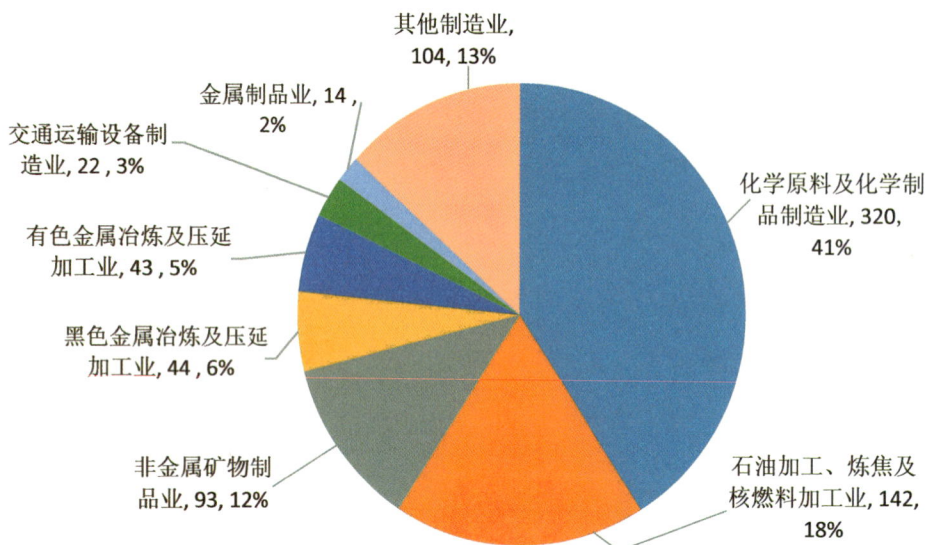

图 10 - 4　2014 年中国制造业分行业天然气消费量及比重（单位：亿立方米）

资料来源：国家统计局。

品生产中占成本比例较高，如氮肥占 40% - 70%，纯碱约占 30%，甲醇约占 40%，因此化工企业天然气价格承受能力普遍较低。2000 - 2014 年，化学原料及化学制品制造业天然气消费量从 88.7 亿立方米增至 320.3 亿立方米，年均增长 9.6%，低于同期中国天然气消费增速。随着天然气价格上涨，以天然气为原料的化工企业正承受着巨大的成本压力，再加上甲醇、化肥等行业严重产能过剩和低成本煤化工的冲击，以天然气为原料的化工企业多数处于亏损或停产状态，有的甚至濒临破产，还有部分企业计划改为以煤为原料的化工装置（如表 10 - 3 所示）。

表 10 - 3　2015 年 10 月底中国主要天然气制甲醇装置运行情况

单位：万吨/年

地区	企业名称	产能	装置运行情况
四川	四川玖源	50	2015 年 8 月下旬停车，暂未重启
	四川达钢	30	气头装置停车中，重启待定
	四川江油	15	2014 年 12 月份停车，重启待定
	四川泸天化	44.5	2014 年 9 月初停车，重启待定

续表

地区	企业名称	产能	装置运行情况
重庆	四川川维	80	装置运行平稳
	重庆建滔	45	2014 年 7 月底停车，重启待定
	重庆卡贝乐	85	2015 年 6 月底重启，现负荷一般
青海	青海中浩	60	2015 年 8 月底重启，运行平稳
	青海格尔木	30 + 12	1#12 万吨/年装置近日停车，2#30W 于 2015 年 10 月下旬重启，暂无外销
	青海桂鲁	80	近日装置步入试车阶段
甘肃	甘肃蓝星	20	2014 年 8 月 30 日停车至今
陕蒙	华电榆天化	60	气头于 2014 年 7 月 2 日停车，重启待定
	陕西咸阳石油化工	10	装置停车中，重启待定
	内蒙古远兴能源	100 + 35	2014 年 10 月 10 日全线停车，重启待定
新疆	新疆库车新城化工	20	2015 年 3 月停车，无重启可能
	新疆天山环保库车石化	20	2015 年 2 月初停车，重启待定
	新疆巴州东辰	9 + 9	一套 9 万吨气头装置停车中，另一套 9W 煤头现运行正常，后期亦计划停车
河南	平煤蓝天	33	33W 气头停车，重启待定

资料来源：金银岛。

以甲醇行业为例，2010 年中国甲醇产能 3756.5 万吨/年，其中以天然气为原料的甲醇总产能为 795 万吨，占总产能的 21.2%。2014 年中国甲醇生产能力超过 7000 万吨，其中以天然气为原料的甲醇装置产能在 1000 万吨左右，以天然气为原料的甲醇产量约为 600 万吨，占总量的比重分别降至 13% 和 16%。尿素行业则受下游需求和上游成本影响，沧州大化、泸天化、赤天化、建峰化工等典型企业均陷入亏损，其他天然气化工行业也或多或少面临着类似困境。

从政策层面看，政府对化工行业用气持相对保守态度，2012 年国家发展改革委修订的《天然气利用政策》明确提出，禁止新建或扩建以天然气为原料生产甲醇及甲醇生产下游产品装置和以天然气代煤制甲醇项目，同时限制以下天然气化工项目：已建合成氨厂以天然气为原料的扩建项目、合成氨厂煤改气项目，以甲烷为原料；一次产品包括乙炔、氯甲烷等小宗碳一化工项目；新建以天然气为原料的氮肥项目。综上，未来化学原料及化学制品制造业的天然气需求增长空间极为有限，甚至有进一步下降的可能。鉴于目前国内外天然气市场均面临严重的资源过剩，价格有望保持低位，预计 2020 年化工行业天然气需求将维持在 300 亿立方米左右，2030 年降至约 270 亿立方米。

（二）石油加工、炼焦及核燃料加工业用气

天然气在石化行业主要用做炼厂制氢原料和动力燃料，石化企业一般采取全年不间断的连续性生产方式，工艺性和产品特点决定用气需求相对稳定，但也会受上下游市场的影响发生波动，同时易于被轻石脑油、LPG 等所替代。随着中国天然气资源供应的日益充足，正有大量的石化企业改用天然气作为制氢原料。2000－2014 年，中国石油加工、炼焦及核燃料加工业天然气消费量从 13.2 亿立方米增至 142.1 亿立方米，年均增速高达 18.5%，特别是 2010－2013 年期间增长尤为迅速，每年增量均超过 20 亿立方米，2013 年甚至接近 40 亿立方米（如图 10－5 所示）。"十三五"期间，国内主营炼厂将陆续改用天然气作为原料和燃料，预计 2020 年石油加工、炼焦及核燃料加工业天然气需求将增至 210 亿立方米，之后随着中国石油需求增速放缓而保持平稳，2030 年达到 231 亿立方米。

（三）其他制造业[①]用气

天然气在其他制造业的用途极为广泛，正在大面积替代玻璃、陶瓷、冶金、食品、装备、电子等行业使用的煤炭和石油产品，消费量从 2000 年的 17 亿立方米增至 2014 年的 320 亿立方米，年均增速高达 23.4%，远超同期天然气消费总量的增速，占比也达到了 17.1%。在国家日益重视和加强大气污染防治的背景下，在工业领域加强天然气对煤炭和石油产品的替代正成为各地加强环境保护的重要手段之一。

《大气污染防治行动计划》中明确提出要"加强工业企业大气污染综合治理。全面整治燃煤小锅炉。加快推进集中供热、'煤改气'、'煤改电'工程建设，到 2017 年，除必要保留的以外，地级及以上城市建成区基本淘汰每小时

---

① 此处的其他制造业指除了化学原料及化学制品制造业，石油加工、炼焦及核燃料加工业以外的制造业。

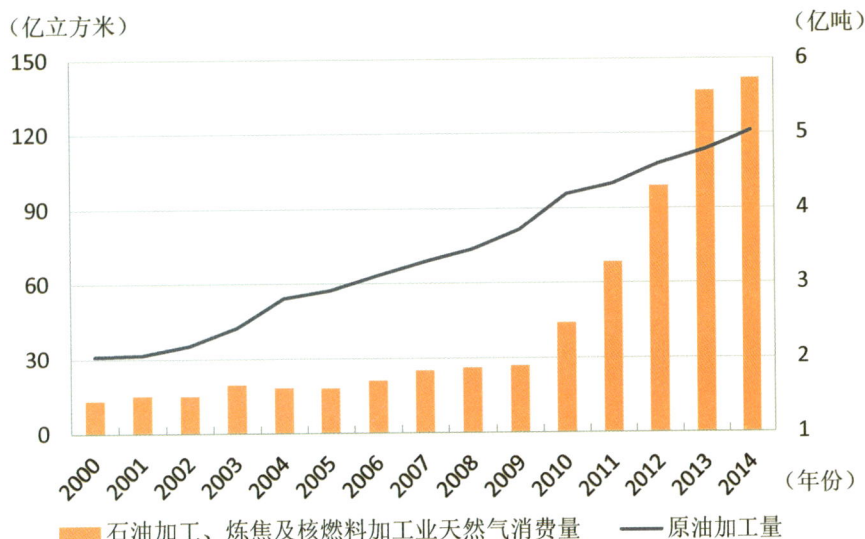

图 10 – 5 2000 –2014 年中国石油加工业天然气消费量及原油加工量

注：石油加工、炼焦及核燃料加工业天然气消费量绘制于主纵坐标轴，原油加工量绘制于次纵坐标轴。

资料来源：国家统计局。

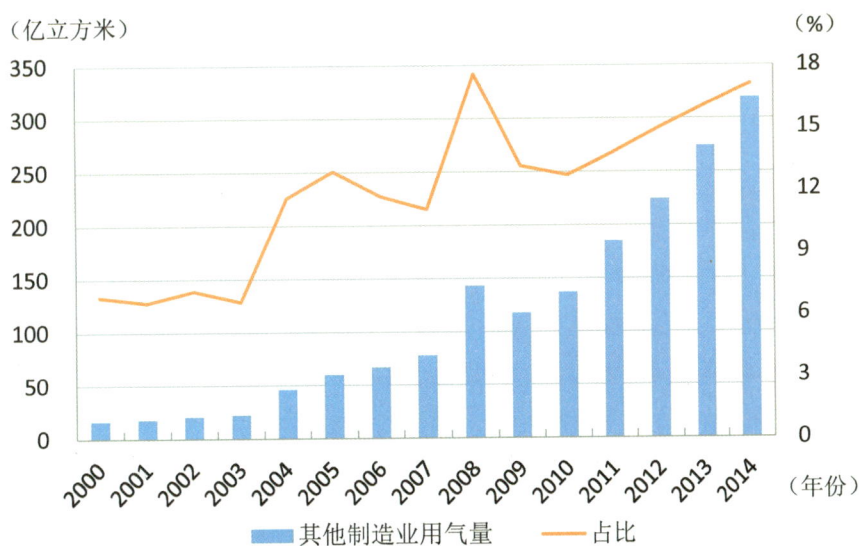

图 10 – 6 2000 –2014 年中国其他制造业用气量及占比

注：其他制造业天然气消费量绘制于主纵坐标轴，占天然气消费总量比重绘制于次纵坐标轴。

资料来源：国家统计局。

10 蒸吨及以下的燃煤锅炉，禁止新建每小时 20 蒸吨以下的燃煤锅炉；其他地区原则上不再新建每小时 10 蒸吨以下的燃煤锅炉"。在此背景下，预计 2030 年前其他制造业天然气消费量仍将呈快速增长趋势，2020 年增至 656 亿立方米，2030 年达到 1247 亿立方米。

五、发电供热用气大幅增加，2030 年可能超过 1400 亿立方米

2000 - 2014 年，中国电力、煤气及水的生产和供应业天然气消费量从 8.1 亿立方米增至 272.6 亿立方米，年均增速高达 28.5%，远高于同期全社会用电量增速，占比也从 3.3% 升至 14.6%，其中主要需求来自天然气发电（如图 10 - 7 所示）。尽管如此，天然气发电在中国仍处于起步阶段，未来有较大发展空间。截至 2015 年底，中国天然气发电装机容量 6637 万千瓦，仅占总装机容量的 4.4%，天然气发电量 1658 亿千瓦时，占总发电量的 3.0%，而 2012 年上述两个指标的世界平均水平分别是 20% 和 22%。2014 年中国发电用气占比为 14.1%，远低于美国 30.4%、英国 23.8%、德国 36%、韩国 44% 的水平。

图 10 - 7　2000 - 2014 年中国电力、煤气及水的生产和供应业天然气消费量及占比

注：电力、热力的生产和供应业天然气消费量、燃气生产和供应业天然气消费量绘制于主纵坐标轴，占天然气消费总量比重绘制于次纵坐标轴。

资料来源：国家统计局。

从技术角度看，天然气作为发电、供热燃料要明显优于煤炭、石油等传统的化石能源，燃气轮机具有能量转换效率高、占地面积小、用工数量少、建设周期短、启停速度快、调峰能力强、操作灵活简单、单机容量大、运行安全稳定、污染物与二氧化碳排放低、受地理位置和自然环境影响小等诸多优势。但受燃机装备自主化水平低、购置及养护成本高，以及电力市场化改革停滞不前、天然气价格扭曲等因素影响，中国天然气发电在经济性上与煤电、水电、核电相比毫无优势，上网电价甚至超过了补贴后的风电，仅略低于太阳能光伏发电，再加上最近几年天然气供应紧张、水电快速增长和电力需求增速大幅放缓等因素交织作用，天然气发电行业的发展受到了严重冲击，投运项目多数处于微利甚至亏损，在建和规划项目也大多持驻足观望态度。

推动天然气发电的持续健康发展，必须打通电力和天然气行业管理体制的软瓶颈，同时突破燃机装备的硬约束。在管理体制改革方面，2015 年 3 月中共中央、国务院发布了《关于进一步深化电力体制改革的若干意见》，决定"进一步深化电力体制改革，解决制约电力行业科学发展的突出矛盾和深层次问题，促进电力行业又好又快发展，推动结构转型和产业升级"；2015 年 10 月，中共中央、国务院又发布了《关于推进价格机制改革的若干意见》，提出要"紧紧围绕使市场在资源配置中起决定性作用和更好发挥政府作用，全面深化价格改革，完善重点领域价格形成机制，健全政府定价制度，加强市场价格监管和反垄断执法，为经济社会发展营造良好价格环境"。

在燃机装备方面，尽管早在 2001 年国家发展改革委就发布了《燃气轮机产业发展和技术引进工作实施意见》，提出通过以市场换技术的方式，让上海汽轮机厂、哈尔滨汽轮机厂、东方汽轮机厂与外企合作生产燃气轮机及联合循环发电技术。然而时至今日，国内制造企业在掌握核心技术方面仍未取得突破，西门子、通用电气和三菱重工则把持了国内的燃气轮机供应和服务市场，其价格甚至达到欧美市场数倍，极大加重了气电企业的生产成本。在三大集团长期对本土合作伙伴封锁技术的背景之下，2014 年上海电气出资 4 亿欧元收购全球五大重型燃机供应商之一——意大利安萨尔多能源公司 40% 的股权，成为打破僵局的关键一笔。2015 年通用电气收购阿尔斯通，为获得欧盟审批，又将把阿尔斯通的一部分重型燃气轮机业务资产出售给安萨尔多公司，使得上海电气间接受益。政府层面，2015 年国务院政府工作报告首次提及航空发动机和燃气轮机项目，当年 5 月发布的《中国制造 2025》更是明确提出要"提高超大容量重型燃气轮机的制造水平"。

综合上述分析，尽管未来发展存在较大不确定性，但只要获得政府足够的支持和重视，中国天然气发电行业仍有较大发展空间。如果目前在建和规划建设的项目顺利推进，预计 2020 年中国天然气发电装机容量将超过 1 亿千瓦，用气量约为 564 亿立方米；2020 年后中国的电力、天然气市场化改革取得成功，燃气装备自主化取得突破，则天然气发电还将继续快速发展，2030 年装机容量可超过 2 亿千瓦，用气量达到 1420 亿立方米。

六、交通用气有较大发展空间，2030 年达到 520 亿立方米左右

天然气与成品油相比，作为汽车燃料安全高效、清洁低碳的优势十分突出，具有抗爆性好、自燃温度和爆炸极限高、耐低温、非致癌、无毒、无腐蚀性、易扩散、无重烃、燃烧充分、污染物排放低等诸多特性。此外，天然气汽车在经济上也具有明显优势：一方面，经过长期发展，中国汽车工业已经形成了十分成熟的天然气汽车技术和相对完善的天然气汽车产业链，主要装备的研发、设计、制造基本实现了国产化，使天然气的购置养护成本大幅降低，甚至与燃油汽车持平；另一方面，由于天然气价格低于成品油，天然气汽车的燃料成本一般不超过成品油的 80%，部分地区甚至仅为 50%－60%，使天然气汽车的投资回收期较短，效益十分可观。因此，尽管天然气汽车在中国的大规模推广应用只有十几年时间，但增长速度却突飞猛进。

根据国际天然气协会（IANGV）数据，2000 年中国天然气汽车保有量仅有 6000 辆左右。按照中国汽车工程学会特聘专家李永昌的统计，中国天然气汽车保有量在 2010 年突破 100 万辆，在 2012 年突破 200 万辆，在 2013 年突破 300 万辆，在 2014 年已经达到 459.5 万辆（其中包括 18.4 万辆 LNG 汽车），首次超越伊朗成为世界最大的天然气汽车国家，占全球天然气汽车总量的比重高达 20%。

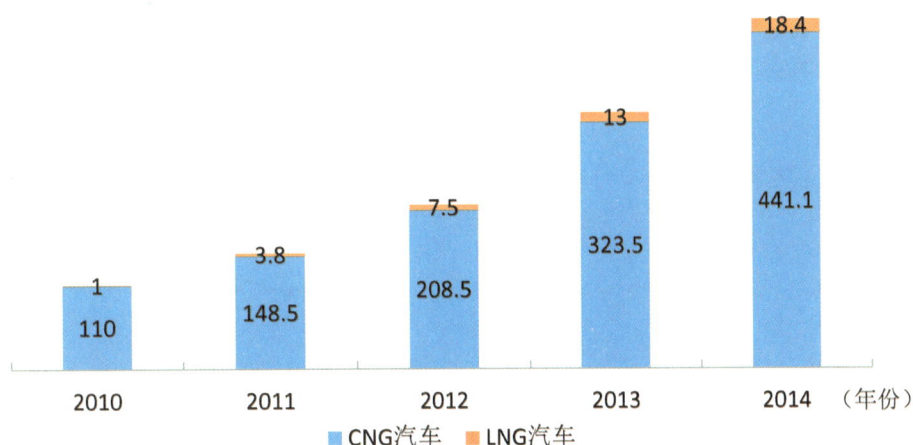

图 10 – 8 2010 – 2014 年中国天然气汽车保有量及构成（单位：万辆）

资料来源：李永昌，《2015 年中国天然气汽车最新资讯与热点剖析》。

表 10 – 4 2014 年世界主要国家 CNG 汽车及加气站数量

单位：万辆、座

排名	国家	CNG 汽车数量	加气站数量
1	中国	441.1	4455
2	伊朗	400	2220
3	巴基斯坦	370	2997
4	阿根廷	249	1939
5	印度	180	936
6	巴西	178	1805
7	意大利	86	1049
8	哥伦比亚	50	692
9	泰国	46	497
10	乌兹别克斯坦	45	213
全球合计	83 个国家和地区	2275	26523

资料来源：李永昌，《2015 年中国天然气汽车最新资讯与热点剖析》。

2000 – 2014 年，中国交通运输、仓储和邮政业天然气消费量从 8.8 亿立方米增至 214.4 亿立方米，年均增速高达 25.6%，远高于同期该部门汽油和柴油的消费增速（分别约为 8.5% 和 9.5%），占天然气消费总量的比重也从 3.6% 升至 11.5%（如图 10 – 9 所示）。按等热值折算，2014 年中国交通运输、仓储和邮政业天然气消费量相当于替代约 1900 万吨的成品油需求，为汽柴油消费总量的 7% 左右。

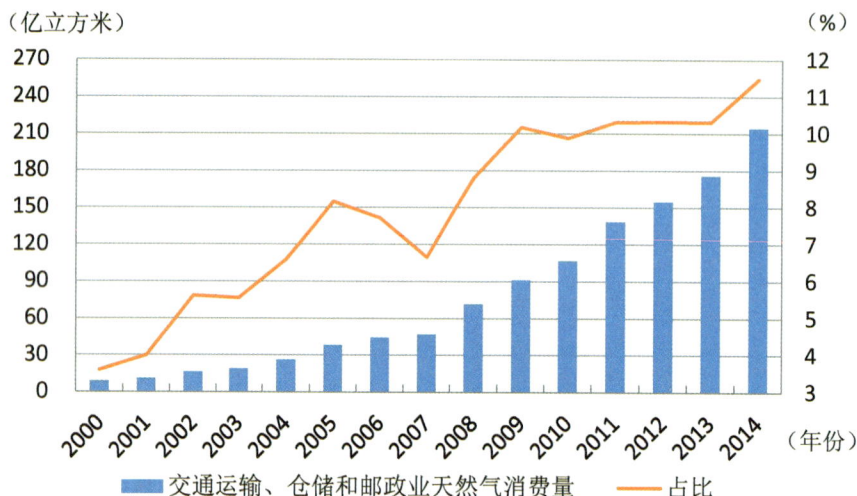

图 10-9 2000-2014 年交通运输、仓储和邮政业天然气消费量及比重

注：交通运输、仓储和邮政业天然气消费量绘制于主纵坐标轴，占天然气消费总量比重绘制于次纵坐标轴。

资料来源：国家统计局。

从车型上看，目前中国天然气汽车仍以 CNG 汽车为主，但 LNG 汽车的数量和比重正在快速攀升，且从长远看，LNG 汽车才是交通用气需求增长的主要动力，单辆 LNG 汽车年均用气量一般是 CNG 汽车的 5-10 倍，市场认可度和发展潜力也高于后者。2014 年中国天然气汽车产量为 27.7 万辆（不包括改装车辆），其中：双燃料轿车（即 CNG 轿车）为 12.8 万辆，占比 46.3%；双燃料客车 8498 辆，占比仅 3.1%；天然气客车 4.8 万辆，占比 17.2%；天然气货车 5.1 万辆，占比 18.3%；双燃料货车 4.2 万辆，占比 15.1%。2014 年下半年以来，受国内经济增速下行、交通运输需求疲软、国际油价大幅下跌和国内天然气价格保持高位等因素影响，天然气汽车产销量均出现明显下滑，2015 年 1-6 月累计生产 20.3 万辆，较上年同期减少 2.6 万辆，其中天然气客车和天然气货车产量降幅均超过 50%。

表 10 – 5　2011 – 2015 年上半年中国天然气汽车产量

单位：辆

	双燃料轿车	双燃料客车	天然气客车	天然气货车	双燃料货车	合计
2011 年	61052	6815	28496	1253	—	97616
2012 年	87695	13937	40734	15806	—	158172
2013 年	103830	10489	48249	36030	18194	216792
2014 年	128293	8498	47583	50741	41772	276887
2015 年 1 – 6 月	58097	3478	11512	7556	22247	102890

资料来源：中国汽车技术研究中心。

　　尽管如此，中国车用天然气市场仍存在较大发展空间，考虑到目前价格扭曲只是暂时现象，且随着油品质量升级的快速推进，成品油价格和燃油车的购置和使用成本还将继续提高，天然气作为交通燃料的价格优势将长期存在，特别是在货物运输领域仍有较大潜力。在加强大气污染防治的背景下，天然气在城市公共交通领域也正得到大力推广应用。预计 2020 年中国交通领域天然气需求将增至 370 亿立方米，2030 年达到 523 亿立方米。

七、居民生活用气保持刚性增长，2030 年达到 620 亿立方米左右

　　随着中国长输天然气管道和城市燃气管网的快速发展，居民生活用气量呈现爆发式增长。根据国家统计局的数据，2000 – 2014 年中国居民生活用气量从 32.3 亿立方米增至 342.6 亿立方米，年均增速高达 18.4%，超过同期居民生活用电量增速（约 12.5%）。按照总人口数计算，人均生活用气量从 2.6 立方米/年增至 25.0 立方米/年；按照城镇人口计算，人均生活用气量从 7.0 立方米/年增至 45.7 立方米/年；按照实际用气人口计算，人均生活用气量相对稳定在 110 – 140 立方米/年的区间，2000 – 2014 年平均用气量为 129 立方米/人。

　　根据住房城乡建设部发布的数据，2000 – 2014 年中国家庭用气量从 24.8 亿立方米增至 196.9 亿立方米，年均增长 16.0%；其间中国城市燃气用气人口从 2581 万人增至 2.6 亿人，年均增长 17.9%；天然气管道长度从 3.37 万公里增至 43.46 万公里，年均增长 20.0%。与之对应的则是城市人工煤气消费量的大幅下降，从 2000 年的 63.1 亿立方米降至 2014 年的 14.6 亿立方米；人工煤

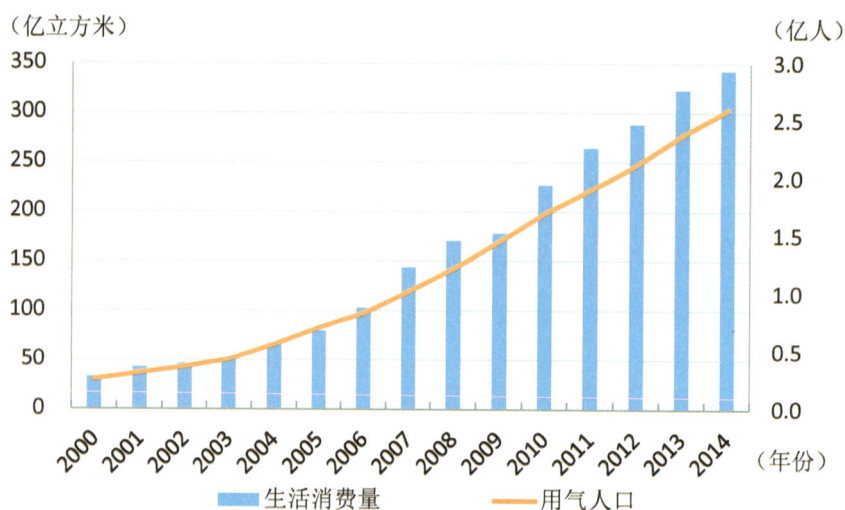

图 10 - 10   2000 - 2014 年中国居民生活天然气消费量及用气人口

注：居民生活天然气消费量绘制于主纵坐标轴，用气人口绘制于次纵坐标轴。

资料来源：国家统计局。

气用气人口也从 2003 年的 4792 万人降至 2014 年的 1757 万人。城市液化石油气（LPG）的消费量和用气人口则相对保持平稳，但总体上也呈下降趋势。

表 10 - 6   2000 - 2014 中国城市燃气情况

年份	人工煤气		天然气		液化石油气	
	家庭用量（万立方米）	用气人口（万人）	家庭用量（万立方米）	用气人口（万人）	家庭用量（吨）	用气人口（万人）
2000	630937	3944	247580	2581	5322828	11107
2001	494191	4349	247543	3127	5583497	13875
2002	490258	4541	350479	3686	6561738	15431
2003	583884	4792	374986	4320	7817094	16834
2004	512026	4654	454248	5628	7041351	17559
2005	458538	4369	521389	7104	7065214	18013
2006	381518	4067	573441	8319	6936513	17100
2007	373522	4022	662198	10190	7280415	18172
2008	353162	3370	779917	12167	6292713	17632
2009	307134	2971	913386	14544	6887600	16924

续表

年份	人工煤气		天然气		液化石油气	
	家庭用量（万立方米）	用气人口（万人）	家庭用量（万立方米）	用气人口（万人）	家庭用量（吨）	用气人口（万人）
2010	268764	2802	1171596	17021	6338523	16503
2011	238876	2676	1301190	19028	6329164	16094
2012	215069	2442	1558311	21208	6081312	15683
2013	167886	1943	1726620	23783	6130639	15102
2014	145773	1757	1968878	25973	5862125	14378

资料来源：住房城乡建设部。

2015 年底，中国大陆总人口为 137462 万人，其中城镇常住人口为 77116 万人，占总人口比重为 56.1%。根据对未来经济社会发展的展望，中国 2020 年城镇化率将达到 60%，2030 年城镇化率将接近 70%。居民用气人口也将随着城镇化率和天然气管道的发展呈刚性增长，按照目前的人口、城镇化率、气化率增长趋势和人均用气量计算，预计 2020 年中国居民生活天然气需求将增至 479 亿立方米，2030 年达到 618 亿立方米，占天然气消费总量的比重达到 12.9%。

八、天然气市场发展还存在不确定性因素

2000 年以来，中国天然气发展得益于经济社会快速发展、供应能力大幅提升、储运设施不断完善、价格长期保持低位和清洁环保优势突出等诸多积极因素的共同推动，保持了较高的增长速度。但进入"十二五"后期，中国经济由高速增长步入中高速增长期，经济结构调整不断深化，天然气价格水平明显偏高，支撑天然气需求快速增长的基本因素已经发生转变，来自宏观政策层面的能源结构优化和生态文明建设将取代经济和价格因素成为未来中国天然气需求增长的主要驱动力，未来中国天然气需求仍存在着一些制度性不确定因素。

（一）经济增长结构调整，市场需求陷入疲软

2008 年国际金融危机后世界经济增长乏力，中国也面临着投资强度难以为继、外贸受到严重影响、人口红利达到拐点、劳动力成本大幅上升、工业产能严重过剩、金融风险增加等一系列严峻挑战，中国经济在经历了长达 30 多年的高速增长之后进入了中高速增长期，GDP 增速降至 7% 左右，产业结构也亟须优化调整。在宏观经济增速整体下行的背景之下，能源消费总量增速在 2015 年降至了 0.9% 的谷底，2015 年全社会用电量同比增速也仅为 0.5%，天然气市场难以独善其身。

（二）对外依存度快速上升，价格优势明显减弱

从资源角度看，过去十几年中国天然气产量的快速增长，为国内市场提供了稳定、可靠的廉价资源。2000 – 2015 年，中国天然气产量从 272 亿立方米增至 1346 亿立方米，年均增长 11.3%，但相对消费量增速而言仍然较低。2006 年中国首次成为天然气进口国；2010 年进口天然气 165 亿立方米，对外依存度超过 10%；2011 年进口 312 亿立方米，对外依存度超过 20%；2012 年进口 421 亿立方米，对外依存度超过 30%；2013 年进口 525 亿立方米，对外依存度超过 40%；2015 年中国天然气进口量约 610 亿立方米，对外依存度为 43%。得益于国内巨大的资源潜力和生产能力，中国天然气价格曾长期处于相对较低水平，以政府为主导的资源配置模式也能屡屡奏效，但进口量的快速增长打破了既有平衡。

为缓解进口价格倒挂造成的企业巨额亏损、市场供应紧张等问题，国家发展改革委在 2013 年 6 月启动了新一轮天然气定价机制改革，将价格管理由出厂环节改为门站环节，并在 2014 年 9 月和 2015 年 4 月分两步将非居民存量气和增量气价格实现并轨，这使得中国天然气价格水平整体呈上升趋势，同期石油和煤炭等其他替代能源价格却大幅下降。具体来看，2014 年 7 月至 2015 年 9 月，上海市非居民用存量气价格从 2.44 元/立方米升至 2.88 元/立方米，涨幅为 18%；Brent 原油现货价格却从 108 美元/桶降至 48 美元/桶，降幅超过 55%；秦皇岛港动力煤（Q5500）平仓价格也由 575 元/吨降至 383 元/吨，降

（亿立方米）　　　　　　　　　　　　　　　　　　　　　　（％）

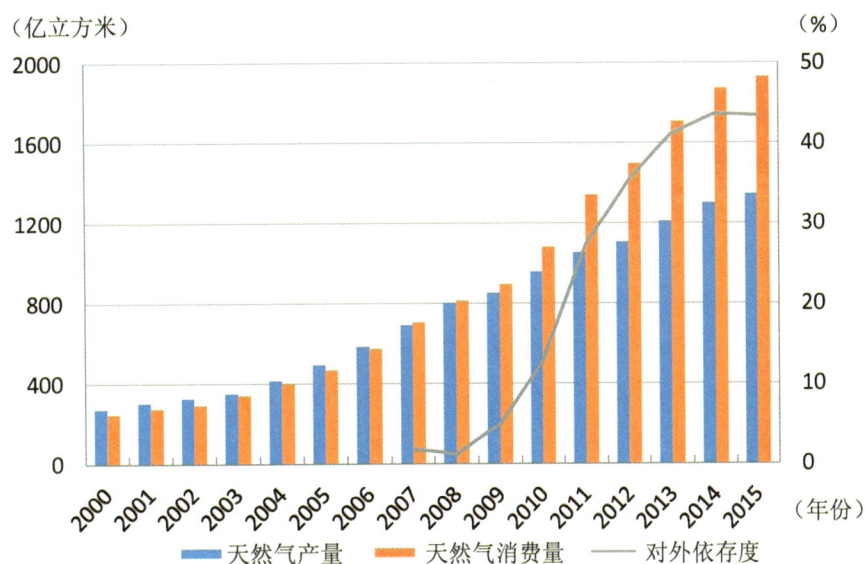

图10-11　2000-2015年中国天然气产量、消费量和对外依存度

注：中国天然气产量、天然气消费量绘制于主纵坐标轴，天然气对外依存度绘制于次纵坐标轴。

资料来源：国家统计局。

幅为33%，而其在2011年甚至曾一度达到860元/吨的高位。

　　与石油和煤炭相比，天然气在中国的发展历程较短，且始终扮演的是一种替代能源的角色，发展初期的主要利用领域是对燃料品质要求较高、价格承受能力较强的高端产品制造业，其后又迅速扩大至交通运输部门，替代对象广泛涵盖了煤炭、电力和汽油、柴油、燃料油、LPG等各种石油产品。然而由于近些年天然气价格水平的明显提高，石油和煤炭价格的大幅下降，以及油品质量升级和煤炭清洁利用等一系列政策措施的推动落实，天然气在交通领域相对成品油的价格优势正在逐渐减弱，在电力、化工等行业更是完全丧失了对煤炭的竞争力。特别是由于工业企业利润大幅下滑、生产经营普遍陷入困境，不仅新增投资更换燃气装备存在困难，对燃料成本的变化更是十分敏感，导致"煤改气"、"油改气"的意愿大幅减弱，甚至出现了"气改煤"、"气改油"的逆替代现象。

（三）储运设施发展滞后，管网建设受体制约束

从设施角度看，长输天然气管网及其配套设施的跨越式发展，是推动中国天然气消费从西部资源富集地向沿海高效市场快速转移的重要支撑因素，也是保障中国天然气市场发展扩大的必要条件。尽管中国已经初步形成了全国性输气管网框架，但配气管网远未成熟，部分市级行政区还没有天然气管道连通。加上行业体制性缺陷的制约，近年来管网建设速度明显不如预期，已经成为制约中国天然气市场发展和供应能力提升的重要瓶颈。截至 2014 年底，中国天然气管道总长度为 43.5 万公里，其中输气管道长度约为 6.5 万公里，仅相当于美国 20 世纪 50 年代的水平；国土面积略小于中国的美国，输气管道长度接近 50 万公里，配气管道长度超过 200 万公里，分别是中国的 7.7 倍和 5.4 倍。

储气调峰设施方面，受价格机制缺陷的制约，中国地下储气库的建设始终落后于长输管道的发展。截至 2014 年底，中国已建储气库（群）11 座，调峰能力不到 50 亿立方米，仅相当于 2014 年全国天然气消费量的 2%，远低于 11% 的世界平均水平，且大多远离重点消费地区，季节调峰能力严重不足。主要供气企业不得不采用上游限产、高价采购 LNG 现货和中断工业用户等方式配合调峰，不但破坏气田产能、扩大进口亏损，也对天然气市场的持续健康发展造成负面影响。按照 2020 年全国天然气需求 3000 亿立方米，调峰气量占比 10% 保守测算，至少需要 300 亿立方米的工作气能力才能保障供需均衡，现有和在建项目无法完全满足需求。

表 10-7　2013 年部分国家和地区地下储气库情况

单位：亿立方米，%

国家	最大工作气能力	天然气消费量	天然气产量	工作气能力占消费量比重
美国	1345	7372	6876	18
俄罗斯	704	4135	6048	17
欧洲	1011	6512	4282	16
德国	233	836	82	28
意大利	163	642	71	25

续表

国家	最大工作气能力	天然气消费量	天然气产量	工作气能力占消费量比重
法国	129	428	—	30
奥地利	74	85	—	87
匈牙利	63	86	—	73
荷兰	53	371	687	14
英国	50	731	365	7
西班牙	41	290	—	14

资料来源：EIA，CEDIGAZ，BP。

第十一章	天然气供应能力展望

中国天然气资源储量丰富，进口天然气能力也有较大的增长空间。预计
2020 年国产天然气供应能力可达 1750 亿立方米，其中常规天然气、煤层气、
页岩气和煤制气分别为 1500 亿立方米、100 亿立方米、100 亿立方米和 50 亿
立方米；进口天然气供应能力 1550 亿立方米，其中管道气和 LNG 分别为 1000
亿立方米和 550 亿立方米。2030 年国产天然气供应能力可达 2350 亿立方米，
其中常规天然气、煤层气、页岩气和煤制气分别为 1850 亿立方米、200 亿立方
米、200 亿立方米和 100 亿立方米；进口天然气供应能力 2650 亿立方米，其中
管道气和 LNG 分别为 1650 亿立方米和 1000 亿立方米。中国天然气对外依存度
将持续上升。如果未来中国天然气需求能快速恢复，中国天然气实际供应量将
还有增长空间。

一、国产常规气供应能力 2030 年可达 2000 亿立方米，年均增加约 45 亿立方米

2014 年 4 月，在国家发展改革委印发的《关于建立保障天然气稳定供应
长效机制若干意见的通知》中提出了 "2020 年天然气供应能力达到 4000 亿立
方米，力争达到 4200 亿立方米" 的任务目标。同年 6 月，国务院办公厅在
《能源发展战略行动计划（2014－2020 年）》中细化分解了 2020 年常规天然气
产量 1850 亿立方米、页岩气和煤层气产量各 300 亿立方米的目标，其中仅常
规天然气产量就相当于 2014 年全年的天然气消费总量。但受制于技术、经济、
环境，特别是市场等方面因素的影响，目前看来规划目标的实现存在较大难
度。从市场供需平衡的角度分析，2030 年前中国天然气市场供应将优先选择

已经签署了照付不议合同的进口长贸气，国产天然气作为调节供需平衡的重要手段，其产量将受到一定抑制，产能建设也将在一段时期内放缓。

（一）常规天然气资源丰富，发展潜力巨大

2015 年 5 月，国土资源部《2013 全国油气资源动态评价》显示：中国常规天然气地质资源量 68 万亿立方米，可采资源量 40 万亿立方米，与 2007 年评价结果相比，分别增加了 33 万亿立方米和 18 万亿立方米，增长了 94% 和 82%；已累计探明 12 万亿立方米，探明程度 18%，处于勘探早期。中国的油气资源主要集中在 11 个大型含油气盆地，其中鄂尔多斯、四川、塔里木、柴达木、珠江口、琼东南、东海、莺歌海、松辽 9 个盆地的天然气资源量、储量和产量贡献超过 80%。

截至 2014 年底，中国常规天然气累计采出 1.5 万亿立方米，剩余可采资源量 38.5 万亿立方米。新增地质储量 90% 以上为整装、未开发储量，进一步增储上产的潜力很大。2014 年中国天然气新增探明地质储量 10364 亿立方米，同比增长 77%，首次突破 1 万亿立方米。尽管如此，由于中国剩余尚未开采的常规油气资源品质较差，且勘查开采利用难度大，油气资源勘查开采成本正不断增大。

（二）下游市场增长空间是影响未来国产常规天然气增长的关键因素

根据《能源发展战略行动计划（2014－2020 年）》，2020 年中国年产常规天然气将达到 1850 亿立方米，这意味着六年间要增加 570 亿立方米的产能，年均增量接近 100 亿立方米。从中国石油、中国石化、中国海油目前在建和规划建设的上游项目看，实现该目标无论从资源层面还是技术层面都不存在问题，关键在于下游市场的增长空间。

2015 年，中国石油川渝地区安岳气田磨溪区块龙王庙组气藏二期项目顺利投产，产能 60 亿立方米/年；三期项目也在 2015 年 6 月获得环境保护部环评批复，设计产能约 60 亿立方米/年；除此之外，塔里木克拉苏气田克深 60 亿立方米产能建设工程和大北 30 亿立方米产能建设工程也正稳步推进。中国石化 2014 年 12 月投产的元坝气田为其增加了 17 亿立方米/年的常规气产能，

2015 年末二期投产后还将再增加 17 亿立方米/年的产能。中国海油方面，2014 年南海荔湾 3 - 1，东海丽水 36 - 1，南海番禺 34 - 1、35 - 1、35 - 2 和流花 34 - 2 气田相继投产，新增产能超过 30 亿立方米/年，远期可达 50 亿立方米/年。

如果目前中国天然气需求疲软的状况不能得到尽快有效解决，未来几年国内天然气产业上游投资必将会受到一定抑制，保守估计 2020 年常规天然气产量在 1500 亿立方米左右，产能富余 100 亿 - 200 亿立方米；若市场需求能够在短期内恢复快速增长，则 2020 年仍有希望达到 1850 亿立方米的产量目标，且 2030 年产能可增至 2000 亿立方米甚至更高。

二、煤层气利用量 2030 年可达 200 亿立方米，年均增加约 8 亿立方米

根据国土资源部 2009 年完成的全国煤层气资源评价，中国埋深小于 2000 米煤层气地质资源量约为 36.81 万亿立方米，居世界第三位，与常规天然气资源量大致相当。2014 年中国煤层气探明地质储量 601.93 亿立方米，较上年增长 155.3%；新增探明技术可采储量 305.31 亿立方米，较上年增长 159.0%。

煤层气开发利用作为优化能源结构、增加资源供应、促进节能减排和降低瓦斯事故的重要手段，长期以来得到中国政府的高度重视与支持。2007 年以来，国家财政部、税务总局、国土资源部和国家发展改革委等多部委先后出台多项加快煤层气开发利用的税收优惠政策、价格补贴政策以及鼓励企业扩大煤层气勘探开采等政策。2013 年 9 月，国务院办公厅发布《进一步加快煤层气（煤矿瓦斯）抽采利用的意见》，提出了加大财政资金支持力度、强化税费政策扶持、完善煤层气价格和发电上网政策、加强煤层气开发利用管理、推进科技创新、加强组织领导等六方面十八条促进煤层气发展的具体意见。

《能源发展战略行动计划（2014 - 2020 年）》提出 2020 年煤层气产量力争达到 300 亿立方米的发展目标。2015 年 2 月国家能源局印发《煤层气勘探开发行动计划》，为"十三五"煤层气的开发利用设定了更为细分和较为积极的目标：到 2020 年，建成 3 - 4 个煤层气产业化基地，新增探明煤层气地质储量 1 万亿立方米；煤层气（煤矿瓦斯）抽采量力争达到 400 亿立方米，其中地面

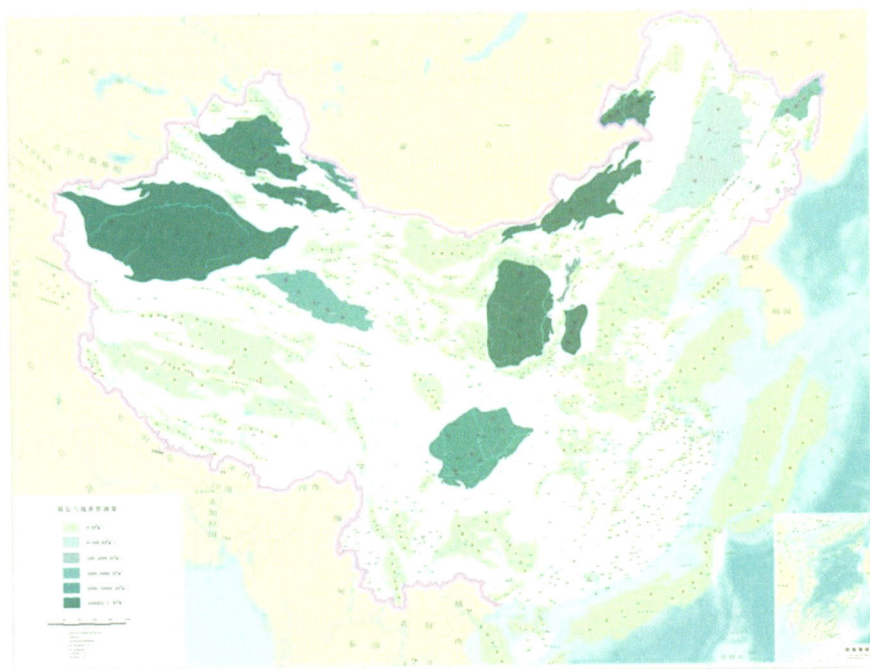

图 11 - 1　中国煤层气资源分布图

资料来源：中国地质调查局油气资源调查中心，公益性油气地质信息服务平台。

开发 200 亿立方米，基本全部利用；煤矿瓦斯抽采 200 亿立方米，利用率达到 60%；煤矿瓦斯发电装机容量超过 400 万千瓦，民用超过 600 万户。

　　尽管政府支持，但受地质条件复杂、核心技术缺乏、装备相对落后以及矿权重叠分置导致煤炭企业与煤层气企业间的利益纠纷等因素影响，中国煤层气实际发展未能达到预期目标。根据历年煤矿瓦斯防治部际协调领导小组会议发布的信息，2010 - 2014 年中国煤层气产量从 88 亿立方米增至 170 亿立方米，利用量从 36 亿立方米增至 77 亿立方米。按照目前的发展趋势和市场环境，难以实现"十二五"规划目标，要实现 2020 年 400 亿立方米的目标也存在较大难度。预计 2015 年煤层气抽采量不会超过 200 亿立方米，利用量也很难达到 90 亿立方米，在当前市场低迷的背景下，预计 2020 年利用量为 100 亿立方米，"十四五"市场回暖后有望恢复快速增长，2030 年利用量可达到 200 亿立方米。

表 11 - 1　2010 - 2014 年中国煤层气抽采量与利用量

单位：亿立方米

年份	抽采量			利用量		
	小计	井下抽采	地面产量	小计	井下利用量	地面利用量
2010	88	73.5	14.5	36	25	11
2011	115	92	23	53	35	18
2012	141	114	27	58	38	20
2013	156	126	30	66	43	23
2014	170	133	37	77	45	32

资料来源：历年煤矿瓦斯防治部际协调领导小组会议发布信息。

三、页岩气开采量 2030 年可达 300 亿立方米，年均增加 15 亿立方米

2009 - 2012 年，国土资源部组织开展了页岩气资源潜力评价及有利区带优选工作，对中国 41 个盆地（地区）、87 个评价单元、57 个含气页岩层段的页岩气资源潜力进行了评价。结果表明，中国页岩气地质资源量 134 万亿立方米（不含青藏区），页岩气可采资源量 25 万亿立方米，海相、海陆交互相、陆相三种类型三分天下。

（一）政府寄予较高期望

美国页岩气革命成功，使得中国政府开始高度重视页岩气资源的勘探开发，国务院各部委和地方政府推出了一系列鼓励和支持政策。2011 年 12 月，经国务院批准国土资源部将页岩气列为中国第 172 个矿种，使其能够按单独矿种进行投资管理。除此之外，国土资源部还在 2011 年 6 月和 2012 年 10 月对页岩气探矿权出让进行了两轮国内公开招标，吸引更多资本进入页岩气开发领域。

2012 年 3 月，国家发展改革委、财政部、国土资源部、国家能源局共同发布《页岩气发展规划（2011 - 2015 年）》，提出了"十二五"期间"探明页岩气地质储量 6000 亿立方米，可采储量 2000 亿立方米"，以及"2015 年页岩气

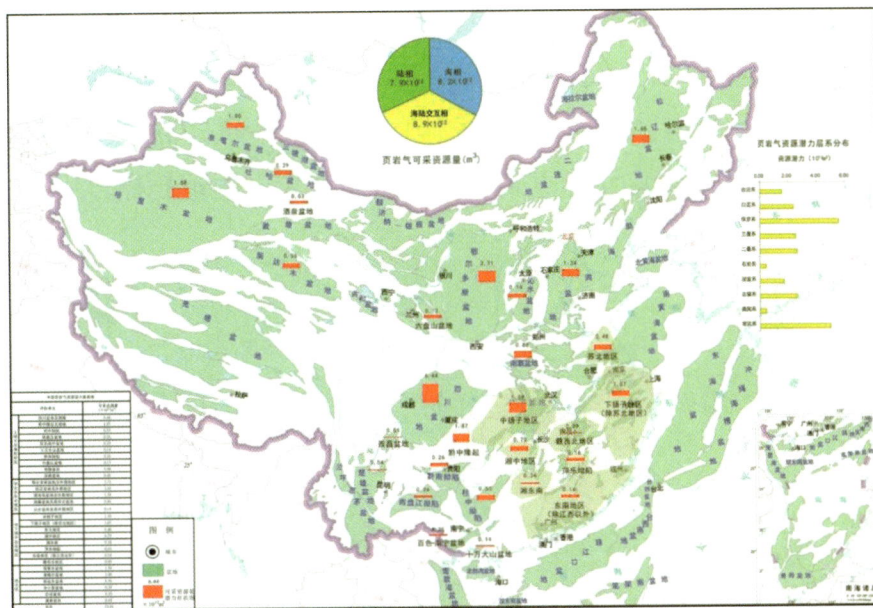

图 11-2　中国页岩气资源分布图

资料来源：国土资源部地质调查局，《中国页岩气资源调查报告》（2014 年）。

产量 65 亿立方米，力争 2020 年产量达到 600 亿 - 1000 亿立方米"的目标。2013 年 10 月，国家能源局发布《页岩气产业政策》，从产业监管、示范区建设、产业技术政策、市场与运输、节约利用与保护环境、支持政策等几个方面明确了政府导向，并将页岩气开发视为国家战略性新兴产业。

2012 年 11 月，财政部、国家能源局发布《关于出台页岩气开发利用补贴政策的通知》，规定中央财政对页岩气开采企业给予补贴，2012 - 2015 年的补贴标准为 0.4 元/立方米，同时明确地方财政可根据当地页岩气开发利用情况对页岩气开发利用给予适当补贴。2015 年 4 月，财政部、国家能源局再次发布《关于页岩气开发利用财政补贴政策的通知》，决定 2016 - 2020 年中央财政对页岩气开采企业给予补贴，其中 2016 - 2018 年的补贴标准为 0.3 元/立方米，2019 - 2020 年补贴标准为 0.2 元/立方米。

（二）两大公司取得突出成就

2015 年 6 月，国土资源部中国地质调查局公开发布了《中国页岩气资源调查报告（2014 年）》。报告显示，截至 2014 年 12 月底，中国页岩气产业累计投资 230 亿元，完成二维地震 21818 千米，三维地震 2134 平方千米，钻井 780 口，铺设管线 235 千米，相继在四川长宁、威远、井研—犍为，重庆涪陵、彭水，云南昭通，贵州习水和陕西延安等地取得重大突破和重要发现，获得页岩气三级地质储量近 5000 亿立方米，其中涪陵区块探明地质储量 1067.5 亿立方米，2014 年页岩气产量 13 亿立方米。

表 11 - 2　全国页岩气勘查开发投入情况

单位名称	二维地震（千米）	三维地震（千米）	钻井（口）	管线建设（千米）	2014 年产量（亿立方米）	投入（亿元）
国土资源部	210	—	66	—	—	6.6
地方政府	739.82	—	45	—	—	4.6
中国石化	4793.61	999.5	184	141.3	11.4	126
中国石油	6076	757	358	93.7	1.6	68
延长石油	0	105.35	65	—	—	7.2
中国海油	316.18	—	5	—	—	1
中联煤层气公司	2178.65	272	14	—	—	1.4
中标企业	7503.9	—	43	—	—	15.2
合计	21818.16	2133.85	780	235	13	230

资料来源：国土资源部地质调查局，《中国页岩气资源调查报告》（2014 年）。

2015 年 8 月 18 日，中国石化宣布："涪陵页岩气田已累计建成产能超过 40 亿立方米/年，产气 25.7 亿立方米，销售 24.6 亿立方米；目前日产气能力已提升至 1207 万立方米，日销售 1202 万立方米，其中重庆本地消化利用 490 万立方米，通过川气东送管道外销 712 万立方米。"2015 年 8 月 31 日，中国石油宣布在四川盆地的页岩气勘探获重大突破，威 202 井区、宁 201 井区、YS108 井区新增含气面积 207.87 平方公里、页岩气探明地质储量 1635.31 亿立方米、技术可采储量 408.83 亿立方米，上述探明储量区内，已有 47 口气井投产，日产气 362 万立方米。

（三）未来发展面临一系列挑战

尽管如此，页岩气勘探开发在中国仍面临着经济、技术、环境、市场和管网设施等方面的一系列问题。2011 年 7 月首次页岩气探矿权招标的 4 个区块中，中国石化和河南煤层气公司分别中标获得了渝黔南川和渝黔湘秀山两个区块的页岩气探矿权，贵州的两个区块则因有效投标人不足三家而流标。2014 年 11 月 3 日，由于没有完成在首批页岩气招标获得的两个区块上所承诺的勘察投入比例，中国石化和河南煤层气公司分别被国土资源部罚款 797.98 万元和 603.55 万元，并被核减勘察区块面积。

除此之外，下游市场疲软也将在一定程度上影响页岩气发展。据媒体报道，受下游用气量持续下降、涪陵气田与元坝气田提产等因素影响，8 月 31 日中国石化普光气田主体集输系统 1 号线 12 口气井关停，普光气田外输商品气量由年初的 2060 万立方米/天逐步下调，最低时只有 980 万立方米/天。若下游市场疲软态势不能得到有效缓解，上游企业很难再有积极性投入巨额资本从事高成本的页岩气勘探开发。

从目前各公司发布的信息看，2015 年中国只能实现 65 亿立方米的页岩气产能而非原定的产量目标。《能源发展战略行动计划（2014－2020 年）》已经将 2020 年的页岩气产量目标由此前的 600 亿立方米降至 300 亿立方米。综合供需、成本、价格等各方面因素分析，保守判断 2020 年中国页岩气产能在 200 亿立方米左右，2030 年可达到 300 亿立方米。

四、煤制气供应量 2030 年可达 100 亿立方米，但仍具有不确定性

2009 年 5 月，国务院发布《石化产业调整和振兴规划》，明确提出开展煤化工示范工作。"十一五"末期，国家发展改革委核准了 4 个煤制气示范项目，合计能力 151 亿立方米/年，目前已有 3 个项目初步建成投产，合计能力 31 亿立方米/年。其中新疆庆华和大唐克旗煤制气项目一期各 13.3 亿立方米产能均于 2013 年 12 月投产并网，内蒙古汇能煤制气项目第一条生产线 4 亿立方米产能也在 2014 年 10 月投料试车成功。

"十二五"期间，中国还有 17 个煤制气项目获得路条，主要分布在新疆和内蒙古，陕西、安徽和云南各有 1 个，合计能力超过 700 亿立方米/年，其中

又以中国石化规划的新粤浙煤制气管道配套的新疆准东煤制气项目规模最大，高达 80 亿立方米/年，另有华能、华电、国电、中电投、河南煤化工、徐州矿务、万向控股、广汇能源和新疆励晶煤业等共 9 家企业的煤制气项目每年将为该管道提供 400 亿立方米的天然气。

2015 年 7 月，国家环境保护部正式批复了中国石化新疆煤制气外输管道工程（新粤浙管道）环境影响报告；10 月，国家发展改革委正式核准该项目。资料显示，该管道项目总长约 8000 公里，设计输气规模均为 300 亿立方米/年，总投资 1590 亿元，包括 1 条干线和 6 条支干线，分别是准东支干线、伊犁支干线、南疆支干线、豫鲁支干线、赣闽浙支干线和广西支干线，沿线途经新疆、甘肃、宁夏、陕西、河南、湖北、湖南、江西、山西、山东、浙江、福建、广东、广西等 14 个省区，配套的中国石化 80 亿立方米/年、龙宇 40 亿立方米/年、浙能 20 亿立方米/年煤制气项目水资源论证也已通过环委会审查。

表 11 - 3　中国核准在建的煤制气项目

单位：亿立方米/年

公司	设计能力	地点	核准时间	投产时间	现有能力
大唐发电	40	内蒙古赤峰市克什克腾旗	2009 年 7 月	2013 年 12 月	13.3
内蒙古汇能	16	内蒙古鄂尔多斯	2009 年 12 月	2014 年 10 月	4
大唐发电	40	辽宁省阜新市	2010 年 3 月	—	在建
新疆庆华	55	新疆伊犁	2010 年 6 月	2013 年 8 月	13.75

资料来源：中国国家发展改革委。

（一）煤制气示范项目遭受挫折

以大唐克旗煤制气项目为例，目前国家对煤制气项目有 0.2 元/立方米的补贴，根据与中国石油签订的购销协议，大唐克旗煤制气初期结算价格为 2.75 元/立方米，而目前内蒙古管道气最高门站价格仅为 2.04 元/立方米，北京市管道气最高门站价格为 2.7 元/立方米。即便有价格补贴，大唐煤制气项目仍未能避免亏损。2014 年 12 月，大唐发电发布公告声称：公司计划出售其煤化工业务，已经暂停阜新煤制气项目建设。此外，据媒体报道，汇能煤制气亏损也已超过 1000 元/吨。煤制气示范项目普遍遭受挫折。

（二）环境问题引发关注

除了经济性之外，环境问题也是煤制气面临的重要挑战之一。煤制气需要消耗大量水资源并排放工业废水，而新疆、内蒙古正是中国水资源最紧缺且生态环境脆弱的地区。另外，按照全产业链的生命周期计算，煤制气的二氧化碳排放也要远高于直接燃烧。在煤化工示范项目的环境问题被屡屡曝光并遭受广泛质疑之后，环境保护部已经把煤化工列入重点盯防领域。

2015年1月29日，环境保护部发布《关于不予批准苏新能源和丰有限公司40亿标准立方米/年煤制天然气项目环境影响报告书的通知》；2015年6月26日，环境保护部发布《关于不予批准伊犁新天煤化工有限责任公司年产20亿立方米煤制天然气项目环境影响报告书的通知》，而据媒体报道该项目工程进度已经完成80%并被新疆环保厅处以罚款。针对屡禁不止的未批先建现象，环境保护部还曾在2015年3月18日发布《关于进一步加强环境影响评价违法项目责任追究的通知》。

（三）国家政策更趋审慎

事实上，由于担心产能过剩，国家发展改革委早在2010年6月发布的《关于规范煤制气产业发展有关事项的通知》，就已经将煤制气项目的审批权上收到国家层面；2011年3月，国家发展改革委发布《关于规范煤化工产业有序发展的通知》，要求禁止建设年产20亿立方米及以下煤制天然气项目。2014年7月，国家能源局发布《关于规范煤制油、煤制天然气产业科学有序发展的通知》，明确"煤制气仍处于产业化示范阶段，要坚持统筹规划、科学布局、严格准入，在生态环境和水资源条件允许的前提下有序推进示范项目建设，适度发展产业规模。没有列入国家示范的项目，各地禁止擅自违规立项建设"。

2015年7月，国家能源局发布《关于规范煤制燃料示范工作的指导意见》（第二次征求意见稿），进一步要求"坚持量水而行、坚持最严格的环保标准、坚持节能高效、坚持科学布局、坚持自主创新"。考虑到现有煤制气示范项目在技术、经济、环境等方面出现的严重问题，且目前中国天然气市场资源的严重过剩，预计 2020 年煤制气能力为 50 亿立方米。2030 年即便四个示范项目 151 亿立方米/年的产能全部投产，产量也要大打折扣。在技术未实现重大突破、解决经济性问题之前，如果没有出现持续巨大资源短缺，煤制气产能很难有更大的增长。

五、进口管道气规模 2030 年可达 1650 亿立方米，年均增加约 84 亿立方米

过去十年间，中国已经建成了西北、西南和东部海上天然气进口通道，东北中俄东线天然气管道也正在有序建设中，初步实现了进口来源多元化。目前，中国已有中亚和中缅两条陆上天然气进口通道，其中中亚天然气管道已投运 A、B、C 三条线，合计输气能力 550 亿立方米/年，中缅天然气管道输气能力 120 亿立方米/年。除此之外，还有中亚天然气管道 D 线和中俄东线天然气管道正在建设中，输气能力分别为 300 亿立方米/年和 380 亿立方米/年。2014 年，中国管道气总进口量约 313 亿立方米，较 2013 年增长 14.7%。其中进口中亚气 283 亿立方米，同比增加 28 亿立方米；进口缅甸气 30 亿立方米，同比增加 12 亿立方米。

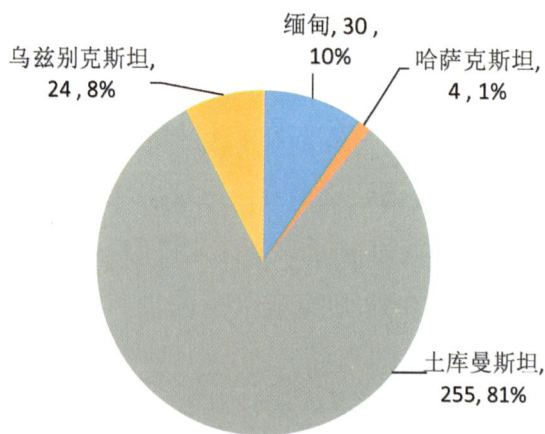

图 11-3 2014 年中国天然气管道进口数量及构成（单位：亿立方米）

资料来源：中国海关总署。

（一）中亚天然气管道

目前，中亚天然气管道已投运 A、B、C 三条线，合计输气能力 550 亿立方米/年。中亚天然气管道 D 线设计能力 300 亿立方米/年，起始于土库曼斯坦和乌兹别克斯坦边境，途经乌兹别克斯坦、塔吉克斯坦、吉尔吉斯斯坦三国，最终从南疆的乌恰县与中国西气东输五线相接。2014 年 9 月，习近平主席访问塔吉克斯坦期间与拉赫蒙总统共同出席了中亚天然气管道 D 线塔吉克斯坦段的开工仪式。

图 11-4 中亚天然气管道走向

资料来源：网络资料。

（二）中缅天然气管道

中缅天然气管道起自缅甸西部海岸皎漂首站，通过云南省瑞丽市入境，经贵州省贵阳市到达广西壮族自治区贵港市。管道干线全长 2520 公里，其中缅甸境内长度 793 公里，中国境内长 1727 公里，设计输气能力为 120 亿立方米/年，气源主要来自于缅甸近海油气田。中缅天然气管道的境外和境内段分别在 2010 年 6 月 3 日和 2010 年 9 月 10 日开始动工，2013 年 7 月 28 日开始向中国境内输送天然气，2013 年 10 月干线全线建成投产，其余支线也在陆续建成投产。

图 11 –5　中缅油气管道走向

资料来源：观察者网。

（三）中俄天然气管道

中俄东线天然气管道项目在俄罗斯也被称为"西西伯利亚力量"，该管道西起伊尔库茨克州，东至远东港口城市符拉迪沃斯托克，全长约 4000 公里，中间经海兰泡（布拉戈维申斯克）通向中国黑龙江省黑河市，气源主要来自恰扬金气田和科维克金气田；管道在中国境内途经黑龙江、吉林、内蒙古、辽宁、河北、天津、山东、江苏、上海 9 个省区市。据媒体报道，项目在中国境内分北段（黑龙江黑河—吉林长岭干线及长岭—长春支线）、中段（吉林长岭—河北永清）、南段（河北永清—上海）分别核准和建设。

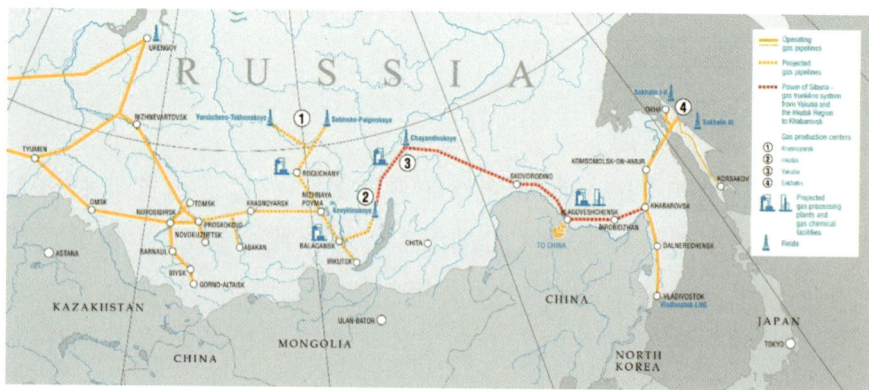

图 11 –6　中俄东线天然气管道走向

资料来源：Gazprom 公司网站。

2014 年 5 月 21 日，在中俄两国首脑见证下，中国石油天然气集团公司和俄罗斯天然气工业股份公司（Gazprom）签署了《中俄东线供气购销合同》，合同规模为 380 亿立方米/年，供气期限 30 年。2014 年 9 月 1 日，管道俄罗斯境内段率先开工；2015 年 6 月 29 日，中国境内段在黑龙江省黑河市正式开工建设；2015 年 8 月，Gazprom 公司表示"将在 2019 年 5 月至 2021 年 5 月期间开始向中国提供天然气"，俄罗斯政府也批准了对东线管道基础设施建设的国家支持计划。

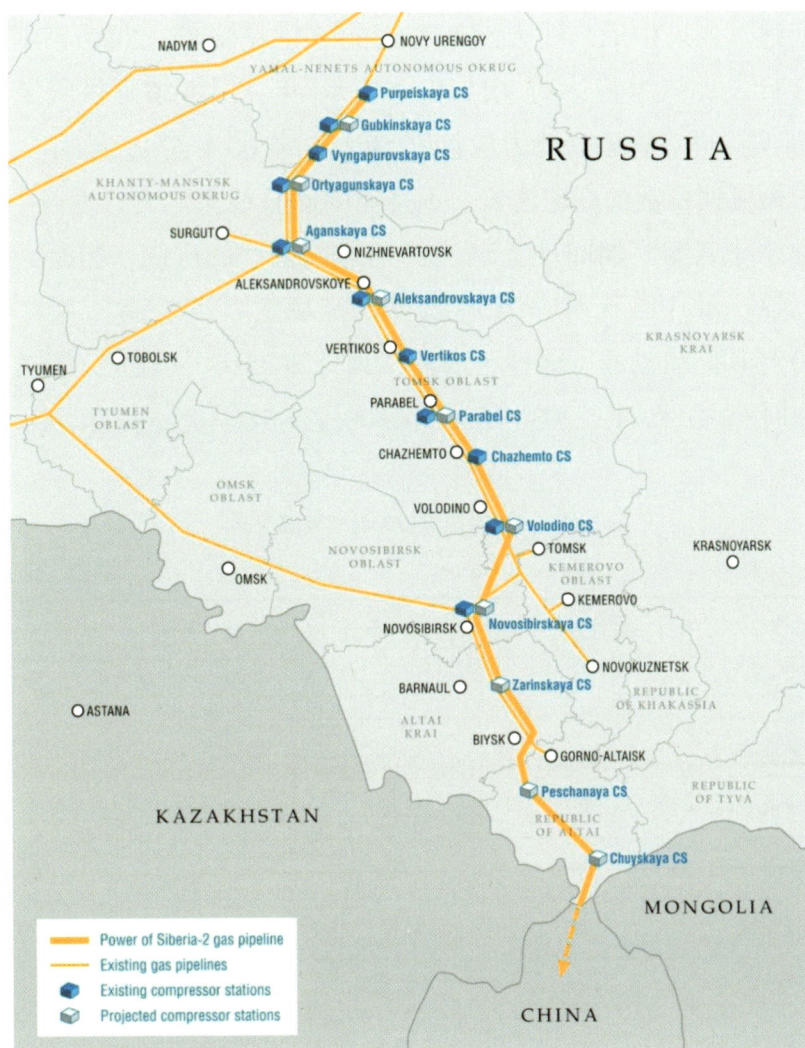

图 11 – 7 中俄西线天然气管道走向

资料来源：Gazprom 公司网站。

除此之外，中俄西线天然气管道项目也正在有序推进。2014 年 11 月，中俄两国首脑见证了《中国石油天然气集团公司与俄罗斯天然气工业公司关于经中俄西线自俄罗斯向中国供应天然气的框架协议》的签署，协议初步商定俄罗斯将通过中俄西线天然气管道向中国供气，供气规模 300 亿立方米/年，供气量渐增期为 4 – 6 年，供气期限 30 年。但在国内天然气需求疲软、国际油价大幅下跌的背景下，中俄西线天然气管道的进程将受到一定影响。

（四）进口天然气管道供应能力分析

综上所述，如果中俄东线天然气管道能够建成投产，2020 年中国进口天然气管道合计设计能力将达到 1050 亿立方米/年，但考虑到供气渐增期的因素，2020 年实际进口管道气能力应该在 600 亿 – 700 亿立方米/年。如果中国天然气需求恢复两位数的高速增长，不排除中亚 D 线天然气管道或中俄西线天然气管道在"十三五"期间动工建设甚至建成投产的可能。但是，由于这两条管道与已投产的中亚天然气管道的目标市场重合度较高，存在被推迟到 2020 – 2030 年期间启动的可能性。因此，预计 2025 年中国进口管道气能力将达到约 1000 亿立方米/年，2030 年达到 1300 亿 – 1600 亿立方米/年。

表 11 – 4　中国进口天然气管道情况

单位：亿立方米/年

项目名称	设计能力	状态	投产时间	长度（境外段）
中亚天然气管道 A 线	300	已投产	2009 年 12 月	1830 公里
中亚天然气管道 B 线		已投产	2010 年 10 月	
中亚天然气管道 C 线	250	已投产	2014 年 5 月	
中亚天然气管道 D 线	300	在建	—	840 公里
中缅天然气管道	120	已投产	2013 年 7 月	793 公里
中俄东线天然气管道	380	在建	—	4000 公里
中俄西线天然气管道	300	规划	—	2600 公里

资料来源：根据网络信息整理。

六、进口 LNG 供应量 2030 年可达 1000 亿立方米, 年均增加约 45 亿立方米

中国 2006 年首次进口 LNG, 2013 年已经超过西班牙成为仅次于日本和韩国的世界第三大 LNG 进口国。2014 年, 中国进口 LNG 共 1985 万吨, 较 2013 年增长 10.3%, 占全球 LNG 贸易总量的约 8%。2014 年, 中国 LNG 进口来源排名前 5 位的国家分别是卡塔尔、澳大利亚、马来西亚、印度尼西亚和也门 (如图 11-8 所示)。中国海油、中国石油、中国石化三大公司 LNG 接收站进口的数量分别为 1425 万吨、539 万吨和 21 万吨, 其中 80% 以上是长贸资源。

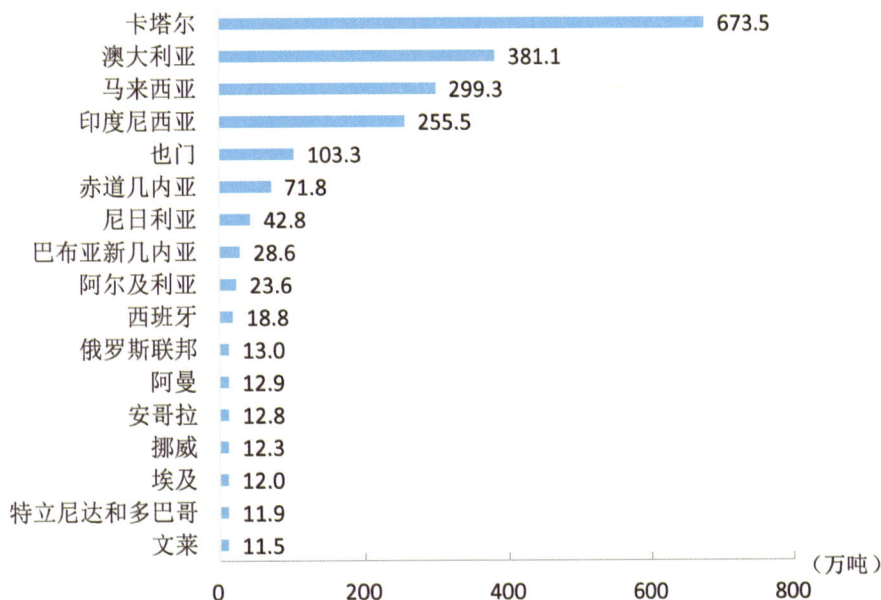

国家	数量 (万吨)
卡塔尔	673.5
澳大利亚	381.1
马来西亚	299.3
印度尼西亚	255.5
也门	103.3
赤道几内亚	71.8
尼日利亚	42.8
巴布亚新几内亚	28.6
阿尔及利亚	23.6
西班牙	18.8
俄罗斯联邦	13.0
阿曼	12.9
安哥拉	12.8
挪威	12.3
埃及	12.0
特立尼达和多巴哥	11.9
文莱	11.5

图 11-8　2014 年中国进口 LNG 来源

资料来源: 国家海关总署。

(一) 进口 LNG 接收站

截至 2015 年 11 月, 中国共有 11 座 LNG 接收站建成投产, 合计能力 4780 万吨/年。其中, 中国海油运营 7 座, 合计能力 2780 万吨/年; 中国石油运营如东 LNG、大连 LNG、唐山 LNG, 合计能力 1700 万吨/年; 中国石化运营青岛

LNG，设计能力300万吨/年。除此之外，中国还有广东粤东、广西北海、天津滨海、广东迭福、浙江舟山5座LNG接收站核准在建，大连、如东LNG接收站二期扩建工程核准在建，合计能力2100万吨/年；以及江苏连云港、福建漳州、江苏盐城、茂名粤西、浙江温州等多个项目获得能源局路条，合计设计能力1500万吨/年。即便"十三五"期间仅增加上述5个新建项目和2个扩建项目，2020年中国进口LNG接收站设计能力也将超过7000万吨/年，完全能够满足进口需要。

表11-5 中国进口LNG接收站情况

单位：万吨/年

名称	地点	设计能力	投产时间	所属企业	状态
广东大鹏	深圳市大鹏湾	680	2006年9月	中国海油（33%），BP（30%），深圳燃气（10%），粤电集团（6%），广州燃气（6%），深圳能源（4%），香港电灯（3%），港华投资（3%），东莞燃料（2.5%），佛山燃气（2.5%）	已投产
福建莆田	莆田市秀屿港	630	2009年7月	中国海油（60%），福建投资开发总公司（40%）	已投产
上海洋山	上海市洋山港	300	2009年10月	中国海油（45%），申能集团（55%）	已投产
江苏如东	如东县洋口港	350	2011年11月	中国石油（55%），新加坡金鹰集团（35%），江苏国信（10%）	已投产
辽宁大连	大连市大孤山半岛	700	2011年12月	中国石油（75%），大连港（20%），大连市建设投资公司（5%）	已投产
浙江宁波	宁波市北仑区	300	2012年9月	中国海油（51%），浙能集团（29%），宁波市电力开发公司（20%）	已投产

续表

名称	地点	设计能力	投产时间	所属企业	状态
广东珠海	珠海市高栏港	350	2013 年 10 月	粤电集团（30%），中国海油（25%），广州市（25%），粤港投资控股（8%），佛山市（3%），珠海市（3%），中山市（3%），江门市（3%）	已投产
河北唐山	曹妃甸新港工业区	650	2013 年 10 月	中国石油（51%），北控集团（29%），河北天然气（20%）	已投产
天津浮式	南疆港区	220	2014 年 10 月	中国海油（46%），天津港（40%），天津燃气（9%），天津恒融达（5%）	已投产
海南洋浦	洋浦经济开发区	300	2014 年 8 月	中国海油（65%），海南省发展控股有限公司（35%）	已投产
山东青岛	青岛市董家口港	300	2014 年 12 月	中国石化	已投产
大连二期	大连市大孤山半岛	300	2015 年	中国石油	核准在建
广东粤东	揭阳市	200	2016 年	中国海油（70%），粤电集团（30%）	核准在建
广西北海	北海市铁山港	300	2016 年	中国石化，广西投资集团，北部湾国际港务集团	核准在建
唐山二期	曹妃甸新港工业区	300	2016 年	中国石油	核准在建
如东二期	如东县洋口港	300	2016 年	中国石油	核准在建
天津滨海	南港工业区	300	2016 年	中国石化	核准在建
广东迭福	深圳市大鹏新区	400	2017 年	中国海油（70%），深圳能源集团股份有限公司（30%）	核准在建
浙江舟山	浙江省舟山市	300	2017 年	新奥集团	核准在建

资料来源：中国石油集团经济技术研究院，《2014 年国内外油气行业发展报告》。

除了 LNG 接收站之外，中国中小型 LNG 转运站的建设也在加快推进。继上海五号沟和东莞九丰之后，2014 年中国第三座 LNG 转运站在海南澄迈投产，广西防城港、广汇启东、深圳市天然气储备与调峰项目也正处于有序建设，预计 2016 年前后即可投用。

表 11−6　中国 LNG 接转储运中心情况

单位：万吨/年

项目名称	所在位置	所属公司	设计能力	项目状态	投产年份
五号沟 LNG 项目	上海	申能	50	已建	2008
九丰 LNG 项目	广东东莞红梅沙田镇	九丰	100	已建	2012
深南 LNG 项目	海南海口澄迈县	中国石油	50	已建	2014
广西防城港 LNG 项目	广西防城港	中国海油	60	在建	2016
启东 LNG 项目	江苏南通港吕四港区	广汇	60	在建	2016
深圳市天然气储备与调峰库工程	广东深圳市大鹏新区	深圳燃气	50	在建	2016
宁德 LNG 转运站	福建宁德	中国海油	80	拟建	2018
江阴 LNG 项目	福建福州江阴牛头尾港	中国石油	10	拟建	待定
沧州 LNG 转运站	河北黄骅港综合港区	太平洋油气	200	拟建	待定
阳江 LNG 调峰储气库及配套码头项目	广东阳江港海陵湾港区	太平洋油气	100	拟建	待定

资料来源：中国石油集团经济技术研究院，《2014 年国内外油气行业发展报告》。

（二）进口 LNG 合同

根据三大公司已经签署的协议和海外项目情况，2020 年中国能够落实的

LNG 长贸资源将超过 4000 万吨/年，其中中国海油 2300 万吨/年，中国石油 1025 万吨/年，中国石化 960 万吨/年，与各公司国内 LNG 接收站的规划能力基本匹配。

最近三年，中国 LNG 长贸合同正密集进入执行的窗口期：2014 年，中国石化开始执行巴布亚新几内亚 PNG LNG 的长贸合同，中国海油也开始执行澳大利亚 QC LNG 的合同，同时将道达尔的采购合同增加 100 万吨/年；2015 年，中国石化将开始执行来自澳大利亚 AP LNG 的 430 万吨/年的长贸合同，中国海油将开始执行与 BG 的 500 万吨/年的长贸合同；2016 年，中国石化将开始执行来自 AP LNG 另外 330 万吨/年的长贸合同，中国石油也将开始执行与壳牌和艾克森美孚签署的来自澳大利亚 Gorgon 项目的两个共 425 万吨/年的长贸合同。合计增加的资源量已经超过了 2014 年全年进口的 LNG 数量，这就要求沿海地区每年要为进口 LNG 资源新增近 100 亿立方米的市场空间。

除此之外，三大公司还都参与了加拿大的 LNG 项目，为更远期的资源供应提供了保障，但在目前的市场供需形势和油价水平下，这些项目的经济性正遭受严重考验，也有可能面临被推迟甚至取消的命运。事实上中国石化在 2014 年就已经在国际市场寻求转售其来自 PNG LNG 的资源，中国海油在 2015 年第四季度也在现货市场出售了 3 船资源。

表 11-7 中国已落实的进口 LNG 资源

单位：万吨/年、年

进口企业	气源	合同量	供气年限	签约年份	供气年份
中国海油（2300）	澳大利亚 NW Shelf	330	25	2002	2006
	印尼 Tangguh	260	25	2006	2008
	马来西亚 Tiga	300	25	2006	2009
	卡塔尔 Qatargas 二期	200	25	2008	2009
	道达尔资源组合	100	15	2008	2010
	道达尔资源组合	100	—	2014	—
	BG 资源组合（QC LNG）	360	20	2010	2014
	BG 资源组合（Sabine Pass）	500	20	2012	2016
	BP 资源组合	150	20	2014	2019

续表

进口企业	气源	合同量	供气年限	签约年份	供气年份
中国石油 （1025）	卡塔尔 Qatargas 四期	300	25	2008	2011
	壳牌资源组合（Gorgon）	200	20	2008	2016
	埃克森美孚澳大利亚 Gorgon	225	20	2009	2016
	俄罗斯 Yamal	300	15	2014	2019
	加拿大 LNG Canada	120	—	—	—
中国石化 （1380）	巴布亚新几内亚 PNG LNG	200	20	2009	2014
	澳大利亚 AP LNG	430	20	2011	2016
	澳大利亚 AP LNG	330	20	2011	2016
	加拿大 NW Pacific LNG	300	20	2014	—
	加拿大 NW Pacific LNG	120	—	—	—
华电	加拿大 NW Pacific LNG	60	—	—	—
	BP	100	20	2015	2019

资料来源：International Energy Agency，Natural Gas in China；根据网络资料更新。

（三）进口 LNG 供应能力分析

基于上述分析，中国进口 LNG 的最大供应能力即为 LNG 接收站的能力，2020 年若几个在建项目投运后将超过 6000 万吨/年，2030 年可超过 8000 万吨/年。由于中国对天然气贸易和 LNG 接收站建设运营并没有特殊限制，只要市场条件允许就会有更多的主体参与其中。

按照国际天然气贸易"照付不议"的惯例和规则，国内企业已经签署的长贸合同则决定了中国进口 LNG 的最低数量，粗略估算 2020 年将超过 4000 万吨/年，约合 550 亿立方米/年，尽管低于 LNG 接收站设计能力，但也为跨季储气调峰提供了空间。当然也不排除有部分合同执行最低用气数量或者将资源转售至其他国家，但考虑现货进口因素，实际进口数量可能不会低于这个数值。2030 年，随着中国天然气市场的完全放开，进口 LNG 接收站能力可增至 1000 亿立方米/年甚至更高。

第十二章　天然气供需形势展望

按照目前的市场形势和发展趋势，中国天然气市场供需形势短期宽松、长期趋稳，预计 2020 年过剩能力高达 400 亿立方米，2030 年的过剩能力超过 100 亿立方米。在此背景下，随着市场化改革不断深入，天然气行业的竞争程度也将更加激烈，三大石油公司由于背负着进口长贸气的巨额亏损包袱，在与其他国有、民营和外资企业的竞争中市场份额将呈下降趋势。此外，展望期内中国天然气价格改革稳步推进，价格机制逐步理顺，也将有利于天然气市场稳定健康发展，助推中国一次能源消费结构的转型升级。

一、天然气供需形势短期宽松，长期趋稳

根据前两章的分析预测，2020 年中国天然气需求 2900 亿立方米，供应能力却达到 3300 亿立方米，2030 年需求 4800 亿立方米，供应能力可达到 5000 亿立方米，国内天然气市场将长期保持整体供过于求的态势，但也不排除会发生因储运能力不足或价格机制扭曲导致的局部地区季节性供应紧张问题，因此加快输配气管网和储气库建设已经成为天然气产业的当务之急。目前，中国天然气需求增速大幅下降，其中不仅有经济增速放缓的因素，更多的是天然气市场机制扭曲的结果。如果能够把握低油价时期的历史机遇，加快深化能源市场体制机制改革，梳理解决制约天然气行业持续健康发展的核心矛盾，未来中国天然气需求仍有望恢复高速增长，如果国家相关政策出台得当、落实到位，不排除 2020 年中国天然气需求超过 3000 亿立方米的可能。

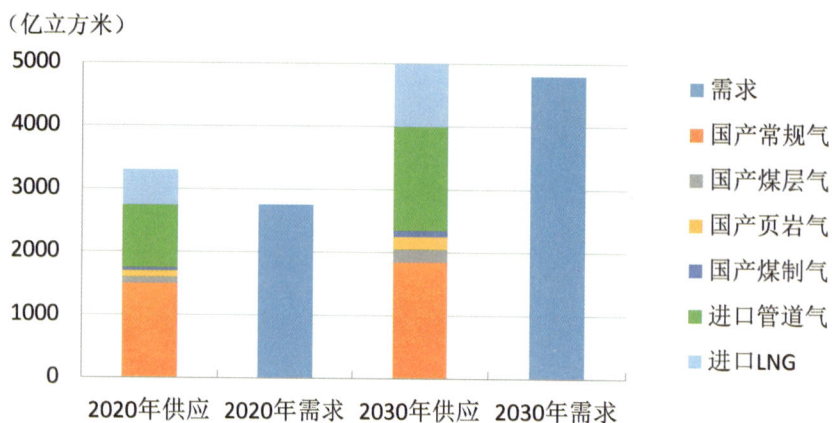

图 12 – 1　2020 年、2030 年中国天然气供需平衡分析

资料来源：项目组。

在资源过剩的压力下，中国主要天然气供应企业将不得不以控制国内产量和进口资源的方式实现市场平衡，同时大幅压缩上游投资。首当其冲的便是高成本的煤制气、煤层气和页岩气等非常规气，进口天然气管道也可能受此影响而延迟建设、投产，进口 LNG 由于已经签署了照付不议合同，只能在国际市场低价转售或者通过合同复议的方式与供应商重新谈判。目前，中国中亚天然气管道 A、B、C 三线和中缅天然气管道都已建成投产，合计输气能力 670 亿立方米/年，预计 2020 年输气量至少应达到 600 亿立方米，进口 LNG 按照 4000 万吨的长贸合同进口量计算也将达到 550 亿立方米，因此给国产天然气留下的市场空间仅有约 1600 亿立方米，进口依存度可能达到 41.8%。

二、天然气市场主体日趋多元化，市场竞争更加激烈

目前，中国上游天然气供应仍以中国石油、中国海油、中国石化三大公司为主，其中仅中国石油一家便占据了 70% 以上的市场份额。随着中国天然气管网的快速发展和资源供应的日益充足，三大公司在华东、华南和川渝地区等交界市场的竞争正不断加剧，特别是争夺工业直供大用户的价格战异常激烈。除此之外，随着国际天然气价格大幅下跌和 LNG 资源严重富余，其他国有、民营甚至外资企业也正积极筹划参与到天然气生产和进口业务中，其中除了下

游城市燃气行业之外，还包括一些实力雄厚的电力企业。

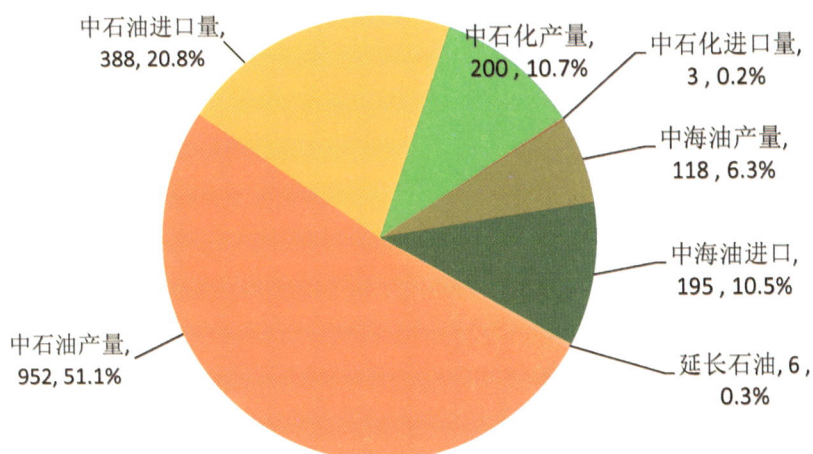

图 12 - 2　2014 年中国分公司天然气供应结构（单位：亿立方米）

资料来源：中国国土资源部、海关总署。

以非常规天然气为例，国土资源部分别于 2011 年 6 月和 2012 年 10 月举行了两轮页岩气探矿权招标。其中第一轮 4 个区块的邀标有中国石化和河南省煤层气开发利用有限公司各中一块，另外两块流标；第二轮 83 家企业参与 20 个区块公开招标，最终 19 个区块 16 家中标候选企业包括中央企业 6 家、地方企业 8 家、民营企业 2 家，其中国内四大石油公司无一中标，而华电集团拿到的区块最多。除此之外，华电集团在 2014 年还与中国石化共同购买了马来西亚国家石油公司位于加拿大的太平洋西北液化天然气（LNG）项目的权益（比例 5%，权益量 60 万吨/年）；2015 年 10 月，华电集团不但与 BP 签署了 100 万吨/年的 LNG 购销协议，还与新加坡淡马锡控股旗下兰亭能源公司签署了进口 LNG 的谅解备忘录。

2013 年 11 月 7 日，广汇能源与壳牌中国就江苏启东 LNG 接收站项目签订合作框架协议，并成立合资公司，双方股比分别为 51% 和 49%，设计能力 300 万吨/年；2015 年 8 月，壳牌宣布退出江苏启东 LNG 接收站项目，而是以购销协议的方式与广汇能源进行合作，将风险全部转嫁给了后者。2015 年 11 月，北京燃气与新加坡金鹰集团旗下的加拿大太平洋油气公司签署协议，拟购买该公司位于加拿大英属哥伦比亚的 Woodfibre 项目 LNG，年购买量超过 100 万吨，协议执行的窗口期在 2017 - 2019 年，期限 25 年。

三、天然气市场化改革稳步推进，价格机制逐步理顺

2015 年 11 月 18 日，国家发展改革委发布通知，规定自 11 月 20 日起非居民用天然气最高门站价格降低 0.7 元/立方米，2016 年 11 月 20 日后允许在此基础上浮 20%。此次非居民用天然气门站价格的大幅下调和市场化改革抓住了全球油气资源供应严重过剩、大宗商品价格低位震荡的有利时机，给陷入疲软的中国天然气市场打了一针强心剂，有助于保障经济平稳健康发展、缓解资源供应过剩问题、促进能源结构转型升级，并加快推动上海石油天然气交易中心的建设发展，为天然气行业的持续健康发展奠定了基础。

（一）减轻下游用户负担，保障经济稳定发展

本次调价的影响范围涉及中国超过 1000 亿立方米的非居民用天然气市场，按照价格普遍下调 0.7 元/立方米计算，终端用户燃料成本降幅在 20% 左右，每年将减轻全社会制造业、发电、供热、交通运输，以及商业、服务业等下游用气行业企业负担近 700 亿元。有助于充分释放中国天然气市场的潜在需求，支撑实体经济的平稳健康发展。

（二）缓解资源过剩问题，助力"一带一路"战略

为保障资源供应，中国在 2010 年前后签署了大量的长期进口天然气协议，并在"十二五"期间启动了一系列产能建设项目。但由于国内天然气需求增速大幅放缓，资源供应出现了过剩，不仅上游企业大规模限产，连长贸进口天然气也触发了照付不议的条件，只能将高价购买的资源低价转售给其他国家，甚至严重影响了中俄天然气管道、中亚天然气管道等对外能源合作项目。此次调价将有助于市场重新恢复供需平衡，为进口长贸天然气资源疏通后路，为"一带一路"战略下的对外能源合作发展营造有利环境。

（三）改善生态环境质量，推动能源转型升级

欧美发达国家在 20 世纪中叶之前就实现了能源结构由高碳化（煤炭）向

低碳化（油气）的演变，目前正向着无碳化（核能、可再生）的方向调整。2014年天然气消费占全球能源消费总量的比重为24%，而中国这一比例仅为6%。中国以煤炭为主的能源结构和直燃煤比重过高的特点是导致大气污染的主要元凶，同时也造成了水污染、土壤污染和塌陷等一系列生态环境问题。作为世界上最大的碳排放国家，中国已经向国际社会做出了碳减排的庄严承诺，并与英国、美国、法国等主要发达国家签署了关于气候变化问题的双边框架协议。在新能源和可再生能源核心技术取得重大突破、成本降至经济社会可承受的范围之前，天然气将是最为现实的过渡能源。

（四）支撑交易中心建设，打造亚洲价格基准

天然气价格改革的最终目标是全面市场化，交易中心建设则是实现该目标的重要举措。2015年7月1日，上海石油天然气交易中心正式运营。本次改革打破了国内天然气价格与国际油价简单挂钩的模式，明确要求非居民用气加快进入上海石油天然气交易中心，由供需双方在价格政策允许的范围内公开交易形成具体价格，力争用两到三年的时间全面实现非居民用气的公开透明交易，为"推动天然气市场建设，推进天然气公开透明交易"创造了良好的政策条件。

电力篇

第十三章　电力需求展望

　　本展望期内，在经济增长趋缓、产业结构转型升级、电能利用效率提升、城镇化建设以及能源消费结构调整等多重因素的影响下，中国电力需求增长较前期将有所放缓，但整体高于能源需求总量的增速，2010－2020年、2020－2030年期间年均增速分别为4.9%、2.3%，2020年、2030年全社会用电量分别达到约6.8万亿千瓦时、8.5万亿千瓦时，2030年人均用电量和人均生活用电量分别达到约6200千瓦时和1400千瓦时，与发达国家相比仍处于较低水平。随着中国工业化进程进入中后期以及新型城镇化建设的快速推进，第二产业用电增长空间有限，第三产业和居民生活用电快速增长，成为电力需求增长的主要动力，2030年三次产业和居民生活用电比例为1.6∶54.9∶20.6∶22.9，行业用电结构接近当前世界平均水平。单位GDP用电量持续下降，展望期内累计降幅达到34.4%，2030年接近当前世界平均水平，但仍远高于美国、日本及欧洲发达国家水平。

一、2030年全社会用电量约8.5万亿千瓦时，2016－2030年年均增长2.7%

　　进入"十二五"后期，中国经济呈现出增速放缓和结构调整的新常态，电力消费增速开始走低。2012年、2013年、2014年和2015年中国电力消费增速分别为5.9%、8.9%、4.0%和0.5%，远低于"十五"和"十一五"期间年均13.1%和11.0%的增速，2014年与2015年的用电增速甚至低于2008年国际金融危机时5.6%的用电增速。在经济增长趋缓、产业结构转型升级、电能利用效率提升、城镇化建设以及能源消费结构调整等多重因素的影响下中国的电力需求将呈现出新的变化趋势。

本展望期内，中国经济从高速增长阶段转入中高速增长阶段，经济活动的变化将直接影响对能源和电力的需求；经济结构调整和产业转型升级的成效逐渐显现，影响用电比重最高的工业用电下降，进而拉低整体的电力需求。与此同时，电能利用效率的提升和线损率的降低也将在一定程度上降低电耗强度减少电力需求。但从另一方面看，本展望期内中国将基本完成城镇化快速发展阶段，常住人口城镇化率升至近 70%，新型城镇化建设将带动中国综合交通运输网络、市政公用设施、商业网点、教育机构和新型社区等快速发展，带动居民"市民化"的进程，对电力需求起到拉动作用。此外，为防治大气污染和应对气候变化，中国能源消费结构将持续优化，非化石能源将得到大力发展，更多的一次能源将转化为电力用于终端消费，电能在终端能源消费中的比重将不断提升，电力消费保持一定增量和增速。

在多重因素的影响下，本展望期内中国电力消费增速较前期将有所放缓，但整体高于能源需求总量的增速。2014 年中国电力消费 5.6 万亿千瓦时，预计 2015 年中国电力消费为 5.7 万亿千瓦时，到 2020 年增长至 6.8 万亿千瓦时，"十三五"期间年均增长 3.6%，2010 - 2020 年年均增长 4.9%，远低于"十五"（13.1%）、"十一五"（11.0%）、"十二五"（6.2%）的年均增速，但高于同期的能源消费增速。2020 年后，中国电力需求增速将进一步大幅下降，2020 - 2030 年年均增速为 2.3%，2030 年中国电力消费达到 8.5 万亿千瓦时（如图 13 - 1、图 13 - 2 所示）。

从国际经验看，进入工业化中后期的国家，其用电增速一般都快于能源消费增速，如德国在工业化中后期用电增速是能源消费增速的 4.3 倍，美国是 3.2 倍，英国、日本和韩国分别是 3.1 倍、2.3 倍和 1.4 倍。本展望期内，中国也步入工业化中后期，随着电气化水平的提升，中国 2011 - 2020 年和 2021 - 2030 年的用电增速分别是能源消费增速的 1.6 倍和 2.3 倍，与韩国和日本在工业化中后期的状况较为接近。

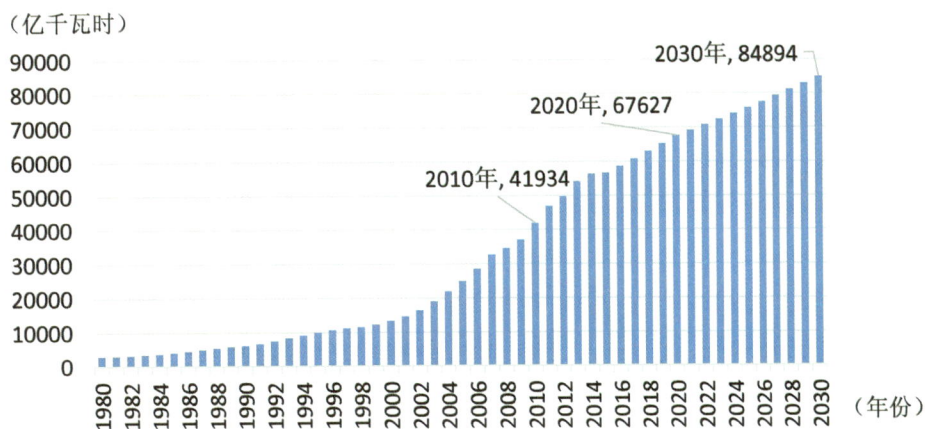

（亿千瓦时）

图 13 - 1   1980 - 2030 年中国电力消费量

资料来源：1980 - 2014 年数据来自中国国家统计局，2015 年及以后数据为项目组预测数据。

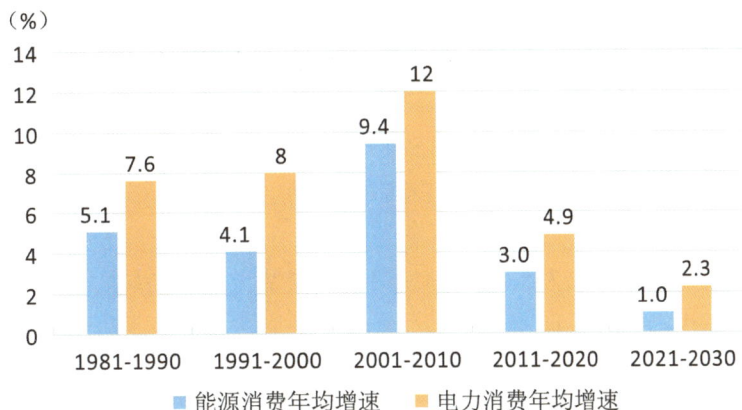

图 13 - 2   中国能源和电力消费十年年均增速

资料来源：1981 - 2010 年每十年年均增速根据中国国家统计局相关数据计算得到，2011 年之后的十年年均增速为项目组预测数据。

二、2030 年人均用电量约 6200 千瓦时，低于当前发达国家平均水平

在全社会用电增速走低的情况下，本展望期内中国的人均用电增长也逐步放缓。2014 年中国人均用电量为 4133 千瓦时，预计 2015 年中国人均用电量为 4132 千瓦时，到 2020 年增长至 4825 千瓦时，较 2015 年增长 17.1％；到 2030

年人均用电量达到 6191 千瓦时/人，2020－2030 年累计增长 28.3%，较 2010 年 3135 千瓦时的人均用电量翻了近一番（如图 13－3 所示）。

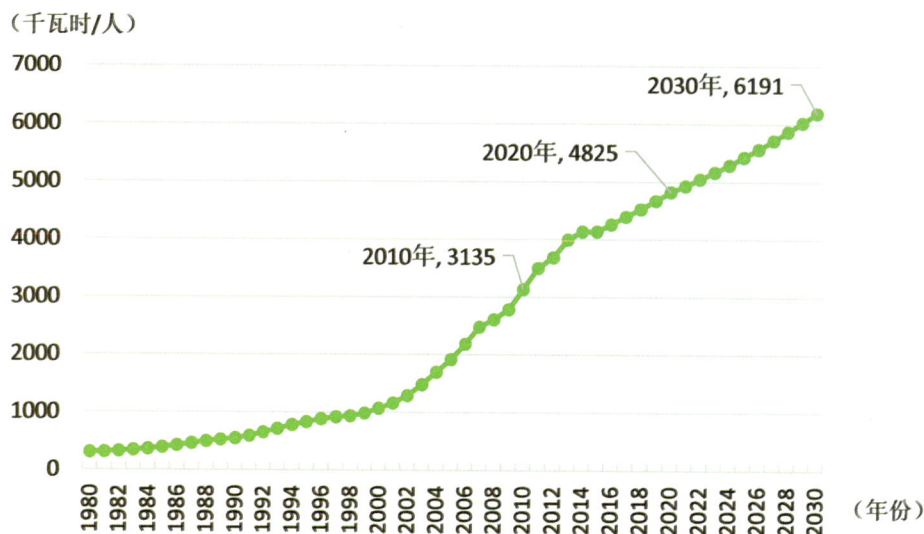

图 13－3　1980－2030 年中国人均用电量

资料来源：1980－2014 年数据来自中国国家统计局，2015 年及以后数据为项目组预测数据。

从世界范围看，中国人均用电水平仍然较低，与世界主要发达国家当前水平相比，存在较大差距。根据国际能源署（IEA）数据，2013 年全社会用电量超过 1 万亿千瓦时的经济体中，中国的人均用电水平远低于美国、俄罗斯和日本，仅高于印度；而美国、加拿大、韩国、中国台湾等经济体的 2013 年的人均用电量已经超过 10000 千瓦时。中国的人均用电水平在本展望期内实现了较大提升，2030 年近 6200 千瓦时的人均用电量超过了英国当前约 5800 千瓦时的人均用电水平，但仍明显低于美国、加拿大等主要发达国家的当前水平（如表 13－1 所示）。

表 13－1　2013 年世界及主要经济体全社会用电量及人均用电量

国家/地区	年份	全社会用电量（亿千瓦时）	人均用电量（千瓦时/人）
世界	2013	234405	3293
OECD 国家	2013	108602	8613

续表

国家/地区	年份	全社会用电量（亿千瓦时）	人均用电量（千瓦时/人）
非 OECD 国家	2013	125703	2146
中国	2015	56666	4132
中国	2030	85051	6191
美国	2013	43652	13793
印度	2013	11991	959
俄罗斯	2013	10454	7311
日本	2013	10453	8209
德国	2013	6010	7320
加拿大	2013	6019	17124
韩国	2013	5420	10792
法国	2013	5241	7952
英国	2013	3736	5827
中国台北	2013	2520	10766
澳大利亚	2013	2491	10703

资料来源：中国 2015 年数据根据国家统计局数据计算得到，中国 2030 年数据为项目组预测数据，其余数据来自国际能源署（IEA），World Energy Statistics（2015 edition）。

三、电力需求增长动力主要来自三产和居民，工业用电增长空间有限

工业是中国用电占比最高的行业，根据中国国家统计局的数据，2014 年中国工业用电高达 40803 亿千瓦时，占比达到 72.4%，而其中的五大高耗电行业[①]用电占全社会用电量的比重就高达 45.1%（如图 13 - 4 所示）。这些高耗电行业作为国民经济的基础性产业，其发展状况也在很大程度上决定着中国电力消费增长趋势。以 2015 年前三季度情况为例，受到产业结构持续调整以及规模以上工业增加值同比回落的影响，黑色金属冶炼和压延加工业以及非金属矿物制品业的用电量同比下降了 7.8% 和 6.4%，严重拉低了全社会用电的增

---

① 五大高耗电行业包括化学原料和化学制品制造业，非金属矿物制品业，黑色金属冶炼和压延加工业，有色金属冶炼和压延加工业，以及电力、热力生产和供应业。

长，将这两个行业扣除后，2015 年前三季度的全社会用电量增速将由 0.8% 上升至 2.4%。此外，2014 年中国第三产业和居民生活用电为 6670 亿千瓦时和 7176 亿千瓦时，分别占电力消费总量的 11.8% 和 12.7%。第一产业用电占比约 2%，保持较稳定水平。

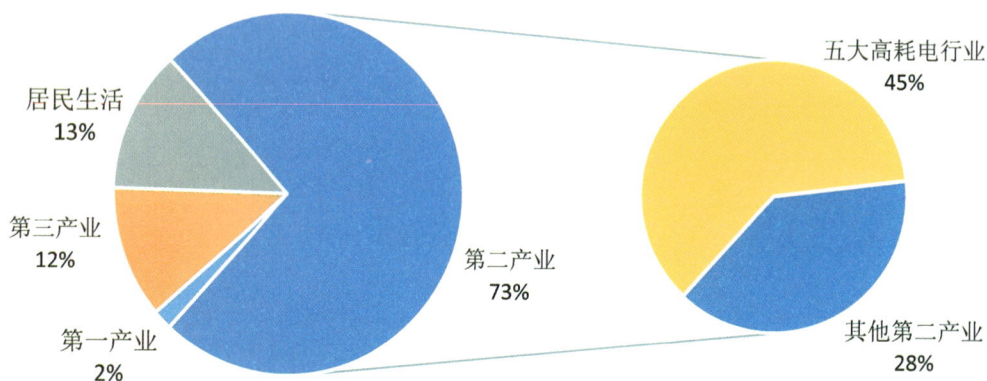

图 13 – 4 2014 年中国分行业电力消费结构

资料来源：中国国家统计局、《中国能源统计年鉴 2015》。

本展望期内，中国进入工业化中后期阶段，经济增长重心由工业向服务业转变，产能过剩严重的高耗电行业持续压缩，工业用电增长空间有限，生产领域的电力消费增长点逐步向第三产业转移。而伴随着中国新型城镇化建设进程的快速推进，居民生活电气化水平不断提升，生活用电也将维持在较高的增长水平，中国分行业电力消费结构将不断向第三产业和居民生活用电倾斜。到 2020 年，第二产业用电比重由 2014 年的 73.6% 下降至 66.3%，第三产业和居民生活用电比重分别由 11.8% 和 12.7% 上升至 14.6% 和 17.4%。到 2030 年，第二产业用电比重进一步压缩至 54.9%，第三产业和居民生活用电比重提升至 20.6% 和 22.9%，两部门用电合计占比达到了 43.5%，是 2014 年占比水平的 1.8 倍（如图 13 – 5 所示）。

从各行业每十年的电力需求增量来看，在 2020 年之前，第二产业一直是全社会用电增长的中流砥柱，尤其是在 2001 – 2010 年全社会用电快速增长的这一阶段，第二产业用电增量贡献了全社会用电增量的 74.5%；2010 年之后，第三产业和居民生活用电的增长对于全社会用电增长的贡献逐步凸显，第二产

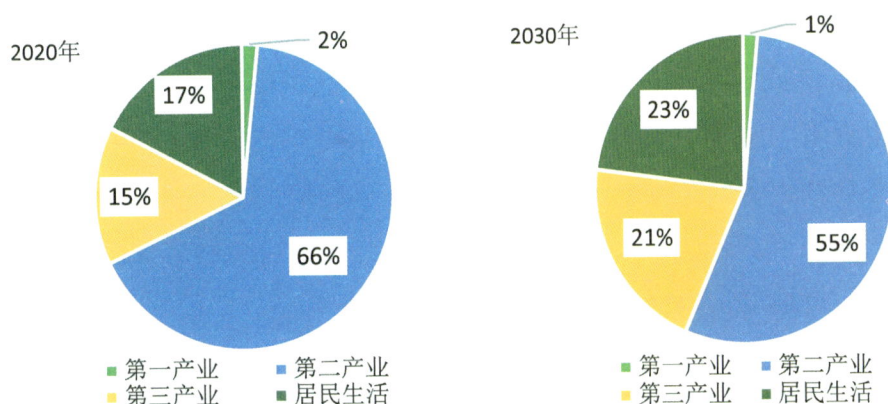

图 13－5　2020 年、2030 年中国分行业用电结构

资料来源：项目组预测数据。

业的地位有所减弱，2011－2020 年间，第三产业和居民生活用电增量对全社会用电增长的贡献分别为 21.0% 和 25.8%，较之前有了大幅提升，而第二产业用电增量的贡献下降至 52.5%；2020 年后，第二产业电力消费逐步饱和，增长幅度大幅下降，第三产业和居民生活用电快速增长，成为电力需求增长的主要动力，2021－2030 年间第二产业、第三产业和居民生活用电的增量对全社会用电增长的贡献分别为 10.3%、44.1% 和 44.4%（如图 13－6 所示）。

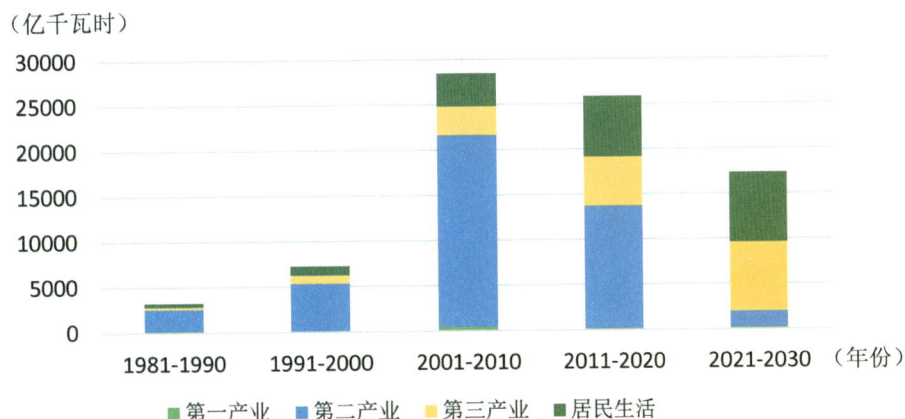

图 13－6　中国各行业每十年电力需求增量

资料来源：1981－1990 年、1991－2000 年、2001－2010 年数据根据中国国家统计局相关数据计算得到，2011－2020 年及 2021－2030 年数据为项目组预测数据。

从世界范围看，本展望期内中国进入工业化中后期，行业用电结构已经开始向服务业和居民生活用电倾斜，到本展望期末，中国行业用电结构基本接近当前的世界平均水平，但与发达国家的当前水平相比，工业用电比重仍然较高，服务业和生活用电的比重较低（如表 13 - 2 所示），中国人均生活用电水平更是明显低于发达国家。这也意味着在中国后工业化阶段，服务业和居民生活用电仍将持续增长。

表 13 - 2　2013 年世界及主要国家分行业电力消费结构

单位:%

国家/地区	农、林、渔业	工业	交通运输	商业与公共服务	生活	其他
世界	2.3	51.8	1.3	18.7	22.5	3.3
OECD 国家	1.1	41.0	1.0	27.4	27.2	2.3
非 OECD 国家	3.4	61.1	1.6	11.1	18.5	4.3
中国	1.9	72.7	1.0	4.9	12.9	6.5
美国	0.7	32.7	0.2	30.7	31.9	3.9
印度	13.4	57.0	1.3	6.9	17.3	4.2
俄罗斯	1.4	61.0	8.7	15.5	13.4	0.0
日本	0.1	35.5	1.7	34.3	27.1	1.2
巴西	4.0	54.5	0.4	20.6	20.5	0.0
加拿大	1.7	48.4	0.8	16.9	26.7	5.6
德国	0.0	50.6	2.0	24.5	22.8	0.0
韩国	2.4	57.0	0.4	28.3	11.9	0.0
法国	1.7	36.7	2.5	26.5	32.3	0.3
英国	1.0	41.5	1.1	26.1	30.3	0.0
意大利	1.7	47.8	3.3	27.0	20.3	0.0
墨西哥	3.4	65.2	0.4	7.7	17.5	5.8
沙特阿拉伯	1.5	27.4	0.0	26.6	44.2	0.2
西班牙	1.4	40.6	1.6	28.4	26.6	1.4

资料来源：国际能源署（IEA），World Energy Statistics (2015 edition)。

四、人均生活用电大幅提升，2030 年达到 1400 千瓦时

本展望期内，中国的人均生活用电水平得到了大幅提升。2014 年中国人均生活用电 526 千瓦时，到 2020 年增长至 841 千瓦时，较 2014 年增长59.9%，大幅高于人均用电量的增长幅度；2022 年人均生活用电水平超过 900千瓦时，同年中国人均用电量超过 5000 千瓦时；到 2030 年人均生活用电量超过 1400 千瓦时，2020 – 2030 年累计增长 68.8%，是 2010 年人均生活用电水平的 3.7 倍（如图 13 – 7 所示）。

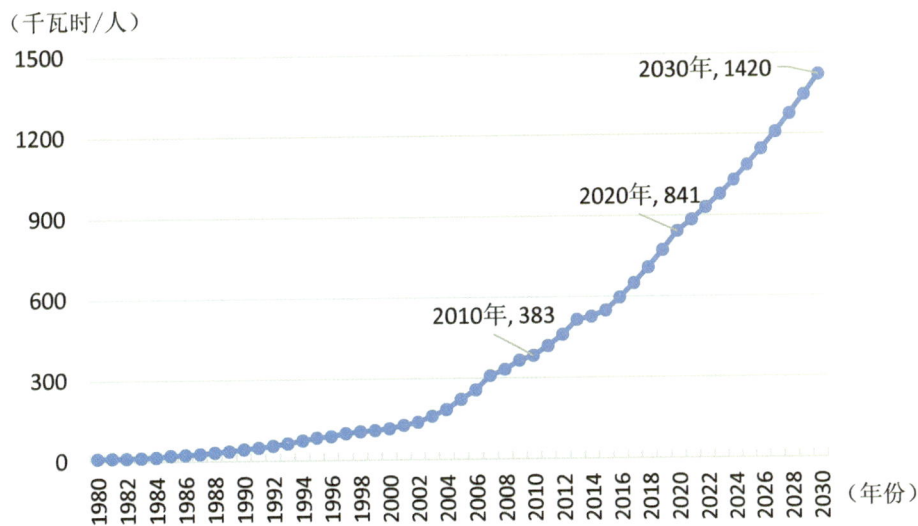

图 13 – 7　1980 – 2030 年中国人均生活用电量

资料来源：1980 – 2014 年数据来自中国国家统计局，2015 年及以后数据为项目组预测数据。

从世界范围看，不同国家和地区的人均用电和人均生活用电水平并不完全一致。北美能源消费模式下的美国、加拿大的年人均生活用电水平远高于其他国家，接近 4500 千瓦时；欧洲国家的人均生活用电水平相比其人均用电水平则更突出，如英国、法国等；而中国台北、韩国 2013 年的人均用电量超过10000 千瓦时，位居世界前列，但同期人均生活用电量分别在 1800 千瓦时和1300 千瓦时左右。中国到 2030 年 1400 千瓦时左右的人均生活用电量可超过当前韩国的水平，接近欧洲国家当前的人均生活用电水平（如图 13 – 8 所示）。

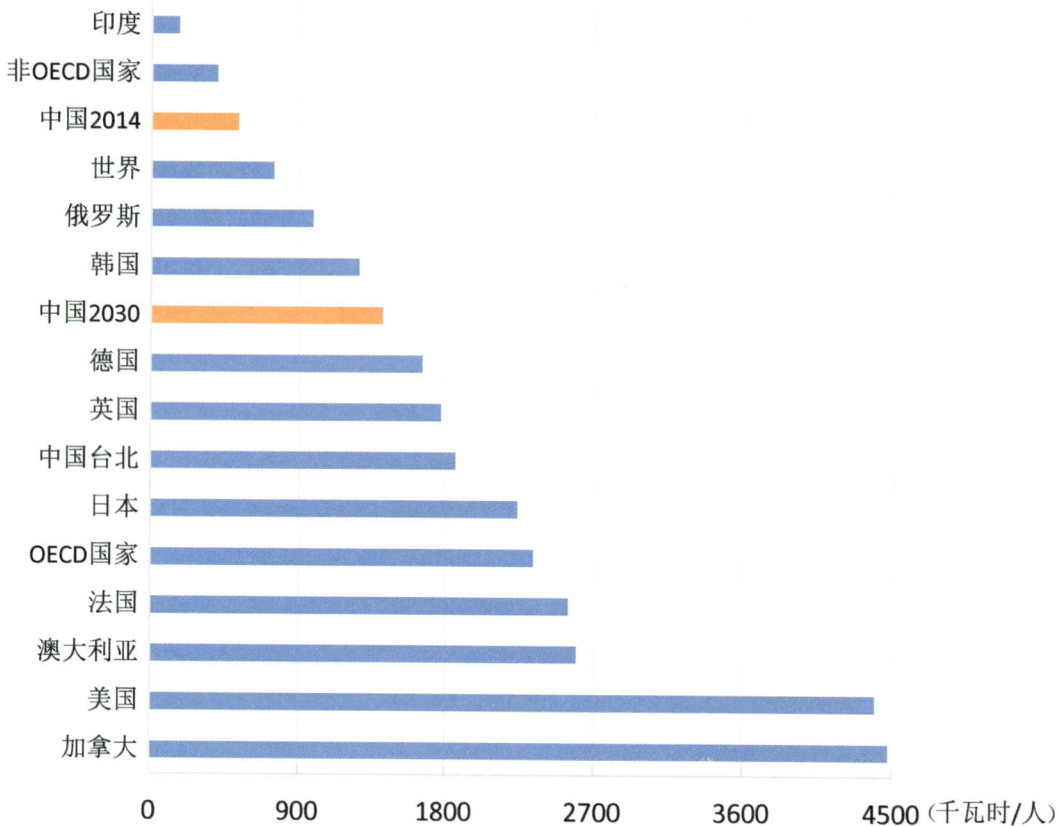

图 13 – 8　2013 年世界及主要经济体人均生活用电量

资料来源：中国 2014 年数据来自中国国家统计局，中国 2030 年数据为项目组预测数据，其余数据来自国际能源署（IEA），World Energy Statistics（2015 edition）。

五、单位 GDP 用电量累计下降 33.8%，2030 年接近当前世界平均水平

单位 GDP 用电量是电力消费总量与国内生产总值的比值，反映了经济活动中电力利用效率的高低。1980 年以来，中国单位 GDP 用电量总体呈现波动中下降态势，2000 年至 2007 年间单位 GDP 用电量持续上升，是该时期中国重工业化加速发展的体现，2008 年国际金融危机后，单位 GDP 用电量维持在 1000 千瓦时/万元左右波动，单位用电量创造的 GDP 在 10 元/千瓦时左右。在本展望期内，随着经济结构不断优化以及技术进步带来的效率提升，中国单位

GDP 用电量将在"十二五"末期降至 1000 千瓦时/万元以下,并持续下降。2020 年中国单位 GDP 用电量降至 817 千瓦时/万元,较 2010 年累计下降 20.3%,年均降幅为 2.2%;2030 年降至 630 千瓦时/万元,2021 - 2030 年累计下降 22.9%,年均降幅为 2.6%(如图 13 - 9、图 13 - 10 所示)。

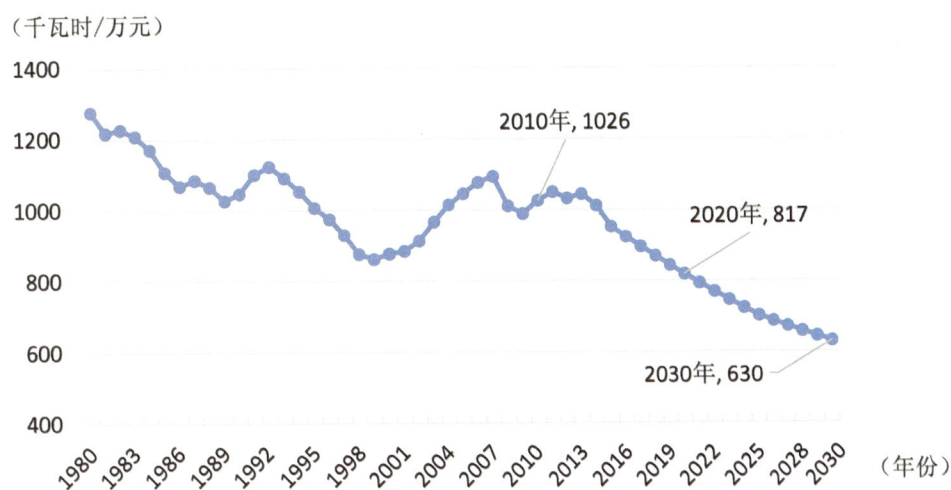

图 13 - 9 1980 - 2030 年中国单位 GDP 用电量

注:GDP 是以 2010 年不变价计算。

资料来源:1980 - 2015 年数据根据中国国家统计局相关数据计算得到,2016 年及以后数据为项目组预测数据。

中国作为世界第一大电力消费国,其单位 GDP 用电量在世界范围内处于较高水平。根据 IEA 和 IMF 数据,GDP 按 2013 年现价美元计算,2013 年世界单位 GDP 用电量的平均水平为 3106 千瓦时/万美元,约为同期中国的一半;在全社会用电量超过 1 万亿千瓦时的国家中,仅印度的单位 GDP 用电量高于中国,俄罗斯略低于中国,而美国和日本仅为同期中国的 45% 和 37%;西班牙、法国、德国和意大利的单位 GDP 用电量都在 1500 - 2000 千瓦时/万美元这一较低区间,而英国更低至 1394 千瓦时/万美元,仅为同期中国的 24%(如表 13 - 3 所示)。根据对中国单位 GDP 用电量变化趋势的展望,2015 年至 2030 年间中国的单位 GDP 用电量将累计下降 33.8%,意味着到 2030 年中国的单位 GDP 用电量将接近当前世界平均水平,但不仅仍与美国、日本当前的电

（%）

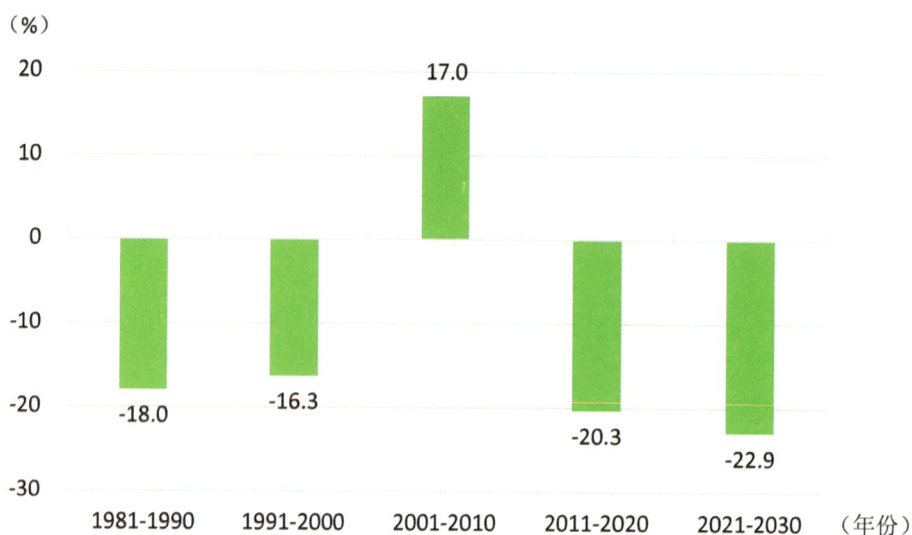

图 13-10 中国每十年单位 GDP 用电量累计降幅

资料来源：1981-1990 年、1991-2000 年、2001-2010 年数据根据中国国家统计局相关数据计算得到，2011-2020、2021-2030 年数据为项目组预测数据。

耗水平存在差距，还远高于欧洲国家的低电耗水平。

表 13-3　单位 GDP 用电量的国际比较（2013 年）

国家/地区	全社会用电量（亿千瓦时）	国内生产总值（亿美元）	电耗强度（千瓦时/万美元）
世界	234405	754709	3106
中国	54360	94691	5741
美国	43652	167681	2603
印度	11991	18752	6395
俄罗斯	10454	20791	5028
日本	10453	49196	2125
巴西	6102	23910	2552
加拿大	6019	18390	3273
德国	6010	37314	1611
韩国	5420	13045	4155
法国	5241	28073	1867

续表

国家/地区	全社会用电量（亿千瓦时）	国内生产总值（亿美元）	电耗强度（千瓦时/万美元）
英国	3736	26801	1394
意大利	3319	21376	1553
墨西哥	2970	12623	2353
沙特阿拉伯	2840	7443	3816
西班牙	2768	13935	1987

注：国内生产总值为 2013 年现价美元。

资料来源：全社会用电量数据来自于国际能源署（IEA），World Energy Statistics（2015 edition），国内生产总值数据来自国际货币基金组织，世界经济展望数据库 2015 年 4 月（IMF，World Economic Outlook Database，April 2015）。

第十四章　　电力供应展望

本展望期内，中国发电装机容量仍将保持较快增长，其中新能源及可再生能源装机规模发展迅速，核电、风电和太阳能发电装机将呈现出成倍增长态势；火电装机在"十三五"期间受前期投资影响仍将保持较快增长，但随后在电力供需形势宽松和大气污染防治及应对气候变化压力影响下，部分火电装机尤其是煤电装机可能提前退役或是被气电装机所替代，增长空间较小。预计2020年、2030年中国电力总装机规模分别达到约20亿千瓦、24亿千瓦，发电装机结构向一次电力装机快速倾斜，预计到2030年中国火电、水电、核电、风电和太阳能发电装机占比分别达到42.1%、18.8%、5.7%、18.8%和14.6%。此外，中国发电量增长将随着用电需求增速走低相应放缓，电力进出口保持在较小规模，2020年、2030年中国发电量约分别为6.8万亿千瓦时、8.5万亿千瓦时，2030年火电、水电、核电、风电和太阳能等发电量占比分别为55.7%、16.9%、11.8%、10.6%和4.9%。

一、2030年发电装机总规模约24亿千瓦，比2015年增加近9亿千瓦

电源投资建设是电力生产能力的基本保障，发电装机容量则是衡量电力生产能力的重要指标。由于存在建设周期，电源投资建设情况将在一定程度上影响未来一段时间的电力供需形势。从历史经验来看，1999 - 2002年间中国发电装机容量增长放缓，"三年不上火电厂"的决策导致"十五"后期电力缺口严重，此后中国进入电源投资建设高峰期，"十一五"以来每年的新增发电装机容量均超过7000万千瓦，截至2015年底，中国累计发电装机容量已达到

15.1 亿千瓦。

本展望期内，能源革命要求新能源及可再生能源快速发展，带动其装机规模快速增长，尤其是核电、风电和太阳能发电装机将呈现出成倍增长态势。火电方面，中国目前煤电在建规模和获得环评审批或已提交申请的装机规模已分别高达 1.6 亿千瓦和 2.8 亿千瓦，如果到 2020 年全部顺利投产，煤电装机规模可能将达到约 11.5 亿千瓦，但"十三五"期间中国电力需求增速放缓，电力供需形势可能持续宽松，且受到大气污染防治和应对气候变化的压力，部分煤电机组可能提早退役，预计到 2020 年中国煤电装机约 10.4 亿千瓦，2020 年后随着电力需求增速进一步回落，电力供应过剩压力更加明显，而新能源及可再生能源发电的经济性逐步显现，其装机规模仍将保持较快的发展速度，火电尤其是煤电装机规模趋于缩小。

总的来看，预计到 2020 年中国累计发电装机规模将达到约 20 亿千瓦，较 2015 年增长 4.9 亿千瓦，年均新增发电装机规模约 1 亿千瓦，年均增速为 5.8%；2020 年后受电力需求增速放缓影响，发电装机规模增长将有所放缓，年均新增发电装机规模降至约 4000 万千瓦，到 2030 年中国累计发电装机规模达到 24 亿千瓦，较 2015 年增长 58.6%，2020－2030 年间发电装机规模的年均增速大幅下降至 1.8%（如图 14－1 所示）。

从世界范围看，中国发电装机规模全球第一，但人均发电装机容量与其他国家尤其是发达国家差距较大。根据联合国统计数据，2011 年世界发电装机容量 52.6 亿千瓦，当年中国发电装机容量占世界发电装机容量的比重已超过 20%。但从人均水平看，中国 2014 年人均发电装机容量达到 1 千瓦，中国 2015 年人均发电装机容量为 1.1 千瓦，高于世界平均水平以及巴西、印度、南非等非 OECD 国家，但与美国、加拿大、澳大利亚等国差距较大。根据对中国总发电装机规模的预测，到 2030 年中国人均发电装机容量可达到 1.74 千瓦，较 2015 年增长 58.2%，接近韩国 2012 年的人均发电装机水平，但仅为美国当前水平（3.39 千瓦/人）的 51.3%（如表 14－1 所示）。

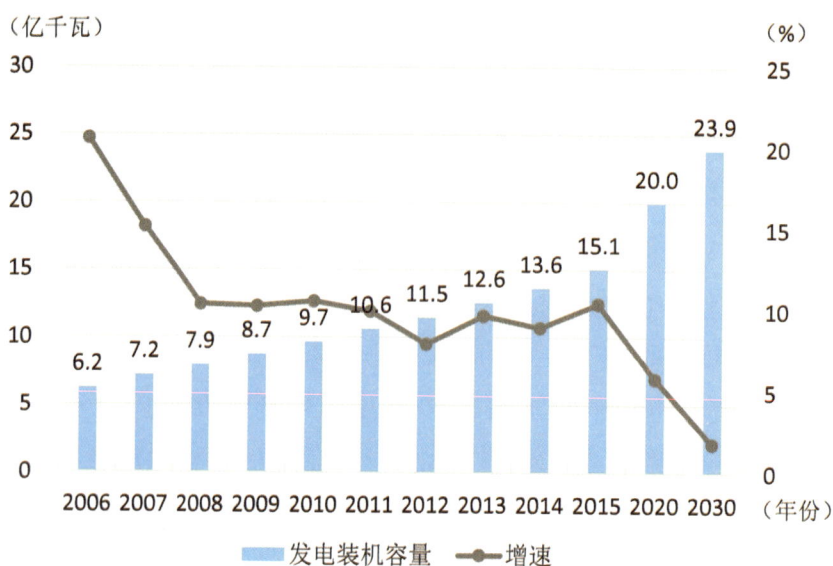

图 14 - 1 2006 - 2030 年中国累计发电装机容量及增速

注：发电装机容量绘制于主纵坐标轴，发电装机容量增速绘制于次纵坐标轴，图中数据标签为发电装机容量。

资料来源：2006 - 2015 年数据来自中国电力企业联合会，2020 年、2030 年数据为项目组预测数据。

表 14 - 1 世界及部分国家发电装机容量比较

国家/地区	发电装机容量（亿千瓦）	人均发电装机容量（千瓦/人）
世界	52.6	0.75
中国 2015	15.1	1.10
中国 2030	24	1.74
美国	10.7	3.39
日本	2.95	2.32
俄罗斯	2.23	1.56
印度	2.36	0.19
德国	1.77	2.20
加拿大	1.34	3.85
法国	1.29	2.03
意大利	1.24	2.08
巴西	1.17	0.58

续表

国家/地区	发电装机容量（亿千瓦）	人均发电装机容量（千瓦/人）
西班牙	1.05	2.25
英国	0.95	1.49
韩国	0.94	1.90
澳大利亚	0.63	2.76
南非	0.44	0.85

注：世界、俄罗斯、巴西、南非、印度为 2011 年数据，其余国家为 2012 年数据。

资料来源：中国 2014 年数据来自中国电力企业联合会，中国 2030 年数据为项目组预测数据；OECD 国家数据来自 IEA，Electricity Information，2014；非 OECD 国家数据来自 UN，2011 Energy Statistic Yearbook。

二、发电装机结构持续优化，新能源及可再生能源装机占比累计提高 23 个百分点

本展望期内，随着新能源及可再生能源的快速发展，中国的发电装机结构将会发生深刻变化。"十一五"之前，中国发电基本依靠火电和水电，近年来核电、风电、太阳能发电装机进入快速建设期，占比也在逐年上升。截至 2015 年底，中国火电、水电、核电、风电、太阳能等发电装机容量分别为 99021 万千瓦、31937 万千瓦、2608 万千瓦、12934 万千瓦和 4318 万千瓦。本展望期内，中国新能源及可再生能源装机规模快速增长，尤其是核电、风电和太阳能发电装机将呈现出成倍增长的态势；"十三五"期间火电装机受前期投资影响仍将保持一定速度增长，但受到大气污染防治和应对气候变化的压力，部分煤电装机可能提早退役；2020 年后中国用电需求增速进一步回落，火电装机尤其是煤电装机规模趋于缩减。到 2030 年，中国火电、水电、核电、风电、太阳能等发电装机容量分别约为 10.2 亿千瓦、4.5 亿千瓦、1.36 亿千瓦、4.5 亿千瓦和 3.5 亿千瓦（如图 14 - 2 所示）。

发电装机结构方面，火电在中国发电装机结构中一直处于主导地位，近年来核电、风电、太阳能等发电装机的规模化建设使得火电装机占比小幅下降。截至 2015 年底，中国火电、水电、核电、风电、太阳能等发电装机占比分别为 65.7%、21.2%、1.7%、8.6% 和 2.9%。本展望期内，中国发电装机结构

（亿千瓦）

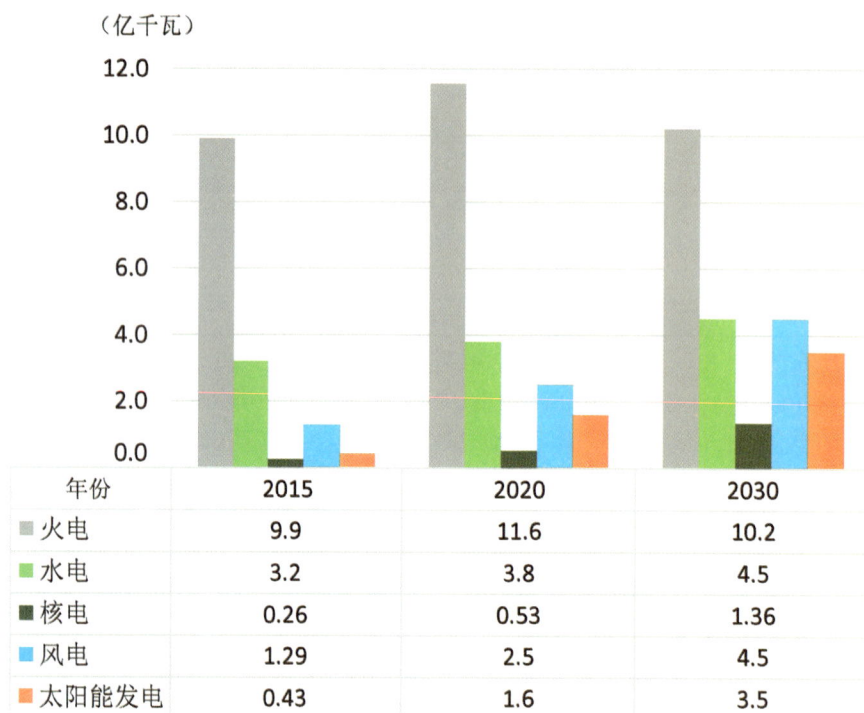

年份	2015	2020	2030
火电	9.9	11.6	10.2
水电	3.2	3.8	4.5
核电	0.26	0.53	1.36
风电	1.29	2.5	4.5
太阳能发电	0.43	1.6	3.5

图 14 - 2　2015 年、2020 年、2030 年中国分电源装机容量

资料来源：2015 年数据来自国家统计局，2020 年、2030 年数据为项目组预测数据。

将向一次电力装机快速倾斜。预计到 2020 年，中国火电装机占比将下降至
57.8%，较 2015 年下降 7.9 个百分点；一次电力装机合计占比达到 42.2%，
其中水电装机占比小幅下降至 19%，核电、风电和太阳能发电占比分别上升
至 2.7%、12.5%、8.0%；到 2030 年中国火电、水电、核电、风电、太阳能
等发电装机占比分别为 42.4%、18.7%、5.7%、18.7%、14.5%，一次电力
装机合计占比达到 57.6%，十年间提升 15.4 个百分点（如图 14 - 3 所示）。

　　从世界范围看，由于各国资源禀赋不一，电力装机结构存在较大差异。中
国 2015 年火电装机占比略低于世界平均水平，也低于美国、澳大利亚等火电
大国；水电装机占比高于世界平均水平及大部分发达国家，但低于巴西、加拿
大这样的水电大国；中国的核电装机占比明显偏低，比世界平均水平低 5.5 个
百分点，也低于大部分发达国家；地热、风能、太阳能发电装机占比则高于世
界平均水平（如表 14 - 2 所示）。本展望期内，中国发电装机结构将发生深刻
变化，发电装机结构向一次电力装机快速倾斜。到 2030 年，中国火电装机占

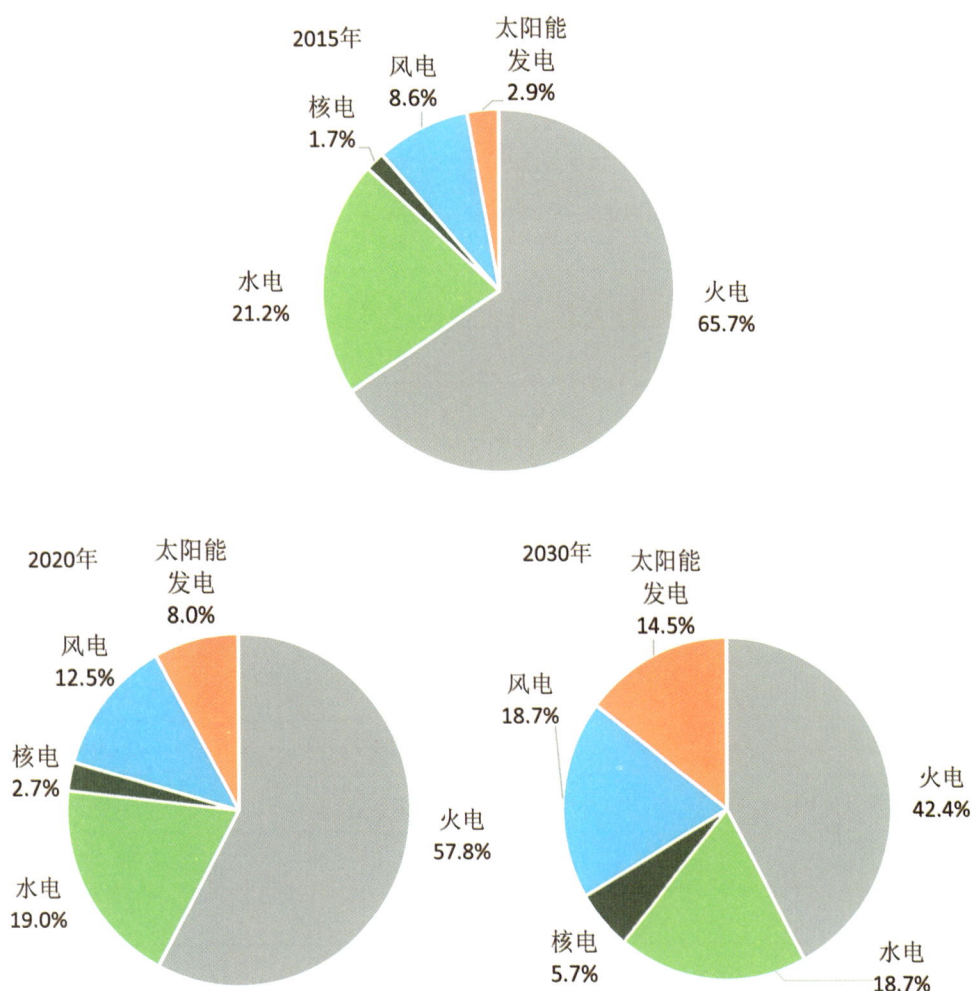

图 14 - 3 2015 年、2020 年、2030 年中国分电源装机结构

资料来源：2015 年数据来自国家统计局，2020 年、2030 年数据为项目组预测数据。

比将低于大部分发达国家当前水平；核电装机占比虽升至 5.7% ，但与部分发达国家还存在一定差距，与当前世界平均水平相比也还略低 1.5 个百分点；地热、风能、太阳能发电装机占比则将提升至接近德国、西班牙等欧洲国家当前水平。

表 14 - 2　世界及部分国家发电装机结构比较

单位:%

国家/地区	火电	水电	核电	地热、风能、太阳能发电
世界	68.6	19.2	7.2	5.0
中国 2015	65.7	21.2	1.7	11.5
中国 2030	42.4	18.7	5.7	33.2
美国	74.3	9.5	9.5	6.7
日本	64.5	16.6	15.6	3.3
俄罗斯	67.8	21.3	10.9	0.0
印度	81.5	16.5	2.0	0.0
德国	50.6	6.4	6.8	36.3
加拿大	29.0	56.3	9.4	5.2
法国	21.5	19.6	48.8	10.0
意大利	61.8	17.6	0.0	20.6
巴西	26.7	70.4	1.7	1.2
西班牙	47.3	17.6	7.1	27.9
英国	67.0	11.2	10.5	11.2
韩国	69.6	6.8	22.0	1.6
澳大利亚	79.8	13.9	0.0	6.3
南非	94.0	1.6	4.3	0.0

注:世界、俄罗斯、巴西、南非、印度为 2011 年数据,其余国家为 2012 年数据。

资料来源:中国 2015 年数据来自国家统计局,中国 2030 年数据为项目组预测数据;OECD 国家数据来自 IEA,Electricity Information,2014;非 OECD 国家数据来自 UN,2011 Energy Statistic Yearbook。

三、新能源及可再生能源发电占比不断提高,由 25% 提高到 2030 年的 44%

本展望期内,随着中国用电需求增速持续走低,发电量的增长也相应放缓。中国电力进出口规模较小,2014 年中国电力净出口量为 114.1 亿千瓦时,仅占当年发电量的0.2%，电力出口主要是从广东送往中国香港和澳门地区以及云南送往越南。预计未来中国电力进出口规模将保持稳定，占总发电量比重仍然较小。根据对未来电力需求的展望，预计2020年、2030年中国发电量达到约6.8万亿千瓦时、8.5万亿千瓦时，日均发电量分别为186亿千瓦时、233亿千瓦时。

展望期内中国发电装机结构的持续变化将影响各电源的发电出力情况，分电源发电量结构将逐步改变。1980年以来，中国火力发电量占总发电量的比重一直保持在75%以上，近年来一次电力装机虽快速增长，但受自然条件限制，平均利用小时数相对较低，发电量占比也较低。截至2015年底，中国火电、水电、核电、风电、太阳能等发电量分别为40972亿千瓦时、11143亿千瓦时、1695亿千瓦时、1851亿千瓦时和383亿千瓦时，占比分别为73.1%、19.9%、3.0%、3.3%和0.7%。本展望期内，随着发电装机结构向一次电力装机倾斜，相应的核电、风电、太阳能发电量占比将持续上升。预计到2020年，中国火电、水电、核电、风电、太阳能等发电量占比分别为65.0%、19.6%、5.6%、6.8%、3.0%，2015－2020年期间火力发电量占比下降约8个百分点，水力发电量占比基本保持稳定，核电、风电、太阳能发电量占比分别提升2.6、3.5、2.3个百分点。到2030年，中国火电、水电、核电、风电、太阳能等发电量占比分别为55.7%、16.9%、11.8%、10.6%、4.9%。2020－2030年间，火力发电量占比继续下降9.3个百分点，水力发电量占比下降2.7个百分点，核电、风电、太阳能发电量占比分别提升6.2、3.8和1.9个百分点（如图14－4所示）。

从世界范围看，中国分电源发电量结构的主要特点为火力发电量占比偏高而核电发电量占比偏低，随着展望期内中国分电源发电量结构向核电、风电、太阳能发电倾斜，火电和水电发电量的占比逐步走低，核电占比逐渐提高但与当前世界平均水平相比还存在差距，而风电、太阳能等发电量占比大幅提升，超过英国当前水平，逐步接近意大利、德国和西班牙等欧洲国家（如表14－3所示）。

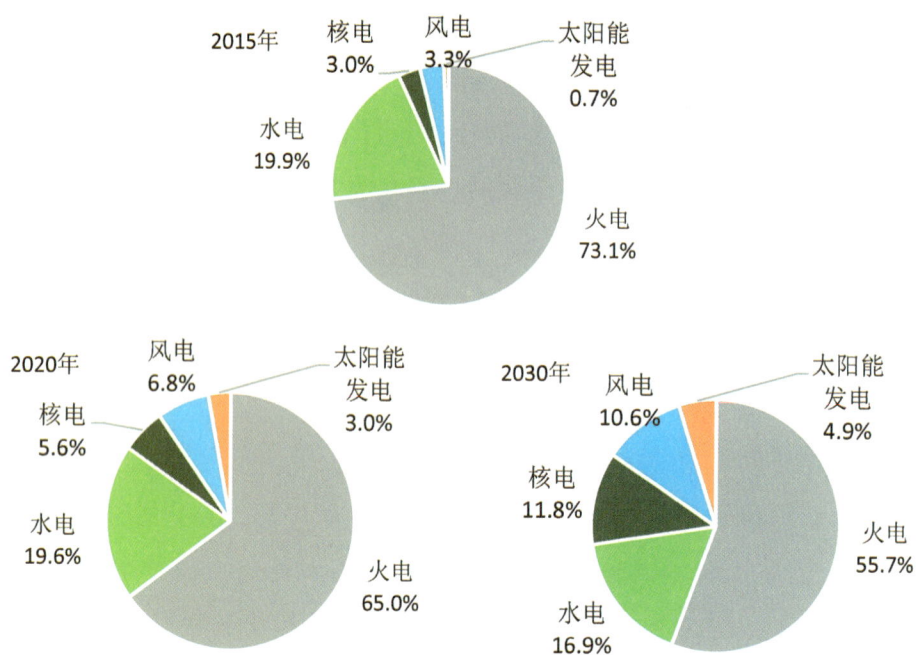

图 14－4　2015 年、2020 年、2030 年中国分电源发电量结构

资料来源：2015 年数据来自中国电力企业联合会，2020 年、2030 年数据为项目组预测数据。

表 14－3　世界及部分国家分电源发电量结构比较

单位：%

国家/地区	火电	水电	核电	其他
世界	69.2	10.6	16.6	3.7
中国 2015 年	73.1	19.9	3.0	4.0
中国 2030 年	55.7	16.9	11.8	15.6
美国	67.9	6.4	19.2	6.5
俄罗斯	67.5	15.5	16.6	0.4
印度	81.4	11.2	2.9	4.5
日本	86.1	7.4	0.9	5.6
加拿大	21.0	60.0	15.8	3.2
德国	59.0	3.2	15.5	22.3
法国	8.0	12.5	74.3	5.2
巴西	14.6	75.2	2.9	7.3
韩国	72.3	0.8	25.9	1.0

续表

国家/地区	火电	水电	核电	其他
英国	64.6	1.3	20.0	14.1
墨西哥	82.2	9.4	4.0	4.4
意大利	62.1	18.0	0.0	19.9
西班牙	40.0	13.1	20.2	26.7
南非	93.9	0.8	5.1	0.2

注：俄罗斯、巴西、南非、印度为 2012 年数据，其余国家为 2013 年数据。

资料来源：中国 2015 年数据来自中国电力企业联合会，中国 2030 年数据为项目组预测数据；其余数据来自 IEA。

<table>
<tr><td>第十五章</td><td>电力供需形势展望</td></tr>
</table>

　　"十二五"后期，中国经济进入新常态，经济增速换挡和经济结构调整使得电力需求增速放缓，而发电装机容量仍保持快速增长，电力市场开始呈现供应过剩现象，发电设备平均利用小时数持续走低，"十二五"以来分别为 4730 小时、4579 小时、4521 小时、4318 小时。进入 2015 年中国电力需求增速大幅走低，全年全社会用电量仅增长 0.5%，但新增发电装机容量仍超过 1.2 亿千瓦，电源工程完成投资同比增长 11.4%，电力供应能力增速远大于电力需求增速，全国发电设备平均利用小时数已降至 3969 小时，反映了当前电力市场供应过剩的形势。

　　根据前两章分析，中国电力需求增速将持续走低，"十三五"期间年均增长 3.6%，年均增长约 2190 亿千瓦时；而由于前期在建规模和已获得审批的装机规模较高，2020 年之前火电装机还将保持增长，年均新增约 4000 万千瓦，新能源及可再生能源装机规模将快速增长，年均新增也将达到约 4000 万千瓦；因此"十三五"期间电力供应过剩压力将逐渐加大，预计发电设备平均利用小时数将维持在 3390 小时左右的低位。2020 年后，中国电力需求增速进一步放缓，2020－2030 年间年均增长 2.3%，年均增长约 1730 亿千瓦时；供应方面由于电力供应过剩压力的存在，以及大气污染防治和应对气候变化的压力下新能源及可再生能源装机的快速发展，火电尤其是煤电装机容量减少，预计 2020－2030 年间中国发电设备平均利用小时数小幅回升至 3550 小时左右。

　　展望期内中国发电设备平均利用小时数持续走低的另一重要原因，是风电、水电和太阳能发电等发电设备平均利用小时数较低的清洁能源发电电源占比的快速上升。根据前一章分析，到 2030 年中国火电装机占比将降至 42.4%，一次电力装机中去除核电占比也高达 52%，装机结构向一次电力的快速倾斜

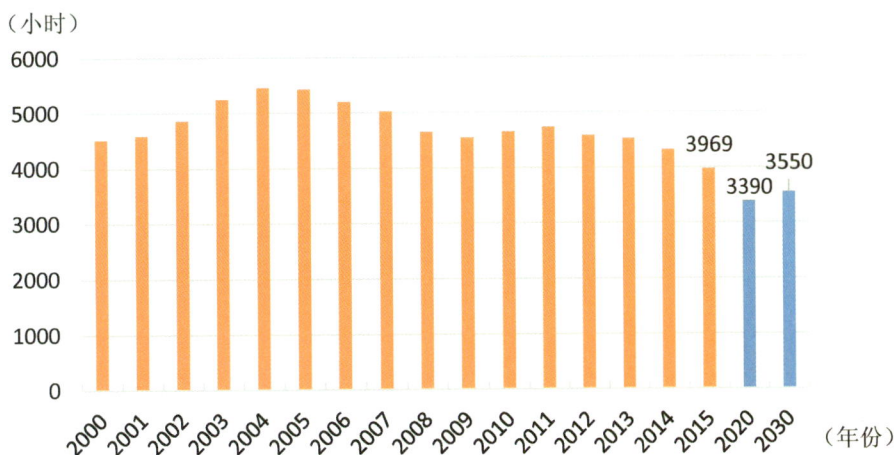

图 15 - 1　中国 2000 - 2030 年发电设备平均利用小时数

资料来源：2000 - 2015 年数据来自中国电力企业联合会，历年《电力工业统计资料汇编》；2020 年、2030 年数据为项目组预测数据。

也使得未来中国发电设备平均利用小时数将长期维持低位。

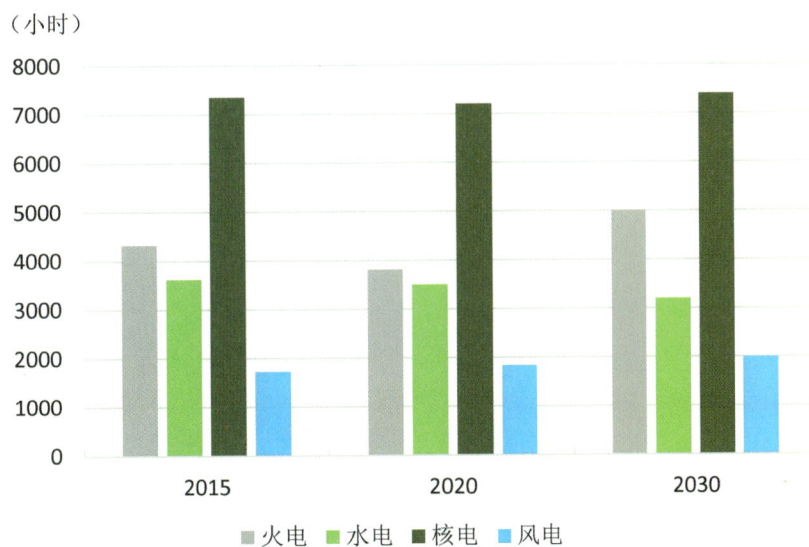

■火电　■水电　■核电　■风电

图 15 - 2　中国 2015 年、2020 年、2030 年中国分电源发电设备平均利用小时数

资料来源：2015 年数据来自中国电力企业联合会，2020 年、2030 年数据为项目组预测数据。

新能源及
可再生能源篇

第十六章　新能源及可再生能源发展展望

在大气污染防治和应对气候变化的压力下，中国能源消费结构将随着世界能源低碳化大潮方向发展。能源革命决定了中国新能源及可再生能源在未来很长一段时间都将保持快速发展势头。同时，丰富的资源储备、逐步提升的技术装备水平和规模化的发展趋势使得新能源及可再生能源的发电成本不断降低，而外部环境成本内部化将提升高碳高污染能源的使用成本，从而提高新能源及可再生能源市场竞争力。随着中国新能源及可再生能源的发展步入全面、快速、规模化发展阶段，2020 年新能源及可再生能源装机规模将达约 8.6 亿千瓦，占总装机规模比重达 42.9%，利用量达 7.2 亿吨标准煤，占能源消费总量比重达 15%；2030 年新能源及可再生能源装机规模将达 14.4 亿千瓦，占比达到 60%，利用量增至 11.7 亿吨标准煤，占能源消费总量的比重达到 22%，贡献 2020 - 2030 年间 90% 的能源消费增量。

一、制度与技术双轮驱动，新能源及可再生能源将加快发展

（一）能源革命决定新能源及可再生能源将保持快速发展

2012 年 11 月的中共十八大报告明确提出了"推动能源生产和消费革命，控制能源消费总量，加强节能降耗，支持节能低碳产业和新能源、可再生能源发展，确保国家能源安全"，这充分反映了国家对控制能源消费总量的决心和能源发展的重大变化。

2014 年 6 月，中央财经领导小组第六次会议明确要求推动能源消费、能源供给、能源科技和能源体制四方面的"革命"，尤其是能源供应革命中明确提出着力发展非煤能源，形成煤、油、气、核、新能源、可再生能源多轮驱动的

能源供应体系，这是能源革命对新能源及可再生能源快速发展要求的体现。

新一届国家能源委员会审议通过的《能源战略行动计划（2014－2020年）》确定了六字方针和四大战略，即坚持"节约、清洁、安全"的战略方针以及节约优先战略、立足国内战略、绿色低碳战略和创新驱动战略，提出把发展清洁低碳能源作为调整能源结构的主攻方向，大幅增加风电、太阳能、地热能等可再生能源和核电消费比重，明确了到2020年非化石能源占一次能源消费比重达到15%的发展目标。

在应对气候变化方面，2014年11月，中美两国就二氧化碳排放达成协议，并在北京正式发布《中美气候变化联合声明》，中国计划到2030年左右二氧化碳排放达到峰值且将努力早日达峰，到2030年非化石能源占一次能源消费比重提高到20%左右。

2015年10月，中共十八届五中全会公报中多次出现"低碳"一词，并明确提出要"推动低碳循环发展，建设清洁低碳、安全高效的现代能源体系，实施近零碳排放区示范工程"。低碳发展是世界能源发展的方向，新能源及可再生能源作为绿色低碳能源，是未来国际能源技术革命的趋势，是能源革命主力军和新兴产业增长点，中国在全球低碳发展的大趋势中必须加快转型，以应对严峻的大气污染和气候变化形势。

综上，能源革命的核心是发展新能源及可再生能源，决定其在未来很长一段时间将保持快速发展势头。

（二）新能源及可再生能源市场竞争力加强

中国新能源及可再生能源资源丰富，展望期内有较大开发潜力。分品种来看，水能剩余技术可开发量较大；现有核电站厂址比较丰富，且存在扩大选址的可能，开发潜力较大；风能、太阳能资源极其丰富，开发潜力巨大；生物质能利用率仍较低，有巨大提升空间。

从发电成本和电价水平来看，展望期内中国新能源及可再生能源技术装备水平提高和规模化发展将进一步降低其发电价格，而环保要求提高等因素可能进一步抬高化石能源发电价格，使得新能源及可再生能源市场竞争力加强。根据《能源战略行动计划（2014－2020年）》中的要求，到2020年风电与煤电上网电价相当，光伏发电与电网销售电价相当。具体来看，陆上风电场投资构成主要包括：施工辅助工程、设备及安装工程、建筑工程、其他费用、基本预备费、建设期贷款利息，其中设备费近五年呈逐渐下降趋势，建安工程费和其他费用呈逐渐增加趋势。初步预计 2020 年陆上风电造价水平在 2013 年水平上会下浮 3% 左右。预计 2020 年全国风电概算总体水平约 8760 元/千瓦，决算总水平约 7900 元/千瓦。考虑脱硫燃煤标杆电价成本可能的变化趋势，到 2020 年新增风电装机将在目前的 Ⅱ类、Ⅲ类和Ⅳ类风资源区总体实现发电侧平价上网，上述区域中的大部分区域陆上风电固定电价低于当地脱硫燃煤标杆电价。Ⅰ类风资源区陆上风电度电补贴强度下降明显，如配合适当化石能源及环境税费政策，则到 2020 年也可实现"发电侧平价上网"。按照目前风电电价需求预期，2020 年陆上风电实现"零"补贴的省份为河北、吉林、黑龙江、上海、江苏、浙江、福建、江西、山东、河南、湖北、湖南、广东、广西、海南、重庆、四川等 17 省（区），其余省（区、市）度电补贴额度在 2 分/千瓦时至 11 分/千瓦时。光伏发电方面，预计"十三五"期间光伏组件价格和光伏发电单位投资仍会有较大下降空间。依据光伏自身成本变化趋势，假设光伏三类资源区对应的电价在 2015 年至 2020 年间分别在 2015 年、2017 年、2019 年进行三次调整。2015 年电价水平为 0.80、0.86、0.97 元/千瓦时；2017 年电价水平为 0.67、0.76、0.86 元/千瓦时；2019 年电价水平为 0.57、0.65、0.73 元/千瓦时，分别较目前的光伏标杆电价水平下降 0.33、0.3、0.27 元/千瓦时。如果分布式光伏对应的补贴水平分别在 2016 和 2019 年进行两次调整，则 2016 年及 2019 年分布式光伏补贴需求分别为 0.35 元/千瓦时和 0.25 元/千瓦时。

另外，中国在大气污染防治和应对气候变化的压力下，在以低碳化为长期目标的能源结构优化过程中，能源环境外部性成本内部化将逐步推进，矫正能源利用外部性的资源环境财税体系和碳定价制度将逐渐建立，这将有利于形成能源结构调整的市场信号体系。根据 2014 年环境保护部环境规划研究院发布的《煤炭环境外部成本核算及内部化方案研究》报告，2010 年中国每吨煤炭环境损害外部成本分别为 204.76 元，相当于当年煤炭价格的 28% 以上；煤炭燃烧造成的空气污染直接导致公众健康损失为 2117 亿元，总的环境外部成本为 5555 亿元，相当于当年全国公共财政中环保支出的 2.3 倍。随着能源的环境外部性成本逐渐内部化，新能源及可再生能源的成本优势显现，市场竞争力加强。

二、2030 年新能源及可再生能源装机约 14.4 亿千瓦，年均增加 6200 万千瓦

近年来，中国新能源及可再生能源（尤其是风电和太阳能发电）高速发展，技术快速进步，产业实力显著提升，市场规模逐渐扩大。如表 16 - 1 所示，近十年来中国水电装机规模扩大了 1.7 倍，核电装机规模扩大了 2.8 倍，风电和太阳能发电装机规模则实现了从无到有的飞速发展，且实现了规模化应用。

表 16 - 1　中国 2005 年、2010 年、2015 年水电、风电、核电和太阳能发电装机规模

单位：万千瓦,%

能源品种	2005 年		2010 年		2015 年	
	装机容量	占比	装机容量	占比	装机容量	占比
水电	11739	22.7	21606	22.4	31937	21.2
风电	106	0.2	2958	3.1	12934	8.6
核电	685	1.3	1082	1.1	2608	1.7
太阳能发电	—	—	26	0.0	4318	2.9

资料来源：中国电力企业联合会，历年《中国电力工业统计资料汇编》。

在能源革命的要求下，新能源及可再生能源本展望期内将快速发展。基于产业发展现状及技术、成本等有利条件，中国新能源及可再生能源各品种装机将得到大幅提升（如表 16 - 2 所示）。预计到 2020 年，中国新能源及可再生能源装机规模达到约 8.6 亿千瓦，占总装机规模的比重达到 42.9%，去掉生物质火电装机部分，占比约为 42%，较 2015 年（34.3%）提升 7.7 个百分点；到 2030 年，新能源及可再生能源装机规模达到 14.4 亿千瓦，2020 - 2030 年间增长 67%，占总装机规模的比重达到 60%，十年间提升 17.1 个百分点，去掉生物质火电装机的部分，占比为 57.9%，较 2015 年提升 23.6 个百分点。

表 16-2　中国 2020 年、2030 年新能源及可再生能源装机规模

能源品种		装机规模（万千瓦）	
		2020 年	2030 年
水电	大中型水电	26100	45000
	小水电	8200	
	抽水蓄能	4500	
风　电		25000	45000
核　电		5300	13600
太阳能发电	光伏电站	8000	35000
	分布式光伏	7000	
	光热	1000	
生物质能发电		1500	5000
合计		86100	143600

资料来源：项目组预测数据。

三、2030 年新能源及可再生能源利用量达到 11.6 亿吨标准煤，年均增加约 4300 万吨标准煤

根据对新能源及可再生能源装机规模和平均利用小时数的展望，预计到 2020 年，中国新能源及可再生能源发电量将达到 2.46 万亿千瓦时，占总发电量的比重达到 36.3%，去掉生物质火电部分，占比为 35%，较 2015 年（26.9%）提升 8.1 个百分点。加上非电利用部分，2020 年中国新能源及可再生能源利用量达到 7.2 亿吨标准煤，占能源消费总量比重为 15%，较 2015 年分别提升 2 亿吨标准煤和 3 个百分点，贡献 2015 - 2020 年间约 40% 的能源消费增量。到 2030 年，新能源及可再生能源发电量将达到 4.07 万亿千瓦时，2020 - 2030 年间增长了 65%，占总发电量的比重达到 47.8%。加上非电利用的部分，2030 年中国新能源及可再生能源的贡献量达到 11.6 亿吨标准煤，占比提升至 22%，贡献 2020 - 2030 年间 90% 的能源消费增量（如图 16 - 1 所示）。

在非电利用中，地热资源是一种可再生的清洁能源，储量大、分布广，具有清洁环保、用途广泛、稳定性好、可循环利用等特点，与风能、太阳能等相比，不受季节、气候、昼夜变化等外界因素干扰，是一种现实并具有竞争力的

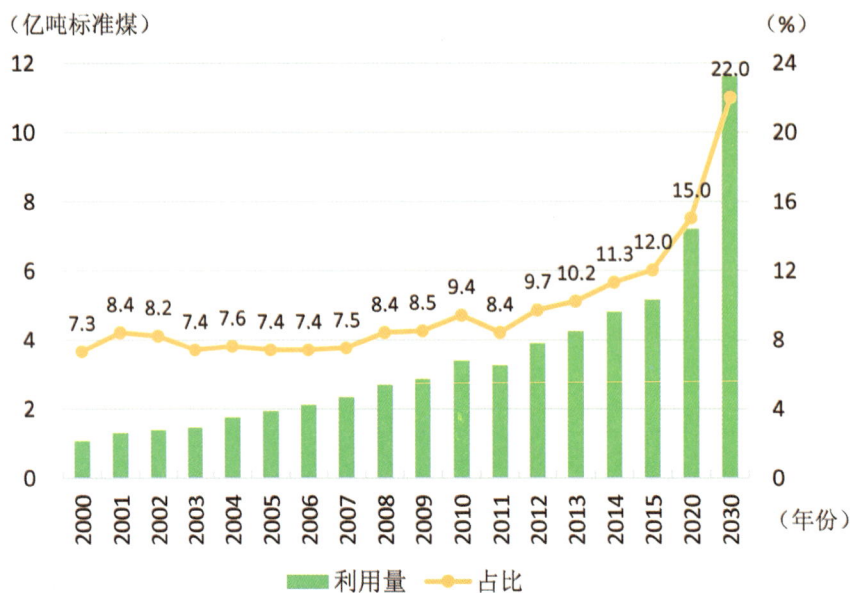

图 16 – 1　中国 2000 – 2030 年新能源及可再生能源利用量及占比

注：新能源及可再生能源利用量绘制于主纵坐标轴，新能源及可再生能源占比绘制于次纵坐标轴，图中数据标签为新能源及可再生能源占比。

资料来源：2000 – 2015 年数据来自中国国家统计局；2020 年、2030 年数据为项目组预测数据。

新能源。全球 5km 以内地热资源量约 4900 万亿吨标煤，中国约占全球资源量的 1/6。据国土资源部 2015 年统计，中国浅层地热能资源量相当于 95 亿吨标准煤。经过 40 多年的实践和发展，中国在利用方式上形成了以沈阳为代表的浅层水源热泵供热制冷，以大连为代表的海水源热泵供热制冷，以西藏羊八井为代表的地热发电，以天津、陕西、河北为代表的地热供暖，以北京、东南沿海、云南为代表的疗养与旅游，以及以华北平原为代表的种植和养殖的开发利用格局。预计到 2020 年，中国地热能开发利用实现年替代标煤 7210 万吨，减排二氧化碳 1.77 亿吨。

第十七章　　核电开发利用展望

核电作为一种清洁、高效、优质的现代能源，是非化石能源的主力能源。发展核电是中国核事业的重要组成部分，是调整能源结构的重要途径。2015年中共十八届五中全会提出要安全高效发展核电，中国核电业迎来了新的窗口期。目前，中国核电发展已具备良好基础，铀资源供应、核燃料循环、装备制造以及厂址储备方面，可以支撑核电的规模化发展。本展望期内，中国核电将快速发展，建设更趋于标准化，在采用国际最高安全标准，确保安全的前提下，中国核电将保持稳定的建设节奏。预计到2020年中国在运核电总装机容量将达到5300万千瓦，发电量约3800亿千瓦时，约为2015年的2.2倍，核电占总发电量的占比提升到5.6%；2030年中国核电装机达到13600万千瓦，发电量达到约10000亿千瓦时，2020－2030年间增长1.6倍，核电占比达到11.8%。

一、核电占比远低于世界平均水平，发展空间较大

从世界范围看，截至2014年底，全球共有437座运行核电机组，总装机容量3.75万亿千瓦。其中美国、法国、日本和俄罗斯分别有99座、58座、43座和34座核动力堆，分列第一至四位。福岛核事故后，全球核电发展在曲折中前进，目前已呈现出加速回暖态势。从国际核电市场需求看，共有72个国家已经或正在计划发展核电，"一带一路"沿线国家有41个，其中有核电并继续发展核电的国家有12个，如巴基斯坦、伊朗、俄罗斯等，无核电但正在开发核电的国家有14个，其中越南、白俄罗斯、阿联酋等国的首台核电机组已开工建设，正计划发展核电的国家有15个。另外，"一带一路"周边还有11

个国家正在发展核电。"一带一路"国家和周边国家将占到新建机组数的约80%，是未来核能发展的热点地区。

中国包括实验快堆在内在运核电运行机组 22 台，核电运行装机容量 1988 万千瓦，位列全球第五位[①]，当年发电量 1262 亿千瓦时。在建机组 26 台，共计 2846 万千瓦，世界第一（如图 17-1 所示）。但与其他核电大国相比，中国核电占比却处于较低水平。根据世界核能协会（WNA）数据，截至 2013 年，全球共有 14 个国家和地区的核电占总发电量的比重超过 20%，其中法国的核电比重高达 76.9%，美国和俄罗斯的核电占比也接近 20%，有核国家核电发电量占总发电量平均水平为 14%。中国 2014 年核电占比仅为 2.4%，2015 年占比仅为 3.0%，还有很大的发展空间。

图 17-1　中国在建、在运的核电厂分布

资料来源：项目组。

---

①　资料来源：国际原子能机构动力堆信息系统（IAEA-PRIS）。

二、核电具备规模化发展基础，可支撑 3.6 亿千瓦装机

中国核电发展所需的天然铀资源已建立了国内生产、海外开发、国际铀贸易并举的铀资源供应保障体系。国内生产方面，中国铀矿资源比较丰富，截至2013 年开采成本低于 130 美元/千克的已探明铀储量达到 19.9 万吨[①]，主要分布在江西、新疆、广东、辽宁等地。根据近年第二轮资源预测，中国铀资源量有可能超过 200 万吨，目前铀资源的探明程度还比较低。此外，中国的非常规铀、钍等核燃料资源也很丰富，今后可以成为重要的核电燃料资源。海外开发方面，与澳大利亚、法国、哈萨克斯坦、俄罗斯、乌兹别克斯坦、尼日尔、纳米比亚、蒙古和南非等国签署了相关合同或开发协议，控制铀资源量超过 50万吨。国际贸易方面，福岛核事故后，国际核领域的市场走低，天然铀价格一路下滑。天然铀现货价从 136 美元/磅跌至 30 多美元/磅，根据预测，天然铀资源在"十三五"期间将处于供大于求状态。"十二五"期间，我国年均进口天然铀 5000 吨以上，成为我国核电铀资源的重要来源。另外，目前中国正在研发快中子增殖堆技术，有望于 2030 年前后进入产业化阶段，这一技术可将铀资源利用率提高几十倍。

中国一直以来坚持核燃料闭合循环技术路线，配套核电适度超前发展核燃料产业。铀浓缩领域已经实现了离心法的工业化应用，达到了世界先进水平。国内运行核电厂所需核燃料原件已实现自主化。初步掌握了反应堆乏燃料后处理技术，大型商用后处理厂的建设正在积极推进。中国核燃料产业的技术水平和生产能力可以满足当前和长远核电发展的需求。

在核电装备制造领域，经过 30 年发展，中国核电装备制造企业加大技术改造力度，依托核电项目建设，以市场需求为导向，借助引进消化吸收，在核电关键设备制造方面已经具备了良好基础。拥有了大型水（油）压机、先进数控机床和巨型卷板机等国际领先的生产装备，形成了每年 8 套核电主设备制造硬件能力，硬件规模世界第一。福清 3、4 号，红沿河 5、6 号等在建二代改进型机组国产化率已达到 85% 左右。华龙一号国产化率达到 85% 以上，压力

[①]　资料来源 IAEA《铀资源、生产与需求（2014）》

容器、蒸汽发生器、稳压器、主泵、堆内构件等关键设备的国产化水平均已达到90%以上。设备研发制造能力可以支撑中国核电保持较快的发展速度，并可以支撑中国核电技术走出去，进军国际市场。

厂址储备方面，我国核电厂址储备丰富，广泛分布在东南沿海和广大内陆地区。福岛核事故后，核电厂的选址要求进一步提高，按照最新法规标准对完成初可研的厂址进行了复核，共有45个厂址条件较好，总装机规模约1.9亿千瓦（如表17-1所示）。

表17-1　中国核电厂址资源开发与储备情况

单位：个、万千瓦

省份	厂址数量	装机总规模	省份	厂址数量	装机总规模
吉林	1	4×100	湖南	4	16×100
辽宁	3	14×100	江西	4	16×100
山东	2	10×100	福建	6	22×100
江苏	1	4×100	广东	7	28×100+2×175
浙江	3	14×100	广西	3	14×100
安徽	3	12×100	海南	1	2×65
河南	2	8×100	合计	45个	18680
湖北	5	20×100			

资料来源："十三五"及中长期核电安全高效发展问题研究报告。

未来随着堆型技术的进步、抗震设防设计能力的提高、硬质土地基的应用、地基处理技术的提高、四代核电技术对人文环境相容性的提高以及二次循环冷却方式在沿海厂址的应用，未来的厂址踏勘还可进一步扩大中国的核电厂址资源储备。可支撑的装机规模约3.6亿千瓦，其中内陆约为1.6亿千瓦，沿海约为2亿千瓦。而通过进一步的选址工作，预计未来可满足建设5亿千瓦核电的需求。

三、核电建设标准更加严格和国际化，2030 年装机有望达到 1.36 亿千瓦

核电发展初期，由于中国核电工业体系整体薄弱，单次规划和建设的机组较少，如秦山核电站一期仅 1 台机组。随着中国核电自主化水平越来越高，核电设备制造和建造水平逐步提高、各类配套工业体系逐渐完善，中国单一厂址规划建设规模有较大提升，目前新设厂址基本按照 6 台机组的规模进行规划建设，如红沿河、福清、宁德核电站等。同时，中国核电建设速度明显加快，将出现多厂址、多机组同时开展建设的情况。

中国核电建设主要采用两种方式，一种是以我为主，自主研发、自主设计、自主建设、自主运营方式，如华龙一号；一种是通过引进、消化国际先进核电技术，逐步吸收和创新，逐步完成国产化目标，如 AP1000 技术。通过"两条腿走路"，中国核电工程技术力量不断积累。中国自主研发的华龙一号在技术上兼具先进性和成熟性，具有完整的自主知识产权，较国际同类机型造价具有一定优势，目前示范工程建设顺利，并已经成功打入国际市场。引进消化吸收的 AP1000 技术经过 6 年多的建设已经突破主泵等关键环节。目前世界尚无建成投产的三代压水堆机型，中国核电技术水平已经进入世界第一阵营。

2011 年日本福岛核事故后，中国核电建设一度陷入低潮。2012 年 10 月，国务院常务会议讨论并通过《核电安全规划（2011 - 2020 年）》和《核电中长期发展规划（2011 - 2020 年)》，要求新建核电项目必须按照全球最高安全要求，且必须符合三代安全标准，明确"十二五"期间只在沿海安排建设少数经过充分论证的核电项目，不安排内陆核电项目。核电安全大检查对在运、在建核电提出了整改要求，沿海核电项目建设进展放缓，核电项目进展滞后于能源规划。

目前，中国核电业正在逐步褪去日本福岛核事故的阴影，内陆核电解冻迎来窗口期。本展望期内，在一次能源消费结构的持续优化过程中，中国核电建设将快速发展；在采用国际最高安全标准确保安全的前提下，中国将启动一批核电工程。根据中国目前已建、在建的核电项目，以及规划和待建的项目情

况，"十二五"末中国的在运核电规模为 2660 万千瓦，在建机组 2400 万千瓦，考虑沿海 6000 万千瓦厂址保护进展及桃花江等三个内陆厂址的前期工作进度，到 2020 年，核电在运装机规模预计可达到 5300 万千瓦，核电装机占比较 2015 年提升 1 个百分点，为 2.7%，发电量约 3800 亿千瓦时，较 2015 年增长约 1.3 倍，占总发电量比重达到 5.6%，较 2015 年提升 2.6 个百分点。

2020 – 2030 年期间，预计中国核燃料循环体系会不断完善，乏燃料后处理问题取得进展，核电重大事故预防方案得到工程论证并不断成熟，公众接受度得到提升。同时，中国八个具有核电厂址的省份因为能源资源匮乏、环境保护压力巨大等问题，将加快推动核电建设，2025 年中国核电装机规模达到 8800 万千瓦，2030 年累计装机规模有望达 13600 万千瓦，装机占比提升至 5.7%，发电量达到约 10000 亿千瓦时，2020 – 2030 年间增长 1.6 倍，占总发电量比重提升 6.2 个百分点，达到 11.8%（如图 17 – 2 所示）。

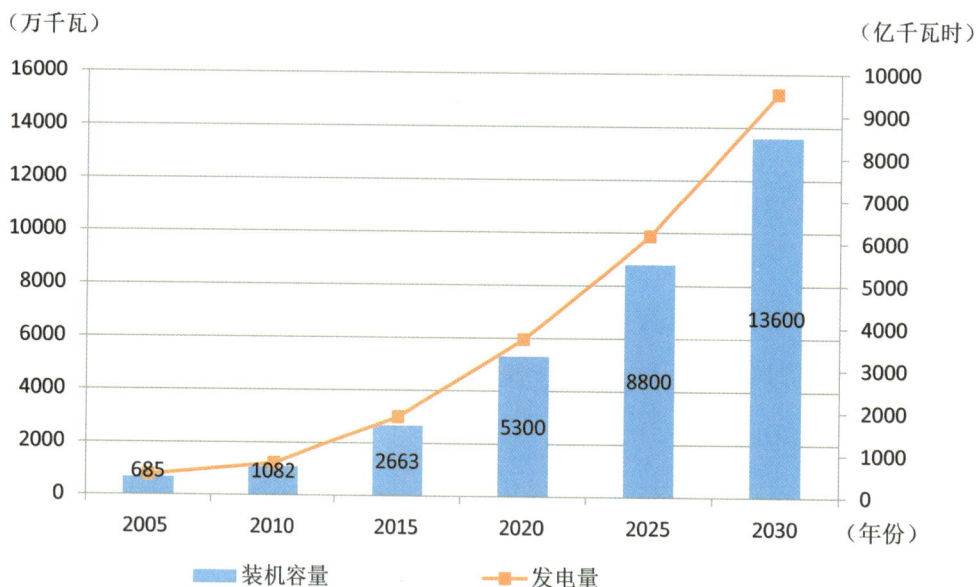

图 17 – 2　中国核电装机容量和发电量

注：核电装机容量为柱形图，绘制于主纵坐标轴；核电发电量为折线图，绘制于次纵坐标轴；图中数据标签为核电装机容量。

资料来源：历史数据来源于中国电力企业联合会、历年《电力工业统计资料汇编》；预测数据来源于项目组。

四、核电发展仍存在不确定性因素

本展望期内，中国核电的开发利用主要受以下三个因素的影响：

一是三代技术经济性有待考验。核电的经济性将成为影响核电发展的关键因素。目前中国二代改进型核电技术的电价普遍低于所在各省煤电标杆电价。福岛核事故后，新建核电采用世界最高安全标准的三代核电技术，建设成本比二代改进型有所提升，三代核电技术的经济性尚未得到验证。未来三代技术需要通过规模化、标准化、模块化以及持续的技术提升和管理提升，经济性将不断提高，能够有效提升对其他能源品种的竞争力。

二是对内陆核电安全性的认识。中国核电厂址和负荷中心大部分分布在内陆，但福岛核事故后，由于对内陆核电安全性认识的差异，内陆核电迟迟难以获准开工。目前，核电行业内普遍认为内陆核电与沿海核电没有本质区别，安全性是有保障的。世界各国运行的核电机组大部分都建在内陆，如法国内陆机组有40台，占核电机组的近70%。美国内陆核电厂有39个，64台机组，已经积累了2000多堆年的运行经验，而且正在计划新建5个内陆核电项目。国外经验证明，内陆核电厂的排放不会影响电厂下游作为饮用水源、灌溉、捕鱼和娱乐活动的功能，迄今为止国际核电发展实践没有对内陆核电建设提出特殊要求。但我国社会对内陆核电还存在一定程度的担忧，这是内陆核电发展的关键不确定因素。

三是核电和核设施的"邻避"效应。中国核电发展的整体社会舆论环境良好。但随着经济社会的发展，核电及核设施的"邻避"效应比较明显，未来核电将面临更加复杂的舆情和民意。未来舆情民意疏导的核心在于提振信心，提升核安全技术、行业建设运营、国家安全监管三个维度的信心，并增强政府对社会的治理能力，创造更加良好的发展环境。

第十八章　水电开发利用展望

中国水力资源丰富，技术可开发装机容量达到 6.61 亿千瓦，技术可开发年发电量接近 3 万亿千瓦时。本展望期内，西部地区的大型水电基地建设将取得长足发展，预计到 2020 年，中国水电总装机容量达到 3.8 亿千瓦左右，2015－2020 年间年均增长 1300 万千瓦左右，发电量达到 1.3 万亿千瓦时左右；2020 年后，水电装机容量年均可新增 800 万－1000 万千瓦，2030 年总规模达到 4.5 亿千瓦，发电量约 1.45 万亿千瓦时；由于其余新能源装机的快速发展，2030 年水电装机占比和发电量占比较 2014 年均有小幅下降，分别为 18.8％ 和 16.9％。此外，生态环境保护和移民搬迁是影响未来中国水电发展的不确定性因素。

一、水力资源丰富，雅鲁藏布江、金沙江、怒江开发潜力巨大

根据中国 2003 年水力资源复查成果，大陆水力资源理论蕴藏量在 1 万千瓦及以上的河流共 3886 条，水力资源技术可开发装机容量为 6.61 亿千瓦，年发电量 2.99 万亿千瓦时，水能资源技术可开发量居世界首位。

中国水力资源分布西多东少，相对集中于西南地区（包括四川、重庆、云南、贵州、西藏）。经济相对落后的西部地区水力资源量占全国总量的比重高达 81.7％，西南地区就占了 66.7％；其次是中部地区，占比为 13.0％，而用电负荷集中的东部地区，水力资源量占比仅为 5.3％。中国水力资源主要集中在大江大河干流，如金沙江、雅鲁藏布江、澜沧江和怒江等河流干流，便于集中开发。长江、金沙江、雅砻江、大渡河、乌江、澜沧江、黄河、怒江、红水河和雅鲁藏布江等十大流域的总装机容量为 3.7 亿千瓦，占全国技术可开发装

机容量的 55.5%。截至 2013 年底，十大流域（河流）已建装机容量 11803 万千瓦，占全国已建装机比例 46.3%；在建装机容量约为 3500 万千瓦；待建装机容量 21360 万千瓦，占全国待建装机容量的 58.3%。其中，雅鲁藏布江、金沙江、怒江等 3 条河流是中国未来水电开发的重点河流，其待建装机容量超过 1.5 亿千瓦，占十大河流待建总规模的 70% 以上，开发潜力巨大。

表 18-1　中国主要江河干流水力资源量

单位：万千瓦，亿千瓦时

河流干流	理论蕴藏量		技术可开发量		经济可开发量	
	装机容量	年发电量	装机容量	年发电量	装机容量	年发电量
长江	3350	2173	3015	1357	2702	1170
黄河	3283	2876	3420	1215	2892	986
金沙江	5811	5091	7675	3648	6480	3117
雅砻江	2181	1908	2857	1517	2531	1332
大渡河	2001	1732	2473	1188	2324	1115
珠江	1087	952	1579	693	1544	679
澜沧江	2487	2179	3240	1570	2497	1175
怒江	3522	3085	3039	1525	2227	1076
雅鲁藏布江	7912	6931	5645	2957	95	50

资料来源：中国水力资源复查成果 2003。

二、水电布局将更加合理，西部地区将取得长足发展

根据中国水力资源的区域分布特点和开发现状，预计未来中国西部地区大型水电基地建设将取得长足发展。具体项目包括乌江、南盘江红水河水电能源基地；金沙江、澜沧江、雅砻江、大渡河大型水电能源基地；黄河上游、雅鲁藏布江中游水电能源基地以及怒江中下游大型水电能源基地和藏东南"西电东送"接续能源基地的建设等（如表 18-2 所示）。本展望期内，西部水电开发利用中还应当注重加强大流域梯级水电站群联合调度运行管理。

未来对东中部地区的水电开发利用则应当根据其水力资源情况，适度加快抽水蓄能电站的建设，建设长江水电能源基地，合理开发剩余水能资源。同

时，未来对东中部地区的水电在开发利用中要逐渐从"重开发"向"开发、保护与管理并重"转变。

表 18 – 2 "十三五"中国水电开发重点备选项目

序号	河流	重点工程
1	金沙江	岗托、波罗、叶巴滩、拉哇、巴塘、苏洼龙、昌波、旭龙、奔子栏、龙盘、金沙、白鹤滩
2	澜沧江	侧格、如美、古学、曲孜卡、古水、托巴、橄榄坝
3	雅砻江	牙根一级、牙根二级、楞古、孟底沟、卡拉
4	大渡河	安宁、巴底、丹巴、硬梁包、枕头坝二级、沙坪一级
5	乌江	白马
6	黄河	宁木特、玛尔挡、茨哈峡、大河家二级、中川
7	南盘江、红水河	八渡、龙滩二期
8	雅鲁藏布江	林芝、巴玉、街需、冷达
9	怒江	马吉、亚碧落、六库、赛格
10	其他河流	旬阳、白河、孤山、新集、淋溪河、姚家坪、康工、向达、阿青、渔潭、金塘冲、宜冲桥、五强溪扩机、落久、迈湾、牛路岭、甲茶、马马崖二级、大石峡、阿仁萨很托亥

资料来源：项目组。

三、水电开发利用率进一步提高，2030 年装机可达到 4.5 亿千瓦

截止到 2014 年底，中国常规水电装机容量 2.8 亿千瓦，抽水蓄能电站装机容量 2153 万千瓦。2014 年水电发电量突破 1 万亿千瓦时，达到 1.06 万亿千瓦时，占全国总发电量的 18.9%，占可再生能源发电量的 85.5%，是开发利用最为成熟的可再生能源。

在整个"十二五"期间，中国开工建设了金沙江苏洼龙、梨园、乌东德，澜沧江里底、苗尾、糯扎渡；大渡河双江口、猴子岩、黄金坪，雅砻江两河口、杨房沟，黄河刘家峡扩建，雅鲁藏布江大古、加查，堵河小漩，尼洋河多布等一批大型和特大型工程，总计开工规模 5800 万千瓦。截止到 2015 年底，中国水电装机容量为 3.19 亿千瓦，其中常规水电装机容量 2.97 亿千瓦，抽水

蓄能电站装机容量 2271 万千瓦。2015 年水电发电量突破 1.1 万亿千瓦时，占全国总发电量的 19.9%，占可再生能源发电量的 73.9%（如表 18 – 3 所示）。

表 18 – 3 2010 年、2015 年水电装机容量

单位: 万千瓦,%

项目	2010 年装机容量	"十二五"预期目标	2015 年装机容量	年均增长
一、常规水电	19911.5	26000	29666	8.3
1. 大中型水电	14071.5	19200	—	—
2. 小水电	5840	6800	—	—
二、抽水蓄能	1694.5	3000	2271	6.0
合计	21606	29000	31937	8.1

资料来源: 项目组。

从世界范围看，到 2013 年底，全球常规水电站装机容量超过 10 亿千瓦，中国、巴西、美国、加拿大和俄罗斯是全球已建常规水电站装机容量排名前 5 位的国家，五国已建常规水电站装机容量约占全球的 55%。其中，中国水电装机容量 2.6 亿千瓦，是全球水电装机第一大国。目前中国水电装机开发利用率约为 45%，本展望期内仍有一定增长空间。

预计到 2020 年，中国常规水电装机规模达到 3.4 亿千瓦，抽水蓄能电站装机容量达到 4500 万千瓦，水电总装机容量达到 3.8 亿千瓦左右（如表 18 – 4 所示），2015 – 2020 年间年均增长 1300 万千瓦左右，由于其余新能源装机快速发展，2020 年水电装机容量占比较 2015 年（21.2%）小幅下降，为 19%；2020 年水力发电量达到 1.3 万亿千瓦时左右，较 2015 年增长 19.4%，年均增长 3.6%，占发电量的比重与 2015 年基本持平，为 19.6%。考虑到剩余待开发水电资源集中在西南和西北地区，2020 年后，通过创新移民机制，加强水电开发的生态环境保护，每年可新增装机 800 万 – 1000 万千瓦，2030 年水电装机规模达 4.5 亿千瓦，发电量约 1.45 万亿千瓦时，装机占比和发电量占比分别为 18.7% 和 16.9%（如图 18 – 1 所示）。

表 18 - 4 "十三五"水电发展目标

单位：万千瓦

项目	2020 年水电目标装机规模
一、常规水电	34000
1. 大中型水电	26100
2. 小水电	8200
二、抽水蓄能	4500
合计	38500

资料来源：项目组预测数据。

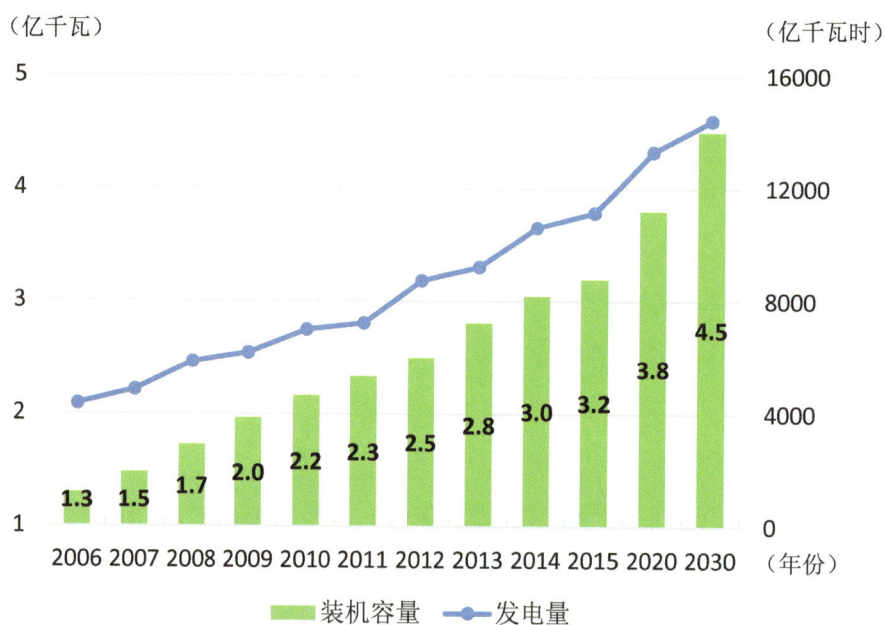

图 18 - 1 中国水电装机容量和发电量

注：水电装机容量为柱形图，绘制于主纵坐标轴；水力发电量为折线图，绘制于次纵坐标轴；图中数据标签为水电装机容量。

资料来源：历史数据来自中国电力企业联合会，历年《电力工业统计资料汇编》，2020、2030 年数据为项目组预测数据。

四、水电开发利用面临生态环境保护约束，存在不确定性因素

要实现中国"十三五"水电发展目标和方案，目前难点在于"十二五"期间水电项目审批滞后，开工项目不足，这将影响"十三五"期间投产水电项目的数量。受生态环境保护等因素影响，未能开工的水电项目主要分布在怒江中下游、金沙江上游和黄河上游等河段，累计装机规模达到2200万千瓦左右，另有500万千瓦也存在一定不确定性。

以上项目未能开工的原因主要是生态环境保护矛盾、移民搬迁问题等：怒江中下游松塔、马吉等电站2015年具备开工条件，但由于怒江生态保护争议，没有获得开工审批；金沙江上游昌波、旭龙、龙盘水电站河流规划审批较晚且因开发时序安排导致前期工作相对滞后；黄河上游门堂水电站涉及环保问题，宁木特水电站库区淹没范围涉及甘肃、宁夏，两省存在一定争议，茨哈峡水电站前期工作相对滞后且300米级高坝建设存在一定工程技术问题，导致这些水电站在"十二五"期间均未能开工。

第十九章　　风电开发利用展望

近年来，中国风电已进入大规模开发利用阶段，装机容量领跑全球，成为中国仅次于火电和水电的第三大电源。根据风能资源储量分布情况，三北地区适宜大规模集中建设风电基地，内陆地区适宜开发分散式风电，风电建设因地制宜，集中式与分散式开发并重。2020年风电发展力争实现2.5亿千瓦装机，占到总装机规模的12.5%，2020年后，随着外部环境成本逐渐内部化，风电经济性优势更加凸显，风电市场规模将进一步扩大，2030年风电累计规模将达到4.5亿千瓦，占总装机规模比重将达到18.7%，较2015年提升10.1个百分点，上网电量约9000亿千瓦时，占总发电量比重达到10.6%，较2015年提升7.3个百分点。本展望期内，风电外送通道建设和并网消纳仍是影响风电大规模健康发展的不确定性因素。

一、风电建设因地制宜，集中式和分散式开发并重

中国风能资源丰富，根据全国风能详查和评价结果，全国陆上50米高度层年平均风功率密度大于或等于300瓦/平方米的风能资源理论储量约73亿千瓦。根据国际上对风能资源技术开发量的评价指标，在年平均风功率密度达到300瓦/平方米的风能资源覆盖区域内，考虑自然地理和国家基本政策对风电开发的制约因素，并剔除装机容量小于1.5兆瓦/平方公里的区域后，得出中国陆上50米、70米、100米高度层年平均风功率密度大于或等于300瓦/平方米的风能资源技术开发量分别为20.5亿千瓦、25.7亿千瓦和33.7亿千瓦（如表19-1所示）。

表 19 - 1　中国陆上风能资源储量

离地面高度 （米）	潜在开发量 （亿千瓦）	技术开发量 （亿千瓦）	技术开发面积 （万平方公里）
50	25.6	20.5	56.6
70	30.5	25.7	70.5
100	39.2	33.7	94.8

资料来源：国家气象局、国家发展改革委、财政部、国家能源局关于全国风能资源详查和评价工作情况的报告。

　　中国陆上风能资源丰富区主要分布在东北、内蒙古、华北北部、甘肃酒泉和新疆北部，云贵高原、东南沿海为风能资源较丰富地区（如表 19 - 2 所示）。以 70 米高度风能资源技术可开发量为例，内蒙古最大，约为 15 亿千瓦，其次是新疆和甘肃，分别为 4 亿千瓦和 2.4 亿千瓦，此外黑龙江、吉林、辽宁、河北北部，以及山东、江苏和福建等地沿海区域风能资源丰富的面积较大，适宜规划建设大型风电基地。中国中部内陆地区的山脊、台地、江湖河岸等特殊地形也有较好的风能资源分布，适宜分散式开发利用。

表 19 - 2　中国各地区陆上 70 米高度风能资源储量

	潜在开发量 （万千瓦）	技术开发量 （万千瓦）	技术开发面积 （平方公里）
全国合计	305372	256590	704746
北京	135	50	139
天津	56	56	133
河北	8651	4188	11870
山西	3791	1598	5032
内蒙古	163126	145967	394919
辽宁	7824	5981	20409
吉林	7985	6284	22675
黑龙江	13415	9651	29580
上海	51	51	133
江苏	373	370	926

续表

	潜在开发量 （万千瓦）	技术开发量 （万千瓦）	技术开发面积 （平方公里）
浙江	353	209	642
安徽	104	77	212
福建	1222	955	2664
江西	541	310	876
山东	4028	3018	8772
河南	916	389	1226
湖北	243	126	396
湖南	276	331	331
广东	2216	4249	4249
广西	1522	2151	2151
海南	276	206	638
重庆	434	138	446
四川	1248	340	1040
贵州	1372	456	1705
云南	4972	2066	6273
西藏	99	65	188
陕西	1970	1115	3302
甘肃	26446	23634	61342
青海	2407	2008	6585
宁夏	1777	1555	4417
新疆	47543	43555	111775

资料来源：国家气象局、国家发展改革委、财政部、国家能源局关于全国风能资源详查和评价工作情况的报告。

海上风能资源方面，对中国近海风能资源的初步数值模拟结果表明，台湾海峡风能资源最丰富，其次是广东东部、浙江近海和渤海湾中北部，近海风能资源相对较少的区域分布在北部湾、海南岛西北、南部和东南的近海海域（如图 19-1 所示）。在近海 100 米高度内，水深在 5-25 米范围内的风电技术可开发量可以达到约 1.9 亿千瓦，水深 25-50 米范围内的风电技术可开发量约 3.2 亿千瓦。山东半岛沿海地区的年平均风速在 7 米/秒以上，江苏沿海区域海上年平均风速在 7 - 8 米/秒，离海岸线较远的区域风速更大，福建、浙江沿海区域的平均风速达到 9 米/秒以上，具有丰富的风能资源。

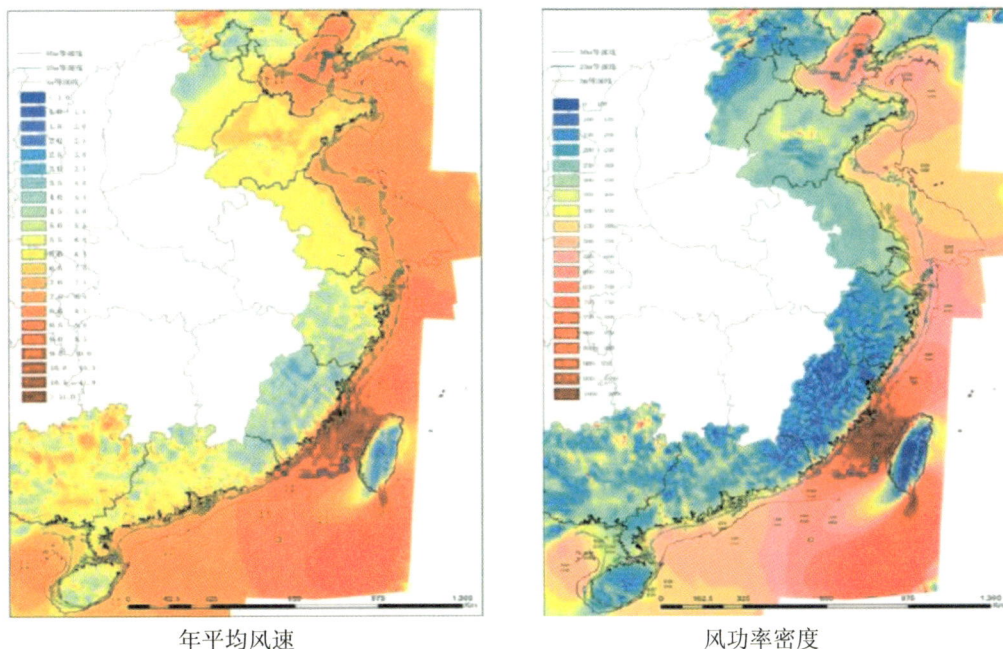

年平均风速　　　　　　　　　　　风功率密度

图 19 - 1　中国近海水平分辨率 1 千米 ×1 千米、100 米高度

资料来源：国家气象局、国家发展改革委、财政部、国家能源局关于全国风能资源详查和评价工作情况的报告。

二、风电生产体系不断完善，2030 年装机可达到 4.5 亿千瓦

近年来，中国风电已进入大规模开发利用阶段，技术和装备水平显著提升，已成为中国仅次于火电、水电的第三大电源。展望期内，随着风电开发成本下降，以及火电外部环境成本逐步内部化，风电的经济性优势将凸显，风电将快速发展。根据中国风能资源分布情况，本展望期内在资源富集的三北地区，需要加强需求侧管理，积极推广多能互补、新能源供热等示范项目，深度挖掘系统调峰能力，优化调度运行机制，充分提高新能源当地消纳能力，同时借助大气通道和特高压外送通道，提高能源基地中新能源比例和实现跨区消纳，加快丰富资源区的新能源项目建设；在内陆地区则需要重点查明新能源资

源和开发能力，做好环保和水保等管理工作，大力挖潜中东部和内陆地区分散风能资源开发价值，因地制宜，全面推进常规风电、分散式接入、低风速利用的风电生产体系建设；海上风电则通过示范项目的建设，一方面带动海上风电技术和施工能力进步；另一方面提升建设运行水平和简化管理流程，促进海上风电项目电价和补贴强度下降，进一步推动海上风电实现规模化发展。

根据目前中国风电项目的核准及建设情况，考虑到特高压外送通道的不确定性，至 2020 年风电发展目标确保为 2 亿千瓦，力争实现 2.5 亿千瓦。结合各地区的消纳能力，按照"三北地区风电立足本地消纳借助特高压外送方式、内陆地区风电以项目落实为基础、综合考虑海上风电建设条件"的原则，开展"十三五"风电开发规模布局（如表 19 - 3 所示）。预计到 2020 年，三北地区风电累计可开发规模为 2.42 亿千瓦，受消纳空间约束和电价因素的影响，优化开发容量，至 2020 年合理规模为 1.4 亿 - 1.76 亿千瓦。"十三五"末，内陆地区风电累计可开发规模为 8135 万千瓦，至 2020 年合理规模为 0.5 亿 - 0.74 亿千瓦。海上风电重点布局在辽宁、河北、天津、山东、江苏、上海、浙江、福建、广东和海南等省（市）；沿海地区多位于电力负荷中心，电网支撑条件也较好，具有较强的消纳能力；随着海上风电电价政策的落实和风机及施工装备的逐步成熟，海上风电总体外部环境较好。"十三五"期间，影响海上风电开发的主要因素是产业基础薄弱、投资环境不稳定、管理复杂交叉等问题，预计到 2020 年，海上风电新增开发规模为 1151 万千瓦，累计装机容量为 1200 万千瓦。

表 19 - 3　2020 年中国风电开发建设布局展望

单位：万千瓦

地区	2020 年开发规模		
	陆上风电	海上风电	合计
全国	24655	1200	25855
"三北"地区	17500	295	17795
北京	50	0	50
天津	100	15	115
河北	2000	130	2130

续表

地区	2020 年开发规模		
	陆上风电	海上风电	合计
山西	1400	0	1400
山东	1300	100	1400
蒙西	2700	0	2700
辽宁	1150	50	1200
吉林	650	0	650
黑龙江	650	0	650
蒙东	1000	0	1000
陕西	700	0	700
甘肃	2200	0	2200
青海	300	0	300
宁夏	1100	0	1100
新疆（含兵团）	2200	0	2200
中东部和南方地区	7155	905	8060
上海	90	80	170
江苏	650	350	1000
浙江	320	100	420
安徽	300	0	300
福建	350	170	520
江西	300	0	300
河南	500	0	500
湖北	500	0	500
湖南	600	0	600
重庆	65	0	65
四川	500	0	500
贵州	600	0	600
云南	1380	0	1380
广东	600	170	770
广西	350	0	350
海南	33	35	68
西藏	17	0	17

资料来源：项目组。

2020 年后，风电在电力市场中的经济性优势开始显现，尤其是煤电的外部环境成本逐步内部化，风电的全成本将低于煤电全成本。在此情形下，风电市场规模将进一步扩大，陆上风电及海上风电并重发展，每年新增装机规模在 2000 万千瓦左右。到 2025 年，风电累计规模将达到 3.5 亿千瓦左右；2030 年风电累计规模将达到 4.5 亿千瓦，较 2015 年增长约 2.5 倍；占总装机规模的比重将达到 18.7%，较 2015 年提升 10.1 个百分点；上网电量约 9000 亿千瓦时，较 2015 年增长近 4 倍；占总发电量的比重达到 10.6%，较 2015 年提升 7.3 个百分点。

三、风电资源浪费现象时有发生，大规模发展仍然存在不确定性因素

外送通道建设滞后，"弃风"限电或制约中国风电的进一步发展。2010 年以来，中国风电快速发电，年均新增装机超过 1500 万千瓦，上网电量也以年均超过 30% 的速度递增（如图 19－2 所示）。但"弃风"限电问题一直是中国风电大规模发展的制约瓶颈，特别是在风能资源丰富的"三北"地区。2010－2012 年间风电平均利用小时数逐年下降。2013 年，在中国风电行业各项政策的落实、配套送出工程建设进度加快、并网建设条件的逐渐好转和用电增速反弹等因素的作用下，风电平均利用小时数小幅回升，2014 年受全年风速偏小、部分省份消纳送出能力所限影响，风电平均利用小时数再次下降。2014 年中国平均弃风率 8%，因"弃风"限电造成的损失电量为 148.8 亿千瓦时（如表 19－4 所示）。弃风率较上年有小幅下降，一方面是因为 2014 年来风偏小，风电发电量的增幅降低，客观上减轻了市场消纳压力；另一方面，国家能源局连续三年采取了调控措施，严格控制弃风限电严重地区的新建规模，督促加快外送通道建设，部署风电消纳示范项目，目前已初见成效。由此可见，外送通道建设滞后带来的"弃风"限电问题长期困扰，或将制约中国风电的进一步发展。

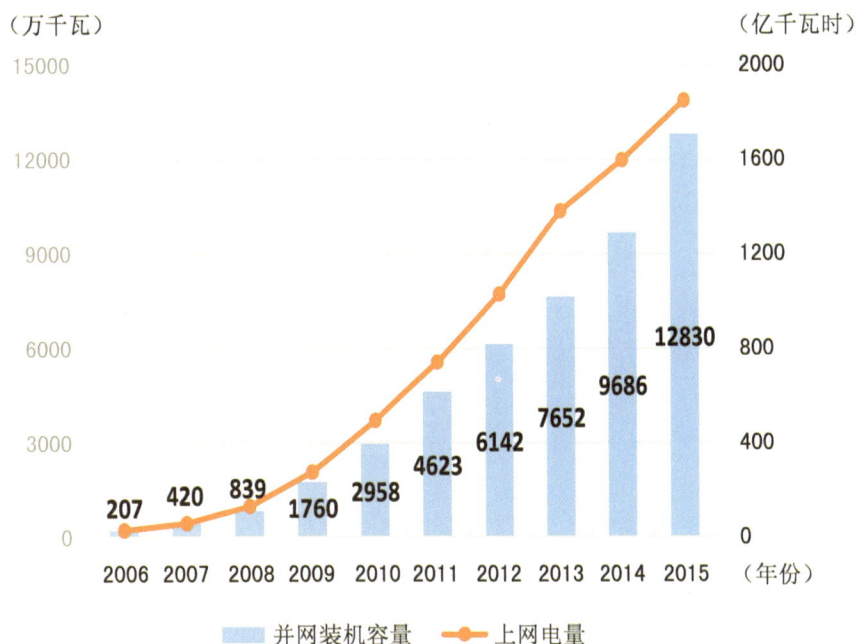

图 19 – 2　中国风电并网装机容量和上网电量

注：风电并网装机容量为柱形图，绘制于主纵坐标轴；风电上网电量为折线图，绘制于次纵坐标轴；数据标签为风电并网装机容量。

资料来源：中国电力企业联合会，历年《电力工业统计资料汇编》。

表 19 – 4　2013 – 2014 年中国重点地区"弃风"情况对比

单位：亿千瓦时,%

区域	弃风损失电量		弃风率	
	2013 年	2014 年	2013 年	2014 年
吉林	15.72	10.91	21.79	15.74
甘肃	31.02	13.86	20.65	10.77
蒙东	33.99	30.12	19.54	18.43
河北	28	23.22	16.59	13.68
黑龙江	11.51	9.25	14.61	11.70
蒙西	29.9	26.80	12.17	10.54
新疆	4.31	23.72	5.23	14.80
辽宁	5.28	7.80	5.00	7.00

续表

区域	弃风损失电量		弃风率	
	2013 年	2014 年	2013 年	2014 年
云南	1.69	2.81	3.68	4.31
宁夏	0.43	0.34	0.73	0.50
全国平均	162.31	148.84	10.74	7.90

资料来源：水电水利规划设计总院，2014 年中国风电建设评价统计报告。

目前，中国风电产业并未彻底解决平均利润水平低、风险高的问题，主要原因有以下五点：一是弃风限电导致开发商损失严重，每年造成发电收入损失上百亿；二是可再生能源附加资金下发严重滞后，企业现金流紧张；三是前几年生意红火的 CDM 业务收益严重收缩，甚至有出现坏账的风险；四是随着开发区域向偏远纵深推进以及社会劳动力成本、融资成本的增加，风电整体开发成本呈现触底甚至区域性、阶段性回升趋势；五是随着大面积风电场的集中开发和复杂地形开发进程推进，未来风电场运行出力效果难以达到预期效果。如果风电场开发运行效率未能明显回升，未来新建风电场的度电成本也将触底甚至回升，风电行业效益难以保障。未来单纯下调电价而不实质性地推进能源环境财税、电力市场运行机制改革、风电场优化布局开发和运行以提升风电竞争力和上网电量，可能短期会影响企业和金融机构的投资信心，政策突变也可能引发一轮"抢装潮"，对产业平稳发展构成冲击，仓促上马的项目客观上将埋下安全隐患，不利于行业的健康有序发展。

因此，2020 年、2030 年中国风电快速发展的目标能否实现的关键就在于并网消纳。结合中国特高压通道建设，推进风电等新能源跨区外送消纳，是实现中国大型风电基地集约高效开发利用的重要方式，对优化中国电源结构、加快治理大气污染、实现节能减排目标具有重大意义。目前，中国已经明确建设的跨区输电通道主要包括 12 条大气污染防治输电通道和准东—皖南、酒泉—江苏两条特高压直流工程。跨区外送通道建设时间的不确定性，给风电进一步大规模发展带来一定的不确定性。从近期看，在合适的电价调整节奏和幅度下，风电能否实现超过规划速度发展，对优化能源结构、减轻雾霾等环境影响做出更大贡献的关键仍在于并网消纳。如果在风电装机总规模不断增大的同时，通过各种措施却不能逐步降低限电的比例，即使不降低电价水平甚或提升电价水平，也只能是"并网装机容量的超额实现"，而非"风电上网电量的实现"，从宏观系统角度来看则是投资浪费。

分散式风电发展仍面临诸多障碍和挑战。一是并网落实困难，消纳受限。受局部网架结构薄弱、地区整体市场消纳能力不足、外送通道建设滞后等影响，核准计划批复的分散式接入风电项目仍面临并网条件难以落实和运行中存在限电的现象。二是前期手续繁琐，资源评估数据不足。目前，中国政府和相关部门还是按照常规风电场前期手续办理分散式接入风电项目，没有简化手续，对于规模相对较小的分散式，其前期手续显得较繁琐。另外，分散式风电场风机相对较为分散，所需测风数据点较多，风能资源数据评估过程中数据相对不足。三是缺乏统一的接入技术规范。分散式风电接入配电网对电网的潮流变化影响较大，也会对某些继电系统保护等产生影响。这与传统的集中式大规模接入电网特性差别较大。目前，分散式电网接入在接入方式、电气保护、无功补偿、功率控制、产量预报等方面无据可依，基本按照常规风电场进行配置，风电机组并网测试等技术规则仍需要进一步研究、制定和完善。

第二十章　太阳能开发利用展望

中国太阳能资源丰富，技术可开发量高达 40.7×10^{14} 千瓦时，而目前中国太阳能发电并网装机仅 2808 万千瓦，上网电量 191 亿千瓦时，可开发潜力巨大。近年来，中国太阳能发电产业快速发展，实现了太阳能光伏发电的规模化应用，使其成为继水电、风电之后规模最大的可再生能源以及电力系统的重要组成部分。本展望期内，预计到 2020 年地面大型光伏电站装机规模约 8000 万千瓦；分布式光伏发电装机规模约 7000 万千瓦；太阳能热发电则以试点示范工程为主。2020 年太阳能装机规模约 1.6 亿千瓦，较 2015 年增长约 2.8 倍，占总装机规模的比重达到 8%，发电量约 2000 亿千瓦时，占总发电量的比重提升至 3%。2030 年太阳能装机规模达到 3.5 亿千瓦左右，2020－2030 年期间年均增长超过 2000 万千瓦，占总装机规模的比重提升至 14.5%，发电量达到 4200 亿千瓦时，占总发电量的比重达到约 5%。

一、2/3 以上国土面积年日照数大于 2200 小时，太阳能资源可开发潜力巨大

中国是太阳能资源丰富的国家之一，国土总面积 2/3 以上地区的年日照时数大于 2200 小时，年辐射量在 5000 兆焦/平方米以上。据统计资料分析，中国陆地面积每年接收的太阳辐射总量为 $3.3 \times 10^3 - 8.4 \times 10^3$ 兆焦/平方米，相当于 2.4×10^4 亿吨标准煤的储量。

根据国家气象局风能太阳能评估中心划分的标准，中国太阳能资源地区分为四类：一、二、三类地区年日照时数大于 2200 小时，年辐射总量高于 5000 兆焦/平方米，是中国太阳能资源丰富或较丰富的地区，面积较大，占国土总

面积的 2/3 以上，具有利用太阳能的良好条件。四类地区虽然太阳能资源条件较差，但仍有一定利用价值（如表 20 - 1、图 20 - 1 所示）。

表 20 - 1　中国太阳能资源分类

类型	地区	年日照（小时）时数	年辐射总量（MJ/m² · a）
1	青海西部、甘肃北部、宁夏北部、新疆东南部和西藏西部等地	3200 - 3300	6680 - 8400
2	河北西北部、山西北部、内蒙古南部、宁夏南部、甘肃中部、青海东部、西藏东南部和新疆南部等地	3000 - 3200	5852 - 6680
3	山东、河南、河北东南部、山西南部、新疆北部、吉林、辽宁、云南、陕西北部、甘肃东南部、广东南部、福建南部、江苏北部和安徽北部等地	2200 - 3000	5016 - 5852
4	湖北、湖南、福建北部、浙江、江西、广东北部、陕西南部、安徽南部、四川、贵州	1000 - 2200	3344 - 5016

资料来源：中国电力出版社，可再生能源丛书（太阳能卷）。

中国太阳能资源的理论储量为 147×10^{14} 千瓦时，技术可开发量为 40.7×10^{14} 千瓦时，可开发潜力巨大。从地理分布上看，三北地区和中东部地区所占比重分别为 60% 和 40%。其中，西北地区太阳能资源开发潜力最大，占全国总量的 35%；其次是西南地区，占全国总量的 26%，新疆、西藏、内蒙古太阳能资源位居全国前三位。

根据中国各地区太阳能资源、可开发资源、可利用面积等指标，估算全国光伏可开发总规模为 270 亿千瓦（按 1% 利用率考虑）。光热发电方面，中国符合太阳能集热发电基本条件[①]的太阳能热发电可装机潜力为 160 亿 - 180 亿千瓦。综合考虑太阳能集热发电基本条件好的地区的水资源条件、电力输送条件等因素，中国太阳能热发电理论可开发量约为 80 亿千瓦。

---

① 即法向直辐照度≥5kW · h/（m² · d），地面坡度≤3%。

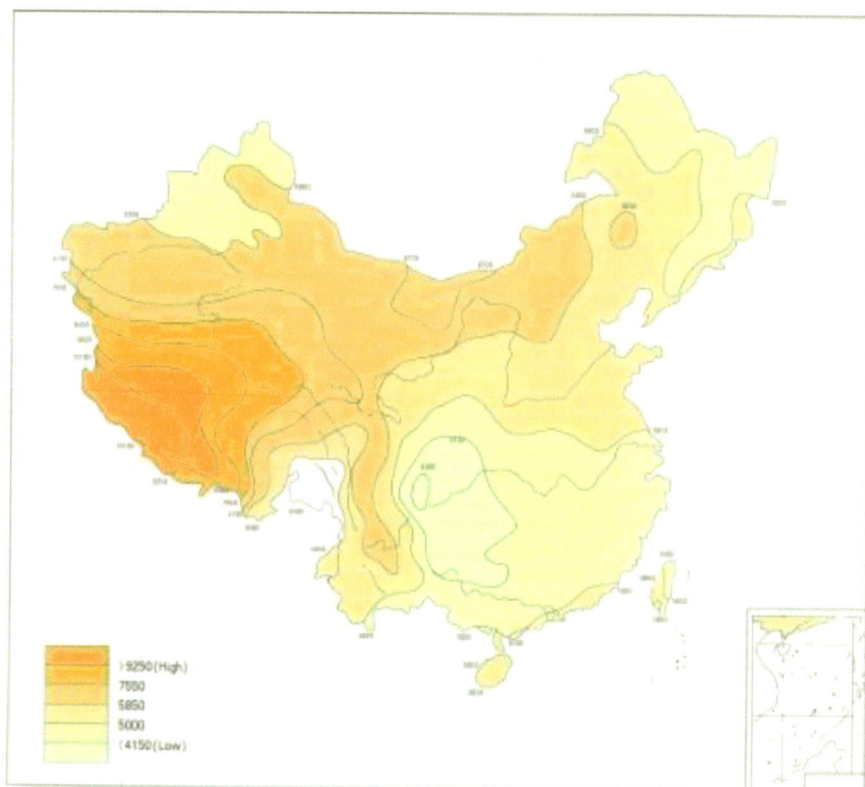

图 20 – 1   中国太阳能资源分布图（单位：MJ/m². a）
资料来源：中国分省太阳能资源图集。

二、太阳能利用技术多元化，分布式光伏是发展重要方向

太阳能资源的利用方式包括光伏发电和光热发电，其中光伏发电在中国已实现规模化应用，而光热发电尚处于实验阶段。本展望期内，中国太阳能技术应用方式逐步实现多元化发展，在电站建设的基础上，随着向用户侧发展的进程推进，太阳能技术应用与经济社会发展、市场化改革联系更加紧密，应用方式主要包括地面大型光伏电站建设、分布式光伏建设和太阳能热发电利用。

在西部太阳能资源优越的地区，未来应当以开展大型地面光伏电站建设为主，通过不断提升光伏技术进步和优化设计等方式，促进光伏发电成本降到合理水平，推动地面大型光伏电站健康有序发展。

分布式光伏建设是未来光伏发展的重要方向。自 2014 年初始，中国就确立分布式为国内光伏主要应用方向，短期、中期目标清晰，规模庞大。为支持国内分布式光伏的发展，2014 年国家发展改革委、能源局、国家电网、税务总局等相继出台多项分布式光伏政策细则，完善分布式相关政策制度。本展望期内，在技术进步和政策支持的双重推动下，中国分布式光伏发电发展将步入快速通道。具体来看，展望期内需在中东部地区积极推动分布式能源技术发展和项目创新建设，促进光伏应用技术与商业模式多元化发展。通过项目技术模式创新建设，商业模式市场化探索，与微电网、储能等各种分布式能源相结合等手段，有效推动国内光伏产业市场发展和开拓，并进一步推动中国电力体制改革。

太阳能热发电目前发展缓慢，并且未形成规模效应，主要受成本、技术及电价补贴政策等因素影响。"十三五"期间，随着太阳能热发电技术的不断成熟，在资源条件好的地区适度发展太阳能热发电，主要是太阳能热发电工程的试点示范阶段，积累系统集成经验；到 2020 年太阳能热发电将可以成为承担调峰和中间电力负荷的电源。

三、2030 年太阳能发电装机可达到 3.5 亿千瓦，发电量 4200 亿千瓦时

根据中国太阳能资源地区分布情况及适宜的太阳能利用方式，预计"十三五"期间，中国新增地面光伏电站装机容量近 3500 万千瓦，以平均每年 700 万千瓦的速度增长。西北地区凭借其丰富的太阳能资源、辽阔的可利用土地资源等优势和西部大开发以及"丝绸之路经济带"建设的机遇，预计新增 2000 万千瓦；华北地区根据其土地资源及负荷集中等特点，预计新增 860 万千瓦；华东、华中、西南等地区经济较发达、用电需求量大，结合资源特点，预计新增 100 万 – 185 万千瓦不等；考虑华南、东北地区太阳能资源匮乏、土地资源紧缺等特点及各地的备案情况，预计增幅在 40 万 – 70 万千瓦之间。

分布式光伏发展将主要侧重于土地资源受限、能源消耗大、经济较发达和能源价格较高的长三角、珠三角、京津冀及周边地区，其他地区根据自身需求适当开发建设。预计"十三五"期间开发规模为 7000 万千瓦。

　　随着技术的成熟、工程成本价格竞争力及补贴机制的日益明细，预计
2020 年太阳能热发电规模可达到 1000 万千瓦，华北、西北、华南和西南地区
的累计规模分别为 130 万千瓦、740 万千瓦、10 万千瓦和 120 万千瓦。

　　综上，结合中国各地区太阳能可开发规模、目前光伏电站发展情况、网架
结构现状及规划等因素，预计到 2020 年，中国光伏发电装机达到约 1.6 亿千
瓦，其中大型地面光伏电站装机 8000 万千瓦，分布式光伏装机 7000 万千瓦，
光热发电装机达到 1000 万千瓦（如表 20 - 2 所示）。2020 年太阳能发电装机
较 2015 年增长约 2.8 倍，占总装机规模的比重达到 8%，较 2015 年提高了 5.2
个百分点；发电量约 2000 亿千瓦时，占总发电量的比重提升至 3%。

表 20 - 2　2020 年中国太阳能开发建设布局展望

单位：万千瓦

区域	省（区、市）	装机容量		
		总规模	光伏发电	热发电
华北地区	北京	185	180	5
	天津	165	165	0
	河北	775	755	20
	山西	690	650	40
	山东	1050	1050	0
	蒙西	880	800	80
	小计	3745	3600	145
东北地区	辽宁	255	255	0
	吉林	110	110	0
	黑龙江	110	110	0
	蒙东	250	230	20
	小计	725	705	20

续表

区域	省（区、市）	装机容量		
		总规模	光伏发电	热发电
西北地区	陕西	685	645	40
	甘肃	1250	1050	200
	青海	1500	1150	350
	宁夏	850	800	50
	新疆（含兵团）	1700	1600	100
	小计	5985	5245	740
华东地区	上海	305	305	0
	江苏	1200	1200	0
	浙江	900	900	0
	安徽	360	360	0
	福建	350	350	0
	小计	3115	3115	0
华中地区	江西	390	390	0
	河南	490	490	0
	湖北	270	270	0
	湖南	255	255	0
	重庆	60	60	0
	四川	290	280	10
	小计	1755	1745	10
南方地区	贵州	120	120	0
	云南	340	330	10
	广东	850	850	0
	广西	150	150	0
	海南	170	165	5

续表

区域	省（区、市）	装机容量		
		总规模	光伏发电	热发电
南方地区	西藏	260	180	80
	小计	1890	1795	95
总计	"三北"地区	10455	9550	905
	中东部和南方地区	6760	6655	105
	全国	17215	16205	1010

资料来源：项目组预测数据。

2020 年后，随着太阳能发电的经济性进一步提高，市场竞争力加强，在中国一次能源消费结构快速优化过程中，开发利用将进一步加速。结合中国各地区可开发规模、目前光伏电站发展情况、网架结构现状及规划等因素，预计2020 年以后平均每年太阳能发电新增装机要超过 2000 万千瓦，到 2030 年达到3.5 亿千瓦左右，占总装机规模的比重提升至 14.6%，发电量达到 4200 亿千瓦时，占总发电量的比重约达到 5%。

四、太阳能规模化健康发展仍存在不确定性因素，并网消纳是主要矛盾

分布式光伏是未来光伏发展的重要方向，但问题集中表现为"政策热情、市场冷淡"。虽然政策出台数量多，规定十分详尽，但其市场发展速度与政策预期、与光伏业界预期有较大的差距。目前首批 18 个分布式光伏发电规模化应用示范区的建设进度也滞后于预期，尚无一个项目完成 2013 年的预期规模。分布式光伏在市场推广过程中仍有许多问题有待解决，国家和地方出台的系列政策在具体执行上有待真正落实。目前阻碍分布式光伏发电低于预期发展水平的因素主要为以下几个方面：

工商业主开发积极性不高。目前即使对于自主拥有屋顶资源的工商业主，对开发分布式光伏项目积极性仍然不高，其原因主要包括：工商业主对发展分

布式光伏系统等绿色能源的认识不到位；在低电价情况下，对于非电力密集型企业，发展光伏系统经济性激励不足。

屋顶、场地协调难度大。对于不具有屋顶开发资源的能源合同管理模式，由于国家还没有明确的能源合同管理条例，容易引发利益纠纷，成功商业案例尚少等原因，专业的合同能源管理公司不多，逐个协调办公楼、学校、医院等共建以及其他工商业屋顶的难度较大，在未形成规模效应情况下，能源服务公司激励不足。另外，存在项目运营周期内房屋所有权企业倒闭、房屋易主甚至建筑物拆除、电费不能按时足额收取等风险。

并网问题。分布式光伏发电的并网由地市一级的电网企业来具体负责和操作，在市场推广之初，许多地方电网企业执行上不统一，或者存在不熟悉业务，或者存在拖延办理的情况。此外，目前的并网程序虽然已经简化，但仍有一些程序是不必要的，有继续完善和简化的空间，应根据实际情况和需求进一步完善。

融资问题。由于项目备案政策没有落地、并网程序执行存在障碍、商业模式不成熟、标准规范不健全以及对分布式光伏发展认识不足等问题，加大了分布式光伏项目经济风险，融资条件不够理想，一些银行和金融机构持观望和犹疑态度。

长期来看，到2020年分布式光伏装机规模要达到7000万千瓦，必将拓展到居民屋顶分布式光伏系统。相对于工商业屋顶，由于居民电价普遍低于商业电价约50%，系统经济性更差。为提高系统效率和经济性，国家应出台明确引导政策，以合同能源管理模式，由成熟的能源服务公司协调居民小区物业公司，集中租赁和开发光伏系统，在预计未来燃煤电价普遍上涨的前提下，方可形成居民屋顶推广的可行性。本展望期内，如果分布式光伏发展过程中所面临的上述不确定性因素不能得到很好的解决，其发展目标的实现将存在一定困难。

第二十一章　生物质能开发利用展望

　　中国拥有丰富的生物质资源，目前每年可作为能源利用的生物质资源总量约 4.6 亿吨标准煤，实际利用量为 3500 万吨标准煤，利用率仅 7.6%，开发潜力巨大。本展望期内，生物质发电作为成熟的商品化能源，产业发展规模稳步增长，预计到 2020 年生物质发电装机达到 1500 万千瓦，较 2014 年增长 550 万千瓦，2020 年后生物质发电装机加速增长，预计到 2030 年达到 5000 万千瓦，上网电量达到 3000 亿千瓦时。生物液体燃料如实现重大技术突破，2020 年、2030 年利用量可分别达到 700 万吨标准煤、2200 万吨标准煤。

一、生物质能发展潜力大，年可利用量约 4.6 亿吨标准煤

　　中国的生物质资源比较丰富，主要来自四个方面：农业废弃物、林业剩余物、畜禽粪便和城市垃圾，能源利用潜力大。

　　农业废弃物包括农作物秸秆和农产品加工剩余物。中国每年的农作物秸秆理论资源量约 8.2 亿吨，可收集资源量约 6.9 亿吨，主要分布在华北平原、长江中下游平原、东北平原等 13 个粮食主产省（区），其中可供能源化利用的秸秆资源量每年约 3.4 亿吨。每年的稻谷壳、甘蔗渣等农产品加工剩余物约 1.2 亿吨，可供能源化利用的每年约 6000 万吨。林业剩余物方面，全国现有林地面积 3.04 亿公顷，可供能源化利用的主要是薪炭林、林业"三剩物"、木材加工剩余物等，每年约 3.5 亿吨。畜禽粪便资源量 8 亿吨/年以上，分布区域主要集中在中西部牧区，生产生物天然气潜力达 200 亿立方米。城市垃圾也随着城镇化进程逐年增长，预计到 2015 年末，中国城镇可收集垃圾量接近 3 亿吨，可利用量约 50%，并且以每年约 10% 的增长率迅猛增长，其中 70% 以上可作

为焚烧发电燃料。厨余垃圾作为生物天然气及生物柴油原料，每年可获得量达 400 万吨。

综上，中国每年可利用农业废弃物量约 4 亿吨，折合约 2 亿吨标准煤；可利用林业剩余物 3.5 亿吨，折合约 2 亿吨标准煤；可利用畜禽粪便约 8.1 亿吨，折合约 2800 万吨标准煤；可利用城市垃圾接近 1.5 亿吨，折合约 3200 万吨标准煤。中国可作为能源利用的生物质资源总量每年约 4.6 亿吨标准煤，目前利用了 0.35 亿吨标准煤，利用率仅为 7.6%，还有约 4.25 亿吨可作为能源利用，具有巨大的开发潜力（如表 21 - 1 所示）。

表 21 - 1　中国生物质能源开发利用潜力

单位：亿吨、亿吨标准煤

资源种类	可利用资源量		已利用资源量		剩余可利用资源量	
	实物量	标准量	实物量	标准量	实物量	标准量
农业废弃物	4.0	2.0	0.20	0.10	3.8	1.9
林业剩余物	3.5	2.0	0.16	0.08	3.3	1.9
畜禽粪便	8.1	0.28	3.20	0.11	4.9	0.17
城市垃圾	1.5	0.32	0.30	0.06	1.2	0.26
合计	17.1	4.6	3.86	0.35	13.2	4.25

资料来源：项目组。

二、生物质能源利用方式多样，产业化发展具有良好前景

生物质能源的利用方式主要有生物质发电、生物质供热、生物质燃气和生物质液体燃料，其中商品化利用的主要为生物质发电和生物质液体燃料。"十二五"时期，中国的生物质能产业化、规模化进展较快，生物质发电已成为成熟的商品化能源，产业发展规模稳步增长。成型燃料、生物天然气和液体燃料等多种利用方式通过技术升级已初步实现产业升级转型，产业化发展呈现良好势头。但总体来看，中国生物质能源的商品化利用量处于较低水平。

生物质发电包括农林生物质直燃发电、生活垃圾焚烧发电、沼气发电、蔗渣发电等。截至 2014 年底，中国生物质发电装机累计并网容量 948 万千瓦，

其中山东、江苏、浙江、安徽、广东和湖北六省生物质发电装机累计并网容量520 万千瓦，占比超过一半；生物质发电装机占总装机容量的比重为 0.7%。2014 年，中国生物质发电上网电量 417 亿千瓦时，其中山东、广东、江苏和浙江四省的生物质发电上网电量超过 40 亿千瓦时，合计达到 185 亿千瓦时，占全国生物质发电比重近 45%；生物质发电上网电量占总发电量的比重仅为0.8%。尽管生物质发电是生物质能源商业化利用最主要的方式，但在整个能源系统中所占比重仍十分微小。

预计到"十二五"末，中国生物质发电总装机容量可达到 1000 万千瓦，其中，农林生物质发电装机 500 万千瓦，垃圾焚烧发电装机 424.2 万千瓦，沼气发电装机 21.5 万千瓦，气化发电装机 2.2 万千瓦。年发电量约 430 亿千瓦时，产业实现规模化发展（如表 21 – 2 所示）。农林生物质发电热电联产技术、垃圾焚烧发电炉排炉技术及设备制造发展加快，垃圾焚烧等离子气化技术具有较好环保效益，成为新的发展方向。

生物质供热包括生物质成型燃料供热和热电联产。预计到"十二五"末，生物质成型燃料年利用量约 1000 万吨，主要用于当地工业区和城镇供热，热电联产项目规模达 800 万千瓦。生物质成型燃料供热产业处于规模化发展初期，成型燃料机械制造、专用锅炉制造、燃料燃烧等技术基本成熟，具备产业化推广基础。

生物质燃气包括户用沼气、大型沼气、工业有机废水和污水处理厂污泥等。截至 2014 年底，全国沼气总产量 152 亿立方米，户用沼气 120 亿立方米，规模化沼气工程 8.05 万处，年产气量 30 亿立方米，生物天然气产量约 2 亿立方米。生物天然气具有低碳环保功能，沼气产业处于转型升级关键阶段。日产万立方米生物天然气项目已能商业化运营，原料收集商业化模式、预处理、发酵及提纯技术及设备基本成熟。

生物质液体燃料包括生物燃料乙醇、生物柴油和航空燃料等。截至 2014 年底，燃料乙醇产量 230 万吨，生物柴油年产量 90 万吨，纤维素燃料乙醇产业仍处于示范阶段，商业化利用进度较慢。木质类生物质柴油、甜高粱乙醇等木质类和半纤维素高端利用已有成功示范应用，培育了一批抗逆性强、高产的能源作物新品种，宜林荒山缓坡、盐碱地等土地利用可行性加强。

表 21 – 2　"十二五"中国生物质能开发利用情况

利用方式	利用规模		年产量		折合标准煤
	数量	单位	数量	单位	万吨标准煤/年
生物质发电	1000	万千瓦	430	亿千瓦时	1376
户用沼气	5000	万户	152	亿立方米	1200
大型沼气工程	8.05	万处			
生物天然气	2	亿立方米			
生物质成型燃料	1000	万吨	—		500
生物燃料乙醇	—	—	230	万吨	207
生物柴油	—	—	90	万吨	135
总　计	—	—	—	—	3418

资料来源：项目组。

三、生物质能源产业体系不断完善，各种形式利用规模稳步扩大

"十三五"期间，生物质能发展总目标为：到 2020 年，生物质产业形成较大发展规模，在电力、供热、农村生活用能领域实现商业化和规模化利用，在交通领域扩大替代石油燃料规模。生物质能利用技术和重大装备技术能力显著提高，培育一批技术创新能力强、规模较大的生物质能龙头企业，带动市场化发展，形成完整的生物质能源产业体系。

生物质发电方面，生物质直燃发电技术已经成熟，随着其他生物质技术的成熟和发展，农林生物质原料将逐步向达到商业化水平的生物液态燃料和生物质供热技术扩散。预计到 2020 年，中国生物质发电装机将达到 1500 万千瓦，年上网电量达到 900 亿千瓦时；到 2030 年，生物质发电装机达到 5000 万千瓦，年上网电量达到 3000 亿千瓦时。

生物液体燃料主要产品生物乙醇、生物柴油和生物航空煤油的发展在本展望期内具有不确定性。如乐观估计各类生物液体燃料应用在 2020 年前后出现重大技术突破，则 2020 年中国可实现生物乙醇产量 400 万吨，生物柴油 160 万吨，生物航空煤油 40 万吨，全部液体燃料合计 700 万吨标准煤。2020 – 2030 年间，二代纤维素燃料乙醇技术开始规模化发展，油料作物种植基地基本建成，形成规模化原料供应能力，生物液体燃料进入快速发展时期，2030

年生物乙醇达到 700 万吨、生物柴油 870 万吨、生物航空煤油 400 万吨，全部液体燃料折合 2200 万吨标准煤。

生物质燃气包括以养殖场废弃物、工业废弃物为原料生产的沼气，及以农林剩余物为原料生产的生物热解气。如得到合理开发利用，到 2020 年，预计禽畜养殖场及工业沼气总量可达到 230 亿立方米、生物质热解气可达到 100 亿立方米，全部燃气折合约 2000 万吨标准煤，约可替代 150 亿立方米天然气。到 2030 年，禽畜养殖场及工业沼气总量达到 550 亿立方米、生物质热解气达到 400 亿立方米，全部燃气折合约 5500 万吨标准煤，约可替代 400 亿立方米天然气。

生物质供热主要有生物质热电联产和生物质锅炉供热两种技术类型，原料可以采用成型颗粒等。乐观估计生物质供热的开发潜力在 2020 年约为 3300 万吨标准煤，2030 年约为 6800 万吨标准煤。

表 21–3　2020 年、2030 年中国生物质能源开发利用规模展望

项目	单位	利用规模	
		2020 年	2030 年
生物质发电	万千瓦	1500	5000
生物燃料乙醇	万吨	400	700
生物柴油	万吨	160	870
生物航空煤油	万吨	40	400
禽畜养殖场及工业沼气	亿立方米	230	550
生物质热解气	亿立方米	100	400
生物质供热	万吨标准煤	3300	6800

注：其中生物质发电、生物燃料乙醇、生物柴油和生物航空煤油为商品化生物质能源。

资料来源：项目组预测数据。